ブルべのすべて

All about Brevet

鈴木裕和
Suzuki Hirokazu

ブルべ参加者にとって夜明けは特別なものだ。長く苦しかった夜の終わりを告げる太陽、目の前に広がる美しい朝焼けはこれまでの疲れを忘れさせ、ゴールへの希望を与えてくれる。

スモール出版

残雪、そして雨の中を走るランドヌーズ。
悪コンディションであっても開催されるブルベ、天候の回復を願いつつ、ただひたすらにペダルを回す。

とんでもない道がコースになることもある。写真は国道339号、竜飛岬にある日本唯一の階段国道。
……もちろんこれはオプションコース、横を走る車道が正式ルートだけどね。

面白そうな店を見かけたらちょっと立ち止まる、そんな買い食いもまた楽しい。
「スルメ、補給食に向いてるかなあ?」やってみなければわからない、とりあえず買ってしまえ。

東北1700、「トラブルですか?」と声をかけたら
「オニギリ中」との返答が。どちらも優雅な食事タイム。

2011年のPBP、折り返しのブレストを過ぎ、
カフェでゆっくり一休み。

こちらは2007年のPBPより。ブルベは眠気との闘いだ。とはいえ眠さを感じたまま走るのは危ない、だからどこでも寝る。
まったく気にする様子がない周りの人が、これが日常であることを物語っている。

信じられるだろうか、左の若く凛々しい筆者が、半日後には右の姿になっていることを。
「自転車で長距離を走る」、それは半日が10年にも匹敵するような、過酷な挑戦なのである。完走の喜びも10年ぶんだ。

ブルベのすべて

鈴木裕和

スモール出版

プロローグ

10年ほど前から、センチュリーライドやブルベといった長距離ファストラン系の自転車イベントが人気だ。一過性のもので廃《すた》れるんじゃない？　なんて懸念《けねん》も耳にしたが、ここ数年は一定以上の人気を保っており、自転車の楽しみ方の1つとして定着してきたかな、と感じさせる。

私がブルベと出会ったのは2004年の暮れ、Webで自転車の情報を探していたさなか、ある日記が目に留《と》まった。

それはフランスで行われた自転車イベントの参戦記。よくあるツーリング日記かなと軽く目を通した直後、書かれた内容の異常さに気づく。

まず、どこどこで何分寝た、という情報が記載されている。自転車日記に宿泊先が出てくることはあっても、睡眠時間は普通書かない。しかもその睡眠時間は「5分」という単位なのだ。もうわけがわからない、日記を最初から表示し、一気に読み進めた。

わかったことは
・ブルベという1200kmのロングライドイベントに参加していたこと
・そして完走までの間、この人はほとんど寝てないということ

やっぱりよくわからなかった。実はこの頃すでにクロスバイクでサイクリングを楽しんでおり、200kmの経験はあった。しかし1200kmという距離と、寝ていないという話がどうしても結びつかない。

夢中でブルベについて調べて、翌年の200kmへの参加を決めた。300km、400kmという距離は、もしかしたらなんとかなるかもしれない。でも600km、そして1200kmなんて考えられない。でも私もいつか、このフランスのPBP（Paris-Brest-Paris）というヤツに参加してみたい。

あれから12年、気がつくとブルベにどっぷりハマっている。PBPは3回出場した。最近のブルベ人気を受けて、そんなサイクリング好きなただのオッサンが本を書くことになった。

ブルベの本を書くことになったと知人に告げたとき、スタッフをやっている1人がこんなことを言ったのを覚えている。「ブルベの記事が雑誌に沢山載るようになってから、参加者の装備が皆似たり寄ったりになった」と。

ブルベは指定距離と制限時間があるイベントだ、だからブルベの本というと、どうしても攻略法的な記事になってしまう。パーツは○○がいい、ライトは○○ルーメンあるといい……。

本書も多分に漏れず、ガイドとしての情報や筆者のおすすめが載せられている。

しかし1つのおすすめ製品のみ記載するということは避け、できる限り多くの情報を載せるように努めた。利点や欠点を並べ、最終的な判断は読者に任せるのが狙いだ。

ブルベで1つ必要なものを挙げるとしたら、それは思考力、自分で考える力ではないだろうか。沢山の経験をして、それらの経験をもとに一手先を考えられるようになってこその、ベテランランドヌールだ。だから、最初から「この装備を使いなさい」ではまるで思考停止で、ブルベの面白さに辿り着けないと思うのだ。


それにブルベの走行スタイルは、人によってまったく違う。

ほとんど休憩もせず全力でゴールを目指す者。事前にチェックした店で名物に舌鼓《したづつみ》を打つ者。広大な山々の写真を撮りながら走る者。走力や目的、趣味の違いの数だけ、人の数だけブルベが存在する。正解も人の数だけ存在する。


「ブルベのすべて」なんてたいそうな名前をつけてしまったけど、本書に書かれたことはすべてどころか、私1人のブルベでしかない。その「筆者のブルベ」に書かれた内容が、「あなたのブルベ」の参考になれれば嬉しい。

そしてできればあの感覚、最初にPBP日記を目にしたときに感じた、非現実的なブルベのリアリティ。そんなものを少しでも伝えることができたらなあと思う。

第1章 「ブルベ」ってなに？

工事現場で働く人のような、反射ベストを着て走っている自転車乗りを見た。1人だけじゃない、何十台と続く自転車に乗る人は、みんな反射ベストをつけていた。

何かのイベントをやっているのかしら？　レースのようにも見えるけど、それにしてはペースはゆっくりだし、お腹の出たオジサン多すぎない？

ブルベってなに？

行われているのは「ブルベ」というイベントだ。ブルベとはフランス語で「認定」を意味する言葉。ただひたすら自転車で走るだけのロングライド、そんな競うことのないロングライドの世界にも「アナタは長距離走れる人です！」と、お墨付きをくれる団体がある。

仕事に疲れたサラリーマン、子供が生まれたばかりの旦那、孫がいるお婆さん、そんなプロの自転車乗りではない、どこにでもいるような普通の人たちが週末集まり、このブルベの認定を目指して走っているのだ。

※注：ブルベという言葉自体にはこの認定の意味しかなく、世界ではいろいろな団体がいろいろなブルベを行っている。しかし日本でブルベといえば、フランスの自転車クラブＡＣＰ（オダックス・クラブ・パリジャン：Audax Club Parisien）が主催する走行会、ＢＲＭ（ブルベ・ド・ランドヌール・モンディオ：Brevets de Randonneurs Mondiaux）を指すことがほとんどだ。厳密には違うのだけれど、本書ではこれ以降、ブルベ＝ＢＲＭとして扱う。

日本のブルベの規模だと公道規制が行われることはなく、参加者は公道を他の車と一緒に走る。はたから見たその光景は、ただのサイクリングと変わらない。

では、何がサイクリングと違うのか、参加者は何に惹《ひ》かれてブルベに参加しているのか、あのお腹の出たオジサンは何故《なぜ》夜通し走り続けることができるのか、まずはブルベのキモとなる認定、ルール、雰囲気や他のイベントとの比較などを説明していこう。

ブルベのしくみ

「アナタは〇〇㎞を完走しました」そう認めてくれるブルベは、２００㎞、３００㎞、４００㎞、６００㎞、１０００㎞、１２００㎞、それ以上、と距離によってカテゴリーが分かれている。１２００㎞以下は前述の６種類のみで１２００㎞を超えるブルベは開催ごとに自由に距離が設定されるが、

100kmや250kmブルベといったものはない。この距離に合わせて主催者が用意したコースを、時間以内にゴールできれば完走、認定となるのがブルベの基本ルールだ。

200km？ 1200km？ 最初に見たときは私も目を疑った、自転車ではちょっと考えられない距離だし、桁《けた》を間違えているようにも思えた。ブルベは最も短い距離が200km、よく聞くサイクリングイベントの中では群を抜いて距離が長い。「自転車で200kmなんて、プロでもないのに走れるわけないじゃないか！」

そう心配しなくても大丈夫、ブルベの制限時間は、自転車が好きで週末ちょっとしたサイクリングを楽しんでいる人なら、(なんとか) 完走できるように設定されているのだ。なにせ、学生時代に運動音痴で知られた私が言うんだから間違いない。

距離に対する制限時間は次の通り。

- 200km：13・5時間
- 300km：20時間
- 400km：27時間
- 600km：40時間
- 1000km：75時間
- 1200km：90時間

※コースによって走行距離が5%ほど長くなることがあるが、その場合も制限時間は同じ

なるほど、ツール・ド・フランスの選手が200kmを5時間で走るのと比べると、時間にずいぶ

ん余裕がありそうだ。２００㎞から６００㎞までの制限時間を時速に直すと15㎞／h、これは普段走っている速度よりずっと遅い、なんだとっても簡単じゃないか。しかしこの制限時間には、少しカラクリがある。

道路の交通封鎖がされないブルベでは、公道を他の車両と一緒に走る。信号の多い市街地は、どんなに速い人でもレースのようには走れない。ルールで外部からのサポートは禁止されているため、途中の補給はすべて自分で行い、食事や休憩もこの時間内ですます。そして睡眠。６００㎞の制限時間は40時間、これを一気に走り続けて完走できる人は少なく、ほとんどの参加者がどこかで眠ることになるだろう。制限時間とはこれら食事や休憩、そして「睡眠を含めた時間」なのだ。

ブルベは、この走行距離と制限時間の設定が面白い。まずは距離、自転車で２００㎞走るなんて普通じゃ考えられない。でもこれ、簡単ってことはないけれど、例えば「毎日５㎞ランを続ける」みたいなもので「１００ｍを10秒で走る」ってのとは違う。やってみるとなんとかなるのだ。諦めなければ完走できる。そして完走したら達成感が得られる。

最初が２００㎞、次が３００㎞と段階的に次への挑戦が用意されているのもよくできた罠《わな》だ。１つクリアできた、よし、次に申し込んでみようか。気がつけば最初は考えもしなかったＳＲ（シューペル・ランドヌール：同じ年に２００㎞、３００㎞、４００㎞、６００㎞を走ると認定）を目指している。来年のＰＢＰ（Paris-Brest-Paris：フランスで4年に1度行われる１２００㎞ブルベ）のために仕事を休む準備をしておかないと。そうだ、思い起こせば私もそうやって長距離の道へとハマっていったのではなかったか。

制限時間も絶妙だ。休憩の仕方など時間を上手《うま》く使うことを覚えれば、速く走るのが苦手な人でも完走できる。ブルベはものすごく速い人が参加することがあるのだけれど、そんな脚に自信のある人であっても天候によっては足をすくわれ、タイムアウトすることだってある。睡眠や休憩の場所は決まっておらず、参加者が自分で考え、好きな場所でとる。

レースや普通のサイクリングイベントとずいぶん違うな、好きな場所で寝るってそれじゃあツーリングみたいじゃないか？　そう、その通り。私が２０１６年に参加した２４００㎞ブルベの制限時間は9日間。こうなってくるともう完全に旅だ。しかし制限時間がある点が勝手気ままな個人のツーリングと異なり、目標や刺激となってくれる。

ブルベのルールは決められたコースを決められた時間内に走ること。「主催者が決めたコース通りに走る」ことは絶対だ。近道やルート変更は認められず、仮にコースから外れた場合は、外れた場所まで戻って再スタートしなければならない。２００㎞以上ものコース、公道封鎖も行わずにコース走行の証明はどのように行うのだろうか？

近道といったズルができないように、コース上にはＰＣ（フランス語でPoint de Controle、英語ではCheck Point）と呼ばれるチェックポイントが設けられる。各ＰＣにはコースの制限時間に応じてオープンタイム、クローズタイムが設定され、この時間内にチェックを受けなければならない。６００㎞までのＢＲＭの場合は、オープンタイムは35㎞／ｈ、クローズタイムは15㎞／ｈで算出する（※60㎞以下の場合は少し計算が異なる、６００㎞超と併《あわ》せて巻末に記す）。

スタート、ゴール、ＰＣでのチェックはブルベカードと呼ばれる紙を用いて行われる。これに印を受けることで通過とみなされ、走行中は常に携帯しなければならない重要なカードだ。紛失して

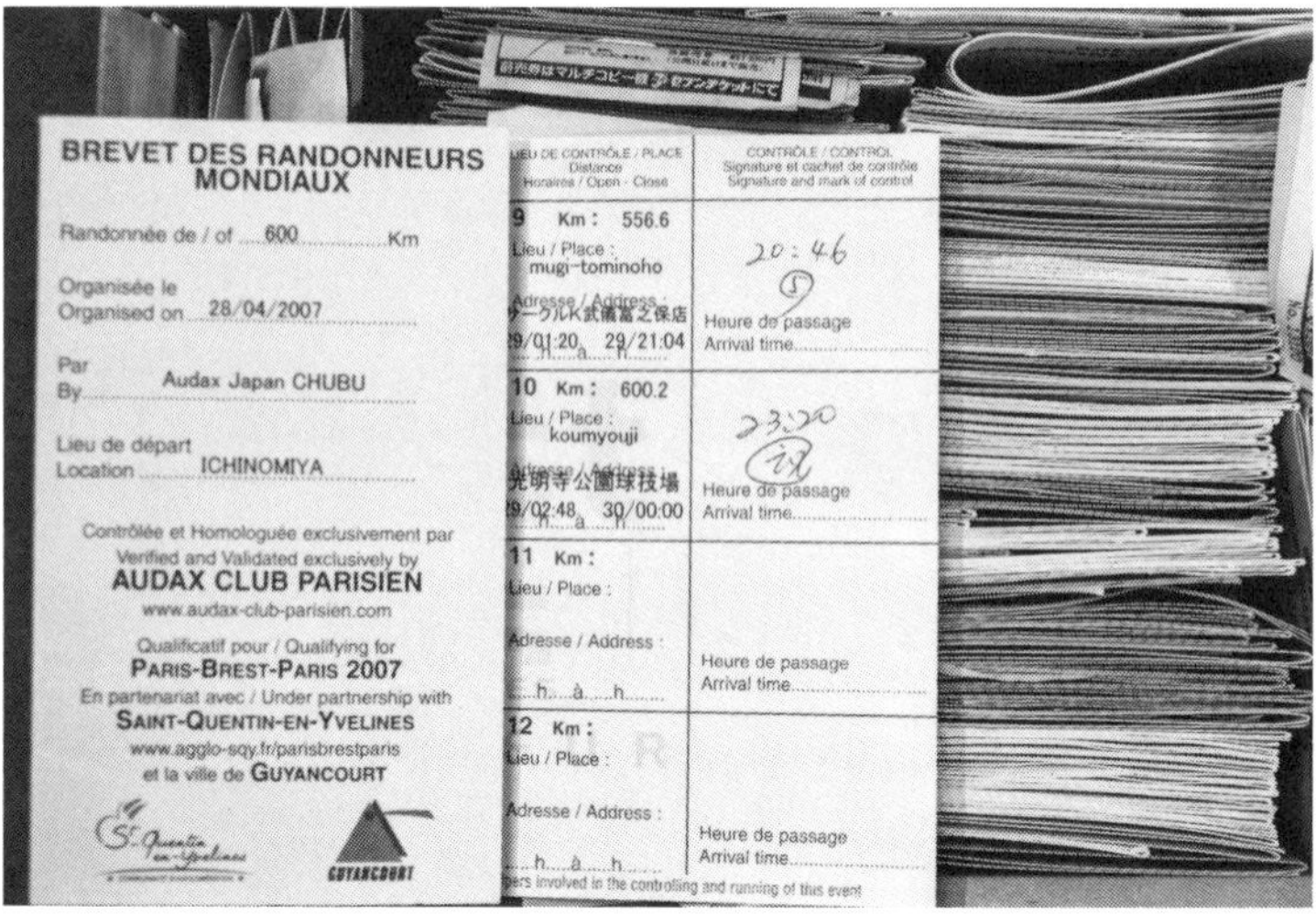

ブルベカード　ハガキ程度の大きさの紙に、各コントロールポイントの名前、制限時間が記される。バックに写っているのは過去11年で筆者が参加したブルベのカード。

ゴールで泣くことのないよう、肌身離さず持ち運ぼう。

PCは基本的に、ショートカットが困難な位置に設置される。PCの種類は以下の通りだ。【表1】

PCを時間通りに通過し、ゴールしてブルベカードを提出すると、後日主催者から認定番号のシールが貼られて送られてくる。これで晴れて完走認定だ。

また、ゴール時に申請することで、完走の証となるメダルを買うことができる。完走メダルは距離に応じて色が違っており、デザインは4年に1度変更される。以前はブルベカードと一緒に後日郵送で送られてきたが、2016年より主催クラブがメダルをストックする形になり、その場で配布することとなった。

このメダル、人によってはブルベ完走への

有人PC	スタッフが待機している。ブルベカードを提出し、サインを貰う。
シークレットPC	通常の有人PCとは異なり、主催者がコース上でこっそり待ち構えるシークレットPCが設置されることがある。事前に場所や存在が告知されないため、勝手にコースを外れて走り、シークレットPCでのチェックを受けないと失格となる。 実際のところ日本の小規模なクラブの運営では、告知せずにシークレットPCを設置した場合見落とされる危険があるため、「PC1と2の間にシークレットPCがあるよ」とスタート前のブリーフィングで説明されることがある。通常はもちろん説明がないので、シークレットPCを意識しながら走るようにしよう。スタッフが目立つ格好をして参加者を呼び止めてくれる。対向車線の向こうに設置されるような、わかりづらいことはない。参加者が山岳を迂回して平地を走ることのないよう、峠の頂上や山道に設置されることが多い。
無人PC	スタッフのいないPCでは、主催者が指定する方法で通過の証明を得る。主な証明方法は以下の方法がある。 ▶ **コンビニ(店)のレシート** 日本のBRMのほとんどのPCがこれだ。店で買い物をして、レシートを受け取る。そのレシートに記載された時刻がPC通過時刻となる。距離の短いBRMの前半では個人商店が使われることもあるが、スタートからの距離が長い位置にあるPCはオープンからクローズまでの時間が長くなるため、ほとんどが24時間営業のコンビニを利用することになる。 ▶ **写真** 携帯やデジカメで写真を撮影してメールで送信、またはゴールでスタッフに見せる。PCでの写真撮影が必須な場合は、当然ながら募集要項や参加案内にもその旨が記載されるはずだ。 ▶ **クイズポイント** スタート地点で「○○にある自動販売機にはなんと書かれているか?」といったクイズが出題される。現地で答えを確認し、回答をブルベカードに書き込む。 回答をメールで送信、という確認方法にしない限り通過時間の証明が難しいため、PCではなく後述の「通過チェック」となる場合が多い。 ▶ **サイン** ブルベカードに時間を書き、ガソリンスタンド店員や近隣の住民や通行人にサインして貰うことで通過を証明する。コンビニのない海外ブルベで用いられる。 ▶ **郵送** 600kmを超える長距離ブルベなどでゴールが無人の場合、ゴール後の処理としてブルベカードやレシートを主催者に郵送するというBRMが、過去何度か行われている。 ▶ **通過チェック** オープン、クローズタイム内という制限が外されたチェックポイント。有人、無人どちらの場合もあるが、PCと異なるのは通過時間の指定がないこと。ショートカットできてしまうコースの都合上PCを峠の頂上に設ける場合、通常の制限時間では通過が厳しくなってしまう。このようなときに通過チェックが採用される。

表1　PCの種類

メダル一覧　筆者の持つメダル。2005年から参加したため各距離&SRメダルは4種類ずつ。PBP完走メダルには個人ごとのゴールタイムが入る。

強いモチベーションとなる。いくら自転車の本場、フランスのクラブからの完走認定といっても「はい、認定しました」と番号を渡されるだけではなんだか味気ない。やっぱりモノがあってこそ、完走の実感が湧く。

メダルは金属製で質感が高く、走った距離が刻印されており、眺めているとブルベの記憶が甦《よみがえ》ってくる。価格は1000円、完走の記録として妥当な値段だろう。いろいろな距離のメダルが溜まってきたら、お手製のメダルラックを作って飾るのもいい。私は同じメダルは1つだけ買えば満足であるが、中には走ったブルベのメダルをすべて買っている人もいる。彼はメダル風呂にでも入っているのだろうか。

この他にも、距離に応じたメダルだけではなく様々な認定やメダルがある。［表2］

ある者はメダルのため、ある者はPBP参

200〜1000kmの完走メダル	色は距離によって決まっており、200kmが銅、300kmが銀、400kmが銀に金メッキ、600kmが金、1000kmが銀となっている。4年に1度、PBP開催年の翌年からデザインが変更される。
SRのメダル	SR(シューペル・ランドヌール。英語ではスーパー・ランドナー)のメダルは、同じ年に200km、300km、400km、600kmの4本を走れば、記念に購入できる。ブルベに参加するランドヌールは、これを目標としている人が多い。 短い距離は長い距離で代用が可能だ。ただし1000km以上は他のブルベの代わりにはならない。例えば200km、400km、400km、600kmを走ればSR。300km、400km、600km、1000kmだと、1000kmは200kmの代わりにならない。こちらも200〜1000kmまでと同じく4年に1度デザインが変更されるが、PBP開催年での変更になる。 ※SRメダルはPBP開催年である2015年に新規デザイン、200km〜1000kmは2016年からが新規デザインとなる。
1200km以上のメダル	1200km以上走るRM管轄のブルベはメダルが1つ用意されてはいるが、年によるデザインの更新はなく、すべてのコースで同じメダルとやや味気ないため、主催者によって専用のメダルが作られることが多い。PBPでは完走時間入りのメダルが貰える。
シューペル・ランドネ	通称SR600。距離は600km、獲得標高は10000m以上を走る山岳パーマネントで、2016年現在日本で開催されているのは3本。このうちSR600北関東、SR600富士に専用メダルがあり、SR600日本アルプスが作成予定となっている。
ランドヌール5000	通称R5000。4年のうちに200km、300km、400km、600km、1000km、PBP、フレッシュを走り、合計距離が5000kmを超えると獲得できる。他のメダルと異なり、申請すれば無料で貰える。
ランドヌール10000	通称R10000。6年のうちに200km〜1000kmまでを2回、PBP、PBP以外の1200km、フレッシュ、SR600を走り、合計距離が10000kmを超えると獲得できる。こちらも申請者には無料でメダルが贈られる。
その他、主催者が用意するメダルや記念品	過去、近畿のフレッシュでは完走チームにメダルが用意された。またゴールデンウィーク中に200km、300km、400km、600kmで九州を1周する通称ヘブンウィークでは、全コース完走者に記念品が贈られた。

表2 称号とメダル

加のため、自分への挑戦、ブヨブヨしたお腹への戒《いまし》め、理由は人それぞれながら、決められたコースを決められた時間内に、自転車で走る、それがブルベだ。参加者以外からのサポートはPCを除いて禁止であるなど、ブルベには競技らしい側面もあるけど、公道を封鎖せずに行うこのスポーツは長距離の走行会に近い。時間内に完走した者は等しく認定され、レースのように着順を競うことはないのだ。

ブルベとサイクルイベント

ブルベは完走したかどうかが重要で、着順はつかないんだな。レースでないことはわかったけど、「センチュリーライド（100マイル＝160㎞を8時間で走る）」のようなロングライドイベントとの違いはなんだろう？　距離が長いだけなのだろうか。

ブルベと他の商業イベントには大きな違いがある。それは、BRMは営利目的で実施してはならないという決まりだ。BRMはブルベを走る人たちがボランティアで開催している。そんな非営利であるブルベの参加に必要なのは、ずばり「ランドヌールの精神」。

……ランドヌール？

ランドヌールとは、「ランドネ（randonnee／フランス語でハイキングなどの小旅行の意）をする男性」のこと。女性の場合はランドヌーズという。BRMのことを「走行会に近い」と書いたが、ACP

の言葉で説明するなら「ランドネ」。つまり、ブルベというのは旅行なのだ。

センチュリーライドといった商業イベントの魅力は、なんといっても途中に数多く設けられるエイドステーションだろう。地元で穫《と》れたトマトやキュウリ、渇いた喉を潤《うるお》すスポーツドリンク、元気のいいオバチャンが参加者をもてなし、拍手や声援を送ってくれる。タイムアウトの心配もしなくていい、最後尾には車がつき、制限時間に間に合わない者は回収してゴールまで運んでくれるからだ。

しかしブルベの参加者が行っているのは私的な走行、これに対し主催者はなんの手助けもしない。無補給地帯が続く山奥にエイドステーションが設けられることはないし、トラブルで走行不能になっても回収車が出ることはない。完走もリタイアも自分で選択し、責任を負わねばならない。もちろん交通法規を遵守《じゅんしゅ》し、できるだけ他人の迷惑にならないようにする。

そう、ブルベではよく「自己責任」という言葉が使われる。

観光をしてもいい、速くゴールしてもいい、天候や体調が悪い場合は、走り続けるよりもリタイアするほうが賢明な判断となることもある。主催者やスタッフに責任を負わせない、何故ならこれは自分の旅行だからだ。「お金を払ってるんだから、主催者なんとかしてよ」そんなお客さん感覚ではなく、参加者自らが作り上げていくもの、それがブルベだ。

ブルベのルール

ブルベは大人の遊び。しかし完走すれば認定が貰えるこの遊びは、スポーツでもあり、当然そこにはルールが存在する。ズルして認定がとれないように、皆が同じ条件で挑めるように、そんな競技的なルールもあるが、多くは「安全に公道を走る」ために用意されたルールだ。

ルールの1つが参加年齢、参加資格は満20歳以上となっており、残念ながら20歳未満の人は参加できない。これはブルベが危険を伴う遊びなので仕方がない。夜通しの走行、いつ起きるかわからないトラブル、大人には自己責任でなんとかしろと言えても、未成年はこんな危険なブルベに触れさせてはいけない、その楽しさはアルコールと同じ劇薬なのだ。20歳未満でこの本を手に取ってしまった人は、枕の下にでも入れて成人するまでブルベのいい夢を見て欲しい。

危険への対応といえば保険も重要だ。ブルベの参加には自転車用の保険に加入していることが必須となる。怪我《けが》しても自費で治療受けるから保険なんて入らなくていいや、では許されない。自転車は歩行者に対して加害者となることもある。保険は自分のためだけでなく他人のためにも必要なのだ。

ブルベ参加に必要な保険の賠償金額は5000万円以上（2018年から1億円に引き上げられる）、過去に歩行者との事故で1億円近い賠償が請求された事例もあるので、不安ならばもう少し保障の大きいものを選んでもいいだろう。ブルベはレースではなく公道を走るサイクリングであるが、「ブルベは危険なスポーツです」といった主催者Ｗｅｂサイトの文面などから通常の自転車保険が適応されない場合もある。保険加入の際はブルベに対応しているかを確認しよう。

公道を安全に走るため、必須装備も決められている。ヘルメット、ベル、ライト、尾灯（点灯のみ、点滅不可）、反射ベストなどの反射素材着用。加えて400km以上になると、前照灯は2灯以上で、ヘルメットに尾灯をつけなければならない。これらはスタート地点でスタッフによりチェックされ、不備があると出走できない。

警報用のベルは装着が道路交通法で義務付けられているが、ロードバイクのようなスポーツ用自転車には取り付けていない人が多いのが実状だ。ブルベだから、ではなく公道を走る際は常につけておくようにしよう。

安全以外のルールで気をつけたいのはサポートに関する部分。PCを除くコース上では、参加者以外からのサポートは認められない。同じ方向に走っている自転車の後ろにつく（ドラフティングという、空気抵抗が減ることで100～60％ほどの力で走ることができる）こともサポートとみなされるため注意が必要だ。

路上の人から食糧を貰う、パンク修理を手伝って貰うといった行為もサポートとみなされ禁止となる。これらは個人的なサポートスタッフをコース上に配備し、欲しいときに車から食糧を補給するといった「どう見てもズル」との区別がつかなくなるため禁止されているのであって、途中で出会った優しいオバチャンからミカンを頂いた、程度であれば大抵は黙認される。

友人の家に泊めて貰うのも個人的なサポートにあたる。これに対してホテルのような、不特定多数に提供しているサービスを途中で受けることは個人サポートにならず、問題にはならない。ブルベの最中に自宅に寄るといった行為はサポートではないが、自宅に妻がいたらどうなるのかなど、サポートに関しては曖昧《あいまい》なグレーゾーンが存在する。基本的には「万人に提供していないサービス」や「自分と参加者以外の誰かの手助け」とみなされる可能性のあるものは気をつけたほうがいいだろう。

認定が出る出ないの最終的な判断は主催クラブによる。主催の決定に不服がある場合、48時間以内に書面で質問や苦情を申し立てることができるが……主催者も人間で間違いは起きる。それにボランティアで自分の時間を割《さ》いてブルベを主催してくれている人たちだ。参加者の悲しむ顔見たさに意地悪しているのではない。上手く円満解決に持っていこう。

すべてのルールはここでは書き切れないし、主催クラブごとに独自ルールが設けられていたり、解釈や運用に柔軟性があるものもある。各自主催クラブや、日本のブルベを統括するAudax Japanのサイトを見てしっかり把握して欲しい。

こうやってルールをまとめると、なんだかガチガチで堅苦しいな、そう思われてしまうだろうか。まだブルベが今よりずっとマイナーだった頃、ルールについてよくわからない友人が主催者に問い合わせたところ、「申し込んだら当日来て走ってください、それだけ！」と返答がきたそうだ。

装備や保険に不備があれば出走できない、時間制限に間に合わなければ認定は出ない。だけどまず、「サイクリングを楽しむこと」が、ブルベの最初のルールなのかもしれない。

ブルベのギモン

ここまでブルベというものを一通り説明したが、これではまだわからないことだらけだと思う。そこでよくありそうな質問を集めてみた。

▼ブルベを走るのに向いている人は？

自転車が好きな成人であれば誰でも参加できるブルベ。ブルベに向いているのはどんな人かというと、自分で物事を考えられる人、だろうか。コースはその土地に慣れた主催者が作ってくれるので、すべて自分で計画するサイクリングと違って考える必要はない。しかしそれ以外は基本なんでも自分でやる。センチュリーライドのような商業イベントと比べると、走りだしてからのサポートがまったく違う。

この「自力でなんとかする」という点がブルベでは重要視されていて、「リタイアしたんですけど輪行袋が無いです。どうしたらいいですか？」なんて電話で尋ねるような人は、忙しい主催者からは敬遠される。経験を積むことで主催者の手を煩《わずら》わせなくなるとはいえ、自分で考えるのは面倒という人は正直言ってブルベ向きではない。

自分で考え、試行錯誤が楽しめる人は、トラブルすらも楽しむことができる。そうなったらもう、誰の手を借りることもない一人前のランドヌール。主催者が参加して欲しいと思っているのは脚力のある人じゃなくて、1人で完結できる人だ。その心構えさえあれば、自転車が初心者であっても気後れすることはない。ブルベで経験できることは多く、きっと立派な自転車乗りへと育つだろう。

性格的な面以外では、土日や祝日が休める職業かどうかというのも重要だ。ボランティアの主催者も多くが社会人、ほとんどのブルベは週末や祝日に開催されている。ノートＰＣを担いで走り途中で仕事してる人も稀にいるが……精神的にすごく疲れるし、楽しくないのでおすすめしない。

▼参加者は何人くらい？

１つの開催の参加人数は50人程度、各主催クラブは数人のメンバーで運営を行っており、大規模なイベントとはかなり雰囲気が違う。スタート地点でのブリーフィングやゴール受け付けなど、参加してみるとアットホームな雰囲気で、手作り感を受けると思う。

もちろんこれは日本のブルベの話で、世界では参加者が数千人というブルベも開催されている。そんな大規模のブルベであっても、やっぱりスタッフはボランティアであり、手作り感満載なのは変わらない。

▼どんな人が参加しているの？

参加してみてまず驚くのが平均年齢の高さ。20代はほとんど見かけず、ボリュームゾーンは30代後半〜50歳くらい。70歳を超えた方も元気に走っているばかりか、６００㎞をさらっと完走したりもする。仕事をリタイアして情熱がすべて自転車に回り、若い頃より強くなってるんじゃないかと思えるスーパー爺さんも信じられないほど多い。

特にヨーロッパでは、ロングライドは歳をとった人の趣味という感覚があるのか、ＰＢＰの参加者平均年齢（２０１５年）はなんと49・7歳。１２００㎞走るサイクルイベントの最高年齢が、ではなくて平均年齢が50歳なのだ。実際にあちらのサイクリングロードでは、熟年の夫婦がパニアバッグをつけてツーリングしている光景を非常によく見かける。ブルベは参加者の年齢層が非常に広く、いくつから始めても遅くはない。

参加者の職種は実に様々。日本では機材スポーツという点からか、ＩＴ系の人が多いだろうか。最近ではアニメのキャラクターを自転車に描いた「痛チャリ」系の人も増えてきた。

▼一番短いので２００km、長いのは６００km以上でしょ？ そんなに1度に走るなんて自信ない。

私も含めて恐らく多くのランドヌールは、最初は６００kmという長距離を走る自信などまったくなかったと思う。２００kmでも怪しいものだ。

初めてのブルベ完走は苦しかったけど、嬉しさがそれを遥かに上回った。一緒に走る仲間も増え、走ることがどんどん好きになっていき、気がついたらもっと長く走れるようになっていた。

ランドヌールの多くは自転車の乗りすぎで記憶力に問題を抱えており、苦しかった記憶もすぐに忘れて、楽しい思い出にすり替えられてしまう。もう二度と走りたくないなんて言っていた人が、次の週には「今度いつ走ろう？」だ。

だから「走ってたら知らないうちに走れるようになってたよ」なんて簡単に書いている私も、忘れているだけでここまですごく苦労したような気もするし、最初の頃は何もかもチャレンジだったような気もする。最初は自信なんてなくて当然。ゴールできるかわからないな、無理かもしれないな、それでもとりあえず走ってみよう。完走の嬉しさはそんな不安や、苦しかった記憶をすべて吹き飛ばしてくれる。

▼長距離を走ってどこか壊れたりしないの？

ランドヌールたちが全員、いともアッサリと長距離を完走していると思ったら大間違いで、皆かなりの故障や怪我を繰り返している。膝や腰の痛み、手の痺れ、疲労感との闘い。肉体的に貧弱だった私は最初の頃はいつもどこか痛くなっていた。長距離を走るようになって何年か経《た》ち痛くならない走り方がかなりわかってきたものの、ちょっとしたコンディションの違いで体調を崩したり、どこかを痛めたりすることもまだまだある。

1000km、2000kmを走るベテランも常に楽に走っているわけではない。だからこそ完走したときは嬉しいし、それを目指そうとも思う。

ちょっと走っただけでこんなに足が痛くなるなんて、オシリが擦《す》れるだなんて、自分は自転車に向いていないんじゃないか？　たぶんそれは皆が通ってきた道。でも決して無理はしないで。痛みや不調を感じたら今回は諦め、ゆっくり休んで次回へ繋げよう。

あとは走りすぎて家庭を壊さないこと。周りの知人を見ると、午前中は自転車練、午後は家族練と、なんとか時間をやりくりして自転車に乗っている。我が家のように妻もブルベに巻き込んでしまうというのは、1つの幸せな解決策だ。親と参加、息子と参加、なんてパターンもある。

▼タイムは遅くてもいいの？

速く走って自分の最速タイム更新を目指すのも、制限時間を目一杯使ってゆっくり楽しむのも自由だ。速さは気にしなくていい、完走さえすれば、タイムにかかわらずすべて等しく称賛される。

ブルベは人と競うものではない。ほとんどの参加者が何番でゴールしたかなど意識していない中、完走タイムを他人と比較するのはナンセンスだ。速度による勝ち負けなどなく、マイペースで好きなように走ればいい。安全であることが一番なのだ。もし速く走りたくなった場合は、交通法規を守り、余裕ある走りの範囲内で行おう。

▼自分の速度で完走できる？

600kmまでのブルベを完走するために必要な速度は15km／h。これはPCでのチェックや休憩も含めた速度だ。市街地では信号や渋滞による停車時間も多くなる。制限時間ギリギリでゴールする人はどのくらいの速度で走っているのだろうか？

ＰＣでの休憩時間にもよるが、多くは平地を気持ち良く走っているときで25㎞／ｈ。オートストップのサイクルコンピュータが示す平均速度が20㎞／ｈ。ＰＣごとに20分程度の休憩を含めて、15㎞／ｈといった感じだろうか。

息が絶え絶えにならない強度で25㎞／ｈくらい出せれば、完走できる力は十分にある。あとは休憩を短くする、後半もペースが落ちないようにするなど、ロングライドの能力を磨いていこう。

▼参加者は皆速いんじゃないの？　遅いと1人になったりしない？

確かにここ数年、ロードバイクで走る人が増えてブルべが高速化している。クロスバイクやマウンテンバイクはあまり見られなくなり、装備もかなり画一化してきた。しかし、レース畑の人が増えたのかというとそうでもなく、ホビーレーサーの中でも実業団登録してしまうほどレースに打ち込んでいるような人はブルべにはほとんど来ない。ブルべのような超長距離を走ることは、あまりレースの練習にはならないのだ。同じ自転車趣味にもかかわらず、ランドヌールとホビーレーサーの接点は意外と少ない。

ブルべのコースには山岳が多く盛り込まれる。もちろん登りでは痩せている人のほうが有利ではあるが……ブルべの参加者はそんなに体が絞れていない人も沢山いる。絞れていないどころか、どこに出しても恥ずかしくない立派なお腹の人もチラホラ。そんなお腹で６００㎞も走れるの？

ブルべではスピードは求められていない。必要なのは諦めずに最後まで走ることだ。体重なんてのは諦めない心に比べれば微々たるもの（と思い込むことが大事だ）。皆レーサーではないからトレーニングという感覚もないし、長く走るには沢山食べないといけないし、美味《おい》しいもの食べてダラダラ走ってる人も沢山いる。

▼他人と一緒に上手く走れるかなぁ……

確かに集団の中に入れれば、1人のときと比べて圧倒的に楽に走ることができる。空気抵抗的にもそうだし、夜間走行の辛さも話し相手がいれば軽減する。そうやって何人か一緒に走ってもいいが、強制されたグループではないので1人で走るのも問題ない。実際長距離のブルべで、最初から最後までずっと同じ集団で走ることは少ない。

くっついたり離れたり、同じ目的を持つ参加者だけどチームではない、その微妙な距離感がブルべの面白いところなのかもしれない。強制的に人と会話する必要もないため、人見知りの激しい人でも大丈夫だ。ブルベ界は全体的にコミュニティの品も良く、仲良くなった人とのブルベ外サイクリングや飲み会なども楽しめる。

▼女性でも大丈夫？

男女比は、やはり男性が圧倒的で8割以上。では女性はブルベに向いていないのかというと、そんなことはまったくない。ベテラン女性の完走率は、男性に引けをとらないのだ。

確かに一般的には男性のほうがスピードを出せる。速度が速ければそれなりに余裕が生まれ完走率も上がりそうなものだが、マイペースで走るという点においては女性のほうが強いんじゃないかと感じることがある。闘争心むき出しにしてオーバーペースで走り、後半動けなくなるのは大抵男性だ。ブルベを走っている女性は、暑さ寒さへの適応能力も高い。

もちろん軽々完走してしまう女性は人一倍努力しているのだろうけど、女性だから無理なんじゃないか？　なんて気後れは無用だ。

それから、知らない男性と走るのが怖いと感じる女性もあまり心配しないで欲しい。ブルベに参加する男性は年齢層が高く、良く言えば紳士、悪く言えば枯れたオジサマだ。必要以上に立ち入ってこないし、困っているときは優しくエスコートしてくれるだろう。

▼どうしてブルベは人気なの？

ブルベやセンチュリーライドといったファストランは最近人気が高いが、ツーリング用自転車に乗って個人で行う自転車ツーリングは、昔と変わらず下火のままだ。レースに出るほどガチに自転車に取り組みたくない、でもなんの制限もなしに走るのはちょっとつまらない、そんな層にブルベはマッチしたんだと思う。だけどそれだけでは、ちょっと説明がつかない。

ブルベはリピーターが多い。もしブルベが、ある距離を一定時間内に走れました、という認定メインのイベントだったら、1回達成できた人はもうそれ以降参加しないだろう。ところが実際会場で出会うのはいつも同じ顔。どうして皆こんなに何回もブルベに参加するんだろう？　実は参加している私にもよくわからない、週末友達の家に遊びに行く感じに近い気がする。そこに行けば同じ趣味の仲間がいる。同じイベントで情報を共有できる。

理由は人それぞれだろうが、筆者のようにコミュニティに惹かれている人も少なくないかもしれない。

▼ブルベに参加して良かったことは？

ブルベではなかなか痩せない、ご飯が美味しく感じられてより太ってしまう恐怖すらある。では体力はついたのかというと、これも怪しいものだ。自転車だけは長距離走れるようになったけど、少し歩いただけで疲れるし、駅の階段でもゼーゼーする。膝も痛い、腰も痛い。本当に健康になっているのだろうか？

そんな私がブルベを走って幸せになったこと、それは年齢に対する感覚が変わったことだ。30歳手前でブルベに参加して周りは年上ばかりで驚いた。前述の通りＰＢＰの参加者平均年齢は50歳のため、40歳を超えた今でもまだまだ自分は若造だと感じる。

ブルベの年配者は速い。埼玉ブルベの折り返しコースで、よく最初にすれ違うのは60代後半の人。いくらレジェンドな方とはいえ、70歳近い人が先頭だなんて、もう「若者」としてイヤになっちゃう。

他の皆さんもスマホやFacebookなど使い倒すし、情報に対する嗅覚がすごい。自分が知らないことは若い人に平気で聞ける。とにかく皆さん若く、エネルギッシュなのだ。

ブルベの参加者を見ていたら年齢を言い訳にできなくなる。そして、こんな風に歳をとることも可能なんだって希望が湧いてくる。いつか自分もそんな年寄りになるんだ、「あのジイさんやたらタフだ、全然敵《かな》わねえ」って。

自転車の本でこんな話をしだすのは変に思われるかもしれない。でもこれはどうしても書きたかったこと。このためだけにブルベに参加してもいいくらいの、驚くほどの価値観の変化だ。ブルベ老人は本気でヤバい。

そうだ、私の話ではないけれど、素敵な配偶者を見つけた人もいる。非日常なピンチ感が、パッとしないオッサンも親切で頼りになるイケメンに見せてしまうのだろう、いわゆる吊り橋理論である。これを求めてブルベを走るのは干し草の中から針……いや私が知ってるだけで3組結婚してるな、彼女らが日常に戻ってふと我に返らなければいいが。

あとは、ブルベに参加して良かったことといったらやっぱり、軽車両としての自覚を持ち交通ルールがしっかり守れるようになった、トラブルに対して自分で対処できるようになった、ご飯が美味しい、生きている実感がある、そんなランドヌールの精神を身につけられたこと、かもね。

第2章 「ブルベ」の組織と申し込み方法

ACPと日本の組織

ブルベはフランスの自転車クラブ、ACP（Audax Club Parisien）より認定を受けた各地の主催クラブがコースを作り、開催日を決定して参加者を募集する。

増え続ける世界のブルベに対応するために、1983年にACPを中心に世界組織RM（Randonneurs Mondiaux）が作られた。1200km以上のBRM（PBPを除く）はACPではなくこのRMによっての認定となるが、参加する我々はあまり意識することはない。主催するクラブの募集に申し込み、主催するクラブのルールに従って走る。認定はACP、あるいはRMによって行われるとはいえ、参加者にとって重要なのは各地域の主催クラブだ。

日本でのブルベは2002年より始まった。参加者の増加に合わせて開催団体も増えていき、2017年現在、北は北海道から南は鹿児島まで24＋1のクラブがある。日本の主催クラブをまと

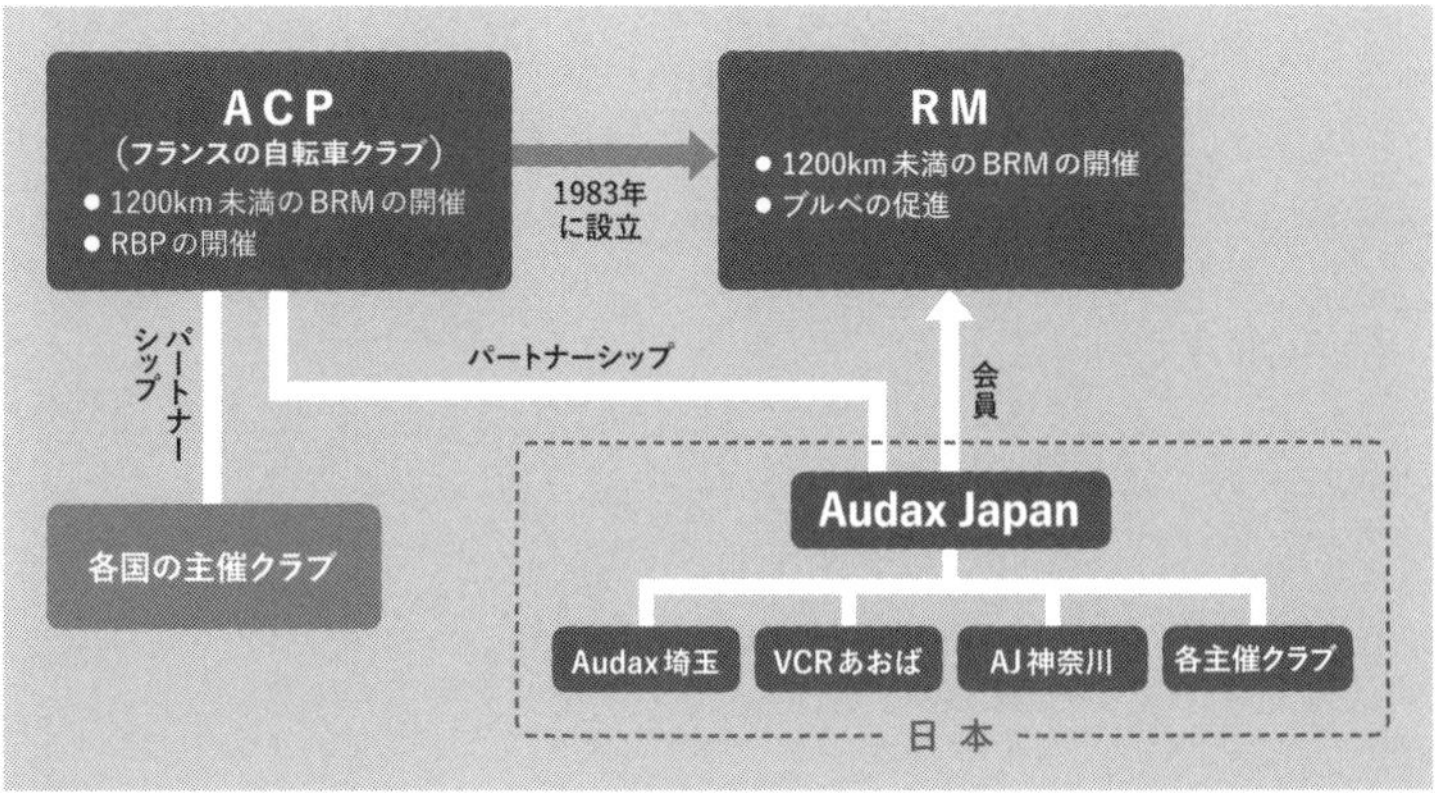

組織図

めているのがAudax Japan（一般社団法人オダックス・ジャパン／ＡＪ）。24＋1と分けて書いた＋1のクラブがこれだ。ＡＪは主催するコースを持たずに、ブルベの促進や各クラブの統括、ＡＣＰとの連絡などを行う少し特殊なクラブとなっている。

ＡＪではＡＣＰが定めた規定に若干《じゃっかん》の変更を加えている。これに加え主催されるクラブによってより細かなルールが設けられることがあるため、詳細はAudax Japanや参加するＢＲＭ主催クラブのＷｅｂサイトで確認して欲しい。

ＢＲＭのルール＝ＡＣＰのルール＋
ＡＪのルール（ベル着用など日本の道路交通法に基づくもの）＋
主催クラブの独自ルール（ＤＨバー着用禁止など）

２０１７年のクラブ一覧は、以下の通りとなっている。

オダックス・ジャパン　http://www.audax-japan.org/

オダックス・ジャパン北海道　http://sappwind.sakura.ne.jp/
ランドヌール宮城　http://sites.google.com/site/randonneurmiyagi2/
ＡＪ宇都宮　http://www.aj-utsunomiya.org/aju/
ＡＪ群馬　http://www.aj-gunma.org/
オダックス埼玉　http://audax-saitama.org/
ＡＪ千葉　https://sites.google.com/site/ajchiba02/
ＶＣＲ横浜あおば　http://www.vcraoba.yokohama/index.html
ランドヌ東京　http://randonneurs.tokyo/
ＡＪ西東京　http://www.ajnishitokyo.org/
ＡＪ神奈川　http://www.aj-kanagawa.org/
ＡＪ静岡　http://sites.google.com/site/audaxjapanshizuoka/
ランドヌールクラブ名古屋　http://kana-62.wix.com/rcnagoya
オダックスランドヌール中部　http://ar-chubu.org/
オダックス近畿　http://audax-kinki.com/
ＡＪ岡山　http://audax-okayama.com/
ＡＪ広島　http://www.aj-hiroshima.org/
ＡＪ福岡　https://sites.google.com/site/ajfukuoka/
ＡＪたまがわ　http://ajtamagawa.org/
ランドヌール熊本　https://sites.google.com/site/randonneurskumamoto/
ＡＪ長崎　https://sites.google.com/site/ajnagasaki/

AR日本橋　https://sites.google.com/site/arnihonbashi/
ランドヌール札幌　https://sites.google.com/site/randonneurssapporo/
AR四国　https://sites.google.com/site/audaxrandonneursshikoku/
AR鹿児島　https://sites.google.com/site/audaxjapankagoshima/

日本の特色

2016年、日本でのブルベ開催数は
200km：93回
300km：53回
400km：44回
600km：40回
それ以上：8回（これまでの年と比べて例外的に多い）
であった。

昨今の自転車ブーム、特にロングライドブームにより日本ではブルベ参加者が急増中。開催はすべて合わせると250近く、年中どこかのクラブがブルベを開催している計算になる。1開催の参加人数は20~100人ほど。ボランティアのスタッフでは多くの参加者を捌《さば》くのは難しいし、規制の行われない公道を参加者が塞ぐようなことがないよう、1回の募集人数は商業イベントと比べると少ない。

今回改めて開催数をカウントしてみると、ブルベに参加している私でもその開催数の多さに驚いた。なんと2012〜2014年の3年間、日本のBRM走行距離は世界トップとなっているのだ。それほど知名度の高くないブルベ、ニッチなスポーツかと思いきや、日本は世界の中でブルベ大国なのだ。しかしその参加者には少し特徴がある。

2015年、日本とほぼ同数の200km完走者数がいるイタリアと比較してみよう。

	200km	300km	400km	600km
日本	4124	2231	1527	1256
イタリア	4186	1148	771	592

※数値はのべ人数

距離が短いBRMのほうが開催が多いし難度も低い。このため完走者数は距離が延びるほどに少なくなるピラミッド形になっていくが、日本は他国と比べて長い距離の完走者が圧倒的に多いのだ。4年に1度、PBPのある年は参加権を得るために600kmを走る人が増える。2015年にフランスが日本を抜き走行距離世界トップとなったのはそのためだ。しかし日本はそれ以外の年でも長い距離の参加者が多い。

日本でブルベを走るというとなんだか600kmを目指さなければ感があるが、楽しめる200kmだけしか走らないのももちろんブルベだ。世界にはそうして200kmだけ楽しむランドヌールが大勢存在する。まず200kmのことだけ考え、走った後にもう少し長くても楽しめるかなと感じたら次の距離に挑む、最初から長い距離に対して身構えることはない。

アメリカに在住していた知人が「アメリカでは大型の連休にブルベなんて行われない。皆家族と共に過ごすし、そもそも主催者がやりたがらない」と言っていた。ＧＷはおろか元旦からＢＲＭが行われることのある日本、たぶん皆自転車に関してマジメすぎる。趣味として始めてしまったらトコトンやってしまう、そういう「オタク」で一途にハマってしまう人が多いのかもしれない。

正直言って正月からブルベに参加するなんて、家族を捨てて身も心も自転車に捧げてしまった筆者くらいで十分な気もするのだが………それにしても日本はそんな人が多くて驚きである。そういった主催者がいてくれるおかげで、正月からブルベに参加できて嬉しい。

クラブの特色

日本全国に散らばって存在するブルベの主催クラブ、しかし東北北陸地方は薄く、沖縄には存在しない。２０１６年までクラブのなかった四国には、２０１７年よりＡＲ四国が誕生した。通常はクラブについた名前がコースの発着点となるのだが、過去ＶＣＲ横浜あおばやランドヌ東京が沖縄で開催していたり、オダックス埼玉が秋田発着のブルベを行ったりと、遠くまで遠征して開催してくれることもある。地元に主催クラブがない人も諦めずに開催をチェックしてみよう。

ブルベを主催するのは各地のクラブ、そしてコースを作成するのもそのクラブの担当者だ。開催地の地形、気候、それから作成者の性格によってコースにはクラブごとに特色が出てくる。

ＡＪ岡山：スタッフが同じブルベを走ることが多く、ほぼノーサポート。獲得標高が多い。
Ｒ札幌：冬は走れないので「ローラーブルベ」なるものを企画（当然非認定）している。走れないその冬を走る「アイスブルベ」も。
ＡＪ埼玉：ＧＷ中の２００km、３００km、４００km、６００km連続ブルベ（ヘルウィーク）はここが発祥《はっしょう》？　縦断２７００kmやＢＡＪ２４００kmなど長距離の開催も多い。
ＡＪ北海道：パラダイスウィーク（ＧＷに行われる２００km、３００km、４００km、６００km連続ブルベで北海道1周）。結構平坦。２０１４年に開催後に中止となった１２００kmなど１０００km超のブルベが過去何回か行われている。
ＡＪ福岡：ヘブンウィーク（ＧＷに行われる２００km、３００km、４００km、６００km連続ブルベで九州1周）。桜島火山灰。
ＡＪ静岡：ママチャリ優先枠のあるブルベ。
ＡＪ西東京：参加記念に西東京マーク入りのお菓子をくれる。
ＡＪ近畿：主催クラブが多く存在する関東と異なり関西はこれ１つ。クラブは１つでも何人かの主催者が持ち回りでＢＲＭを担当しており開催数が多く、２０１５年間走行距離は日本トップ。世界でも４位に入っている。ＡＪ近畿オリジナルのバッジが各距離ごとにある。

もちろんここで挙げていないクラブにもいろいろな特色がある。どこも和《なご》やかであり、体育会系でビシバシというクラブはない。クラブごとに忘年会等も行われるため、沢山参加して知り合いが増えるとそういったブルベ外イベントにも参加しやすい。
これら各地にあるクラブの多くは「地元にクラブがないから立ち上げようかな」と代表を買って出たランドヌール精神に溢れた人により運営されている。こうして新規のクラブが増える一方、個人的な都合で運営が難しくなり、後続もいずにクラブがなくなることもある。年が替わるごとにクラブの新規追加や変更などが行われ、過去の情報というのは正しくないことも多い。参加したいクラブの最新情報をWebで確認して欲しい。

クラブごとにローカルルールが設けられている場合もある、これも参加前に要確認だ。主なローカルルールには次のようなものがある。

- 開催する距離の1つ短いBRM（400に申し込む場合は300）の完走が必須
- リュックに反射材がついていればベストの上から背負ってもOK
- 400km未満でも前照灯2灯以上、ヘルメットの尾灯必須
- ファイバーフレア（特定の尾灯）は尾灯と認められない
- DHバーなどのハンドルアタッチメント禁止（PBPでも禁止されている）

悪天候時の大会中止判断も各クラブの特色が出る。開催日に台風が直撃した、前日の雨で路面凍結が予測される、そういったときに開催するかどうかは主催者の判断だ。規模が大きくサポートが手厚いクラブほど安全重視で中止する傾向がある。そんな中でも開催してくれるクラブは、参加者の自主性を尊重しているのだ。その想いを無にすることなきよう、事故に遭う前にリタイアする判断力を身につけたい。

コースとシーズン

ブルベのコースは主催者（コース作成者）が「こんなところを走って楽しんで貰いたい」と考えて作っている。このため、トラックなど大型車の交通量が多い幹線道路や、パンクの危険が高いダートなどは通常選ばれない。大勢の参加者が一斉に走るので道幅が狭いサイクリングロードも使われることは少ない。

なるべく走りやすい道、といっても市街地スタートのブルベの場合は発着点付近、特にゴールが夕方になった場合、交通渋滞は避けられない。郊外スタートであれば最初から車通りの少ない道を走れるが、このあたりはスタート地点へのアクセスしやすさとのトレードオフとなる。

コースは参加者が走るときのことを考えて作られている。例えば６００㎞では途中仮眠をとりやすいように３００〜４００㎞は山岳が避けられることが多い。もちろん簡単なコースばかりではない、中には走り応えのある難度の高いコースもある。そんな超級山岳が続くハードなコースであっても、フラフラになりながら辿り着いた最後の峠には「ああ、コース作成者はこの景色を見せたかったんだな」なんて感じられる絶景が広がっているかもしれない。単にキツいコースが好きなだけの、ドＳの作成者でないことを祈ろう。

積雪で走れない東北〜北海道を除き、正月を過ぎるともうすぐにブルベのシーズンが始まる。ここから6月末までは、ほぼ毎週末どこかのクラブでブルベが開催されている。主催クラブの多い関東や近畿では、少し足を伸ばすだけで、毎週参加することも可能だ。

１〜2月は２００㎞、3月は３００㎞、4月は山岳を含んだ４００㎞、5〜6月は６００㎞というのが、北海道を除いたクラブのよくあるスケジュールだ。4年に1度開催されるPBPに参加するためには、その年6月までに200～600kmを走らなければならず、このためPBPイヤーでは6月までに600kmのブルベが集中する。他の年もこれに合わせてスケジュールが組まれるためか、または熱中症の危険のためからか、7～8月になると開催数はぐっと減る。

9～10月の走りやすい季節には、初心者向けのトライアル200kmや、連休を利用しての1000km超が行われるものの、本数は4～5月と比べると少ない。

そして11月以降は忘年会シーズンだ。これはブルベではないのだが、そこはブルベのクラブ、ただの忘年会では終わらない。宿まで100kmほど自転車で移動した後、泊まって飲み食いするという、合宿のような忘年会が各クラブで行われている。

一般的なブルベのコースは、100kmあたりの獲得標高が1000m弱。100kmで1000m登るというのは、50kmが平坦で50kmが斜度4％の峠（登りはそのうち半分の25km×0・04＝1000m）、そんなコースをイメージして貰えばわかりやすいだろうか。

年が明けてからしばらく、3月頃までは山が積雪で走れず平地主体のブルベになる。関東ならば定番は伊豆半島、霞ヶ浦あたり。平地とはいえ、この時期のブルベに待ち構えるのは通称「布団峠」。仕事で疲れた体にようやくやってきた週末、夜明け前の凍りつきそうな寒さの中、スタート地点に向かうのは並大抵の精神力ではできないし、実際ボトルの中身も凍る。布団から出る強い意志が要求される反面、完走に必要な脚力は低く、初心者がまず参加するのであればこの時期を選ぶのが正解だ。

4月になり雪が解《と》けるにつれ、大きな峠がコースに盛り込まれていく。峠コースは脚力的な難度は高いものの景色が良く、交通量も少なくて走っていて気持ちがいい。ブルベの醍醐味《だいごみ》といったらやはりこの春先以降のコースになるだろう。岐阜や長野の定番峠がコースに選ばれ、同じ峠ですれ違ったのは別開催のブルベ参加者だった、なんてことも起きる。間違えてついていってミスコースしないように！

ＧＷは各地で長距離ブルベが開催される。２００㎞、３００㎞、４００㎞、６００㎞を連続して行う通称「ヘル・ウィーク」や日本縦断などの超長距離ブルベが行われるのは大抵ここだ。連休を利用して遠征もしやすく、参加したことのない遠方のブルベを走るチャンスだ。そして6月頭。多くのクラブはエース級な、とっておきコースをここに持ってくる。峠あり、雨あり、涙あり、すべてが含まれた６００㎞は、主催者からしたら是非《ぜひ》走って欲しいコースとなる。

申し込み

ブルベの参加申し込みは開催ブルベごとに行う。しかしその前に、ＡＪ会員について説明したい。ＡＪ会員登録は、アマチュアスポーツ大会の検索と参加申し込みができるサイト「スポーツエントリー」で行う。年会費はなく、入会金の１０００円を支払えば以降ＡＪ会員となる。

このＡＪ会員、将来的には参加ＢＲＭの一括管理などができるようになるという話もあるが、今のところは会員番号が振られるだけとなっている。固有の番号は問い合わせ時に役に立つし、会員登録しているかどうかで参加費が異なるＢＲＭもあるため、何本かブルベに参加するのであれば会員登録しておいたほうがいいだろう。ＡＪ会員でなくても、ＢＲＭへの参加は可能だ。

ＡＪ会員登録、あるいは登録しないことを決めたら、次は参加するブルベの選択だ。年末になるとAudax Japanの公式ホームページに翌年行われるＢＲＭリストが記載される。ＢＲＭ開催をＡＣＰに申請するのはこのタイミングなため、年が替わってから新たに新規ＢＲＭが追加されることはない。スケジュール表を見て自分が参加したいブルベを決めよう。開催日と主催クラブの場所からあたりをつけ、各主催者ページへ。

試しにオダックス埼玉のＷｅｂからＢＲＭ開催情報を見てみよう。そこにはＢＲＭ２２１埼玉２００とあり、この後にアタック小田原と書かれている。最初の２２１は開催日で２／21開催を表し、次の埼玉は主催者、２００はコースの全長だ。アタック小田原はコースの主な行先を示している。主催によってはＢＲＭ２２１小田原２００と開催日の後が行先だったり、７０１下関６００とスタート地点だったりする場合もある。同じ主催者のブルベを何年か走っている人ならば、「埼玉発の２００㎞で目的地が小田原だとコースのほとんどは平地か、折り返しの最後に登りが待ち構えているかもな」とコースがなんとなく想像できるかもしれない。

しかし初めての参加では名前だけでコースを知るのは難しい。参考にすべきはキューシートと呼ばれる道順が記された表や、コースの全体地図。これをしっかり見て、起伏や予想される気温など、頭の中でシミュレーションしてみよう。開催までまだ時間がある場合、詳細ルートは用意されていないこともある。申し込みが始まる前には情報がアップされるはずなので後日改めてチェックだ。

埼玉やあおばでは登りが極端に多いブルベは名称に「スーパー」がつく、千葉や宇都宮ではコースごとに難易度の☆が表示される、とコースの難しさを表示してくれている主催者もあるが、中には「ふらっと」と名前がつくから平坦かと思ったら頭がフラッとするほど厳しい坂道だった、なんてトラップを用意するところもあるので注意が必要だ。これは冗談ではない、事前に自分でコースを確認し、難易度を想像するところからブルベは始まっているのだ。

参加申し込みは、多くのクラブがＡＪ会員登録と同じくスポーツエントリーを使用しているが、独自Ｗｅｂフォームやメールで行っているところもある。

住所、氏名、年齢、電話番号、メールアドレス、緊急連絡先、加入している保険の情報は、どのクラブでも必要な情報だ。保険は申し込み時に加入していなければならない点に注意しよう。２月に行われるＢＲＭの申し込みが12月開始だとすると、この12月時点で２月に有効な保険に入っている必要がある。保険の切り替わりなどで空白期間が丁度《ちょうど》申し込み日に重なると、申し込みできない。

上記個人情報と合わせて、自分が所属するクラブ（よく参加するホームクラブ）を記入する。所属クラブはＢＲＭごとに変えてもいいのだが、コロコロ変えないのが普通だ。参加したこともないクラブの名前を書くのもちょっと常識的でない。自分がよく参加しているクラブがあればそのクラブを、初参加の場合やよくわからない場合はAudax Japan（ＡＪ会員の場合）、未所属（ＡＪ会員登録なしの場合）を選んでおくのが無難だろうか。

恐らく最初は自宅から近いクラブのブルベに参加することになるだろう。所属クラブを決めてそこに集中して参加するのもいいが、慣れてきたら日本全国いろいろなクラブのブルベに参加してみるのも面白い。地形や気候の違いだけでなく、運営スタイルやコース設計思想にも違いがある。

第3章

ブルベに適した機材とは

車種を選ぶ

ブルベを走るための自転車は人力を動力とするものであればなんでもよく、車種による制限はない。当然であるがノーブレーキピストなど、道路交通法で公道を走ってはいけないと決められているものは使用できない。

どんな車種でもいいといっても道具には向き不向きがある。ブルベにはどんな自転車が向いているのだろう？

私が初めてブルベを走ったのは2005年、通勤で使っていたフラットバーロードでの参加だった。自転車生活に引き込みたかった妻へはクリスマスプレゼントでクロスバイクを贈り、2回目のブルベは一緒に走った。ロングライドを楽しむ私を見て会社の同僚も興味を持ち始め、クロスバイクを購入して参加した。

当時は今と比べてクロスバイクやMTB《マウンテンバイク》での参加が多く、ジーンズを穿《は》いて走っていた人もちらほら見かけた記憶がある。10年以上経《た》った今では参加者の90％はロードバイク、服装もバシッとキメたサイクリングウェアがほとんどになった。ブルベ人口の増加でブログや攻略法的な記事が増えたことにより、初めて走る人でも装備はかなり似通ってきている。皆が同じような装備になってしまうのは少し面白味に欠けるけれど、そうなるのには理由がある。舗装路を長く、そして高速に走るのにロードバイクは向いている。

ブルベに参加した後、私は半年もしないうちにハンドルをドロップへと変更し、妻は翌年新しくロードバイクを購入した。ドロップハンドルに抵抗があるから、とロード推《お》しを無視してクロスバイクを買った同僚は、「何故もっと強くすすめてくれなかったんだ」と安ロードに買い替えた。

古くからの自転車乗りであれば、これを聞いてあれ？　と思うかもしれない。ロングライドといったらロードバイクではなく、ランドナーやスポルティーフといった自転車ではないのか？　ツーリング用自転車というジャンルがあるのに、ロードバイクの参加者が9割というのはどういうことか？ブルベはタイムを競わないとはいえ、制限時間がある。そのため途中でゆっくりと寝る時間はなく、ツーリングのような大荷物は持たない。６００㎞でもサドルバッグ１つで走る人もいるくらいだ。そんな軽装な人にとっては、頑丈で荷物が沢山積めるというのは重いというデメリットでしかなく、重さも走りも軽いロードバイクを好んで使うことになる。

しかしこれは好みの問題、ツーリング自転車も一部では根強い人気があるし、ブルベに向いていないわけではない。使用率でこれだけ水をあけられているのは、ツーリングが下火で販売されているモデルも少ないのが理由だろうか。

ブルベは、よく整備され、乗り慣れた自転車であればどんな自転車でも問題なく完走を目指せる。ただしママチャリはネタでもない限りやめておいたほうがいい。ロードとマウンテンバイクの違いが、ランニングシューズとトレッキングシューズだとしたら（登山靴は……DHバイクかなあ）、ママチャリは革靴だ。革靴でも走れないことはない、しかし靴擦れと闘いながら革靴でマラソンに参加して楽しいと思えるだろうか？

いや、これは私がアレコレ言うことではないか。世の中にはそんなママチャリでブルベを楽しんでいる人もいる。よくある車種の利点をまとめるので、参考にしてほしい。［表3］

車種ごとにありきたりな寸評をまとめてみたものの、同じロードバイクであっても用途により構成は異なってくるため、パーツで考えたほうがいいかもしれない。選択の決め手になるのは「ハンドル」「ブレーキ」「タイヤ」「ギア比」「キャリア」だ。

▼ハンドル

ハンドルの選択基準は「ドロップハンドルかどうか」で、舗装路を長時間走るのにはフラットバーハンドルよりもドロップハンドルのほうが格段に楽だ。お気に入りのマウンテンバイクでブルベを走りたい、というこだわりでもない限り、ドロップハンドルの自転車がブルベには向いている。

▼ブレーキ

ブレーキは大きく分けると、ホイールのリムを挟んで止めるリムブレーキと、専用のローターを挟んで止めるディスクブレーキとに二分される。リムブレーキにはキャリパー、V、カンチと種類

ロードバイク	舗装路を速く走るための自転車。といっても最近はアップライトなポジションや振動吸収性をうたったロングライド用モデル、更には悪路を走るのにも適したグラベル(悪路)用モデルといろいろなタイプが出てきており、一括りにロードバイクとまとめられなくなってきている。 ドロップハンドルは持つ部分が多く、体を起こして楽な姿勢で走りたいとき、向かい風の中で空気抵抗を少なくして高速で走りたいとき、峠下りで車体を安定させたいときなど、ポジションを変えられて便利だ。 **ロードバイクここがいい: 重量が軽い、走りも軽い(反応がいい)**
ロングライド、 サイクリング用 ロードバイク	シートステー、フォーク等に各社衝撃吸収の工夫を凝らしている。購入直後の状態で、一般的なロードバイクと比べてハンドル位置がやや高く、アップライトなポジションで乗れるものが多い。ドロップハンドルもショートリーチでドロップ量が少なめなものが使われており、ポジションを変えたときの体への負担が少ない。ギア比も軽めのものが用意されている。 **ロード(ロングライド用モデル)ここがいい: 振動吸収性に優れる、楽に乗れる**
グラベル(悪路)用 ロードバイク、 シクロクロス	前記サイクリング用に加えて、太めのタイヤや泥詰まりに強いカンチブレーキ、制動力のあるディスクブレーキが採用されている。 **グラベルロードここがいい: 悪路や雨天に強い**
ツーリング用自転車 (ランドナー、スポルティーフ、ツーリング用MTBなど)	古くからのランドナーといえばホイールサイズが650A/Bのものであるが、これは周りに乗っている人がほとんどいないため、おすすめはできない。トラブル時に知人からタイヤチューブなどを貰うことができないし、ホイール絡みのパーツの入手性があまりにも悪いためだ。 最近ではマウンテンバイクと同じく26インチやクロスバイクの700Cのホイールのものも多く出ており、これならパーツ入手性の悪さというデメリットはない。ロードと比べると頑丈だが、それと引き換えに重量が増し、反応の良さがなくなる。 あらかじめパニアバッグなどの大型バッグを装着するためのキャリアや、キャリア用ダボ穴がついていて大量に物を運ぶキャンプツーリングには適している。重い荷物を運ぶためギアが軽く、ロードでは絶滅しかけているフロントトリプルのチェーンリングが装着されたものも少なくない。 **ツーリング用自転車ここがいい: 荷物が沢山積める、頑丈**
マウンテンバイク	太いブロックタイヤ、Vブレーキやディスクブレーキ、幅が広めのフラットバーハンドル、サスペンションと、悪路を走るのに適したバイク。ダート部分がほとんどなく、路面状態も良好な国内のブルベでは、その能力を発揮できる場所は少ない。 筆者はマウンテンバイクで走ったことがなく、一般的な見解程度のことしか書けないが、ブルベでの利用でMTBがロードと比べて有利な部分は、購入時のギア比が軽いものが多いこと。タイムを競うのではなく、疲労せずに走ることが重要なブルベにおいて、上り坂では軽いギアで体に負担をかけずに走ることがポイントとなる。好んでMTBに乗る人の中には、この点で楽だと言う人もいる。 **マウンテンバイクここがいい: 悪路最強**

クロスバイク	フラットバーハンドルでかなりアップライトなポジション、ホイールはロードと同じ700Cで、太いタイヤを履《は》けるように(25〜35Cくらい)リム幅は広め。街中の舗装路でちょっと乗るのには程良い自転車ではあるが、舗装路を長距離となるとやはりロードに分がある。 リアのエンド幅(ホイール軸の端から端)がロードの130mmと異なり135mmなため、同じ700Cといっても後輪はロードと兼用できないので注意。 **クロスバイクここがいい: 中途半端なところがいいかもしれない**
小径車(ミニベロ)	20インチか24インチの小さいホイールの自転車。小径車でブルベなんてと驚かれそうだが、しっかりポジションが出ていれば他の自転車と遜色《そんしょく》なく走れる。ブルベをこれで走る愛好家も存在する。 ただし8インチなど折り畳み系の超小径は段差で吹っ飛ぶ可能性があるし、タイヤの摩耗《まもう》が早いため、ロングライドには適していない。トラブルの頻度が高いタイヤ回りで他の参加者とパーツを共用できないのも欠点だ。また「小さいから軽いのだろう」と勘違いする人が多いが、小さいサイズで自転車として必要な強度を出すため、結果軽量なロードバイクよりも重くなるものが多い。 **小径車ここがいい: 分解しなくても小さくて持ち運びやすい、かわいい?**
リカンベント	国内では所有者が少なく、ブルベで見かけることはあまりない。空力的に優れているため平地や下りでは圧倒的な速度を誇り、体重がかけられない登りは苦手。結果、他の自転車とペースが合わずにほぼ単独で走ることとなる。 車高が低くなればなるほど、車からの視認性が下がっていく。旗を立てるなど各自アピールする努力はしているが、「旗=リカンベントがいる」という認識自体が普通のドライバーにはないため、国内の公道を走る場合は十分に気をつけよう。 **リカンベントここがいい: 平地や下りでの圧倒的な速度**
ピスト(シングルギア)	シングルギアのデメリットはギア比が変えられないこと。アップダウンの多いブルベでは脚へのダメージが大きくなる。 フリーのついたシングルギアなら問題はギア比だけだが、より厄介《やっかい》なのは固定ギア。下りで脚を休めることができず、段差でオシリを浮かすことも難しく、漕ぎ続けねばならないため尻へのダメージが格段に増加する。個人的には、これで長距離ブルベを走るのはママチャリよりキツい印象がある。公道を走る場合は前後にブレーキは必須だ。 **ピストここがいい: 構造がシンプル、漢《おとこ》を磨ける**

表3-1 車種別の特徴(次ページに続く)

タンデム	2017年1月現在、国内で2人乗り自転車で走れるのは、長野、兵庫、愛媛、広島、山形、宮崎、佐賀、新潟、愛知、群馬、京都、富山、大阪、静岡、大分、島根の16府県。このうち宮崎以降の11府県が2012年以降の許可と、ここ最近、走れる場所が急速に増えている。 それでも各県にまたがってコースが作成されるブルベでは、タンデムでの参加は難しい。AJ群馬ではコースがタンデム走行可能県内に収まっている場合、自らの調査(タンデム走行不可の部分がないか)、責任のもとに走行OKとしている。開催要項に書いていない場合は走行可能県だったとしても、タンデムで参加できるかクラブに確認したい。 タンデムの空気抵抗は1人分+αで、重さは2人分。平地や下りは圧倒的に速いが、登りは2人の平均となる。リカンベントと同じく、ロードとペースを合わせづらい。 なお、タンデム自転車の2人乗りが規制された県であっても、1人で乗る場合は問題にならない。この場合は普通自転車ではなく軽車両となるため、自転車走行可の歩道や自転車道を走ることはできない。より危険なタンデム1人乗りがOKで定員乗車の2人乗りが禁止だなんて不可解すぎるので、禁止県は見直して頂きたいところである。 **タンデムここがいい: 嫌でもパートナーと離れられない**
TTバイク	ロードにDHバーを装着するのとは異なり、かなり前加重ポジションとなる生粋《きっすい》のTTバイクは視野の狭さ、ブレーキまでのタイムラグなど、公道を走るのは他の自転車と比べて危険度が高い。市街地走行時にロードより気を遣《つか》わねばならないため、筆者はこれでブルベを走るとロードより遅くなる。DHバーが禁止されているクラブもあり、これしか持っていないという参加者でもない限り、ブルベで使う意味はあまりない。 **TTバイクここがいい: 交通規制された平地コースなら速い**
ママチャリ	「自転車の差なんて重要な差じゃないよ」そう言っている鈍い私も、これに乗るとスポーツ自転車がいかに走りやすいかを強く感じる。剛性感のないクランク周り、フラフラするハンドル、制動力の低いブレーキと、長距離を高速で走ることは考えられていない自転車だ。変速付きママチャリであってもギア比は重すぎて峠の登りは膝にくるし、下りでは自転車が分解しないか不安になる。メンテナンス性はないに等しく、ホイールの固定もクイックでないため、パンク時のチューブ交換がすぐにできないのも大きなデメリットとなる。 **ママチャリここがいい: 標準でカゴ、スタンド装備**

表3-2　車種別の特徴(前ページより続く)

があり、ドロ詰まりしやすさに差はあるものの、ブルベでの使用ではどれも問題はない。しかしディスクブレーキは雨天時の制動力でリムブレーキよりアドバンテージがある。特に効き方がアルミリムと異なるカーボンリムの場合は効果が大きい。

デメリットはやや重量増、専用ホイール、フォーク&フレームが必要で少し高価といったところか。ローターが非常に高温になるため、集団落車時に怪我をしやすいというのがレース界では問題になっているが、ブルベではあまり心配することはないだろう。最近はディスクブレーキ搭載のロードバイクが増え、ブルベでの使用者も増えてきている。雨の中を長距離走るブルベで起きやすい、リムの摩耗が避けられるのもメリットだ。

▼タイヤ

タイヤで注視したいのは、完成車で売られているときについているタイヤではなく、最大でどの幅のタイヤをつけられるかという点だ。少し古いロードバイクのフレームには25C、物によっては23Cまでの太さのタイヤしか装着できないものがある。「○○機能で振動を吸収」、なんてメーカー発表のすごい機能に投資しなくても、太めのタイヤで空気圧を落とせば乗り心地は良くなる。後から選択肢を広げられるため、できれば28Cが装着可能なフレームがいいだろう。

▼ギア比

ブルベは下りを全力で踏むようなことはなく、通常重いギアより軽いギアが足りなくなる。ロードバイクでもロングライド向けのモデルでは、最初からフロントのギアが少し小さいコンパクトドライブが採用されたものが多く、軽いギアで走れるようになっている。

更に軽いギア比を使いたかったらマウンテンバイク用のコンポーネントやフロントトリプルの自転車だ。ギアは後から交換することもできるが、一般的なロードバイクはフロントトリプルにしようとしてもチェーンラインの関係で上手くいかないことがあるため、最初から装着されているツーリング用の自転車を選ぼう。

▼キャリア（キャリア用ダボ穴）

最近は大型で質の高いサドルバッグが複数登場したことにより、ロードバイクであってもブルベ程度の荷物であれば積載方法に頭を悩ませることはなくなってきた。参加者がロード一辺倒なのは、この大型サドルバッグの進化によるものも大きいだろう。しかし、もしキャンプツーリングなども視野に入れているのならば、キャリアが取り付けられるかどうかは重要な点となる。

ツーリング用のバイクにはフレームにキャリアを取り付ける「ダボ穴」が開けられている。後付けの方法もあるとはいえ、最初からキャリア装着を考えて作られたフレームかどうかで、走行時の安定度は大きく変わってくる。ロードは大荷物のツーリングには不向きだ。

自転車を選ぶ

「これまでクロスバイクしか乗っていなかったけど、ドロップハンドルに少し興味が出てきた。ツーリングする予定はないからブルベ用にロードバイクを新調してみようか」

ロードを買う、そう決めた後に注視したい部分はどこだろう。

「ロングライドはカーボンフレームじゃなくちゃ。カーボンは衝撃吸収性がいいから疲れない、アルミはやっぱり脚にくるよ」そんな話を聞いたことがあるかもしれない。しかし筆者は、自転車の素材はあまり気にしなくていいと考えている。

2007年のPBPではアルミフレームの参加者が半数近くいた。衝撃に関してはタイヤや空気圧でカバーできるし、脚の疲れは軽いギアを回すのを心掛ければ低減する。カーボンじゃなきゃダメ、アルミではロングライドを走れない、そんなことは絶対にない。どんな自転車であってもブルベに参加でき、完走を目指すことができる。

ただ最近はカーボンだから特別高いということもなく、予算内であればあえてアルミを選択する理由はなくなってきた。アルミの自転車でも問題はない。しかし、ガチガチに固い部分は固く、しなる部分はしなる、そうやって設計に応じた造形がしやすいのがカーボンというのも事実だ。実際2011年以降のPBPではカーボンフレームが多くを占《し》めだしてきている。

ロングライドといえばカーボン、その前のロングライドといえばクロモリだった。クロモリ（スチール）フレームは今ではやや趣味性の高いバイクのように思う。塗装に傷さえなければそこまで気にしなくてもいいが、錆《さび》という問題もある。それでも細身のホリゾンタルフレームに興味があれば選択肢に入るし、自分のポジションに合わせたオーダーフレームなんてのも面白いだろう。クロモリはどちらかというと、「走るのが趣味で自転車はそのための使い捨ての道具」でなく「自転車の車体そのものも趣味のうち」という人に愛好者が多い。大量生産でコストを下げる大手のカーボンフレームよりも、職人が芸術的なラグでパイプを繋ぐフレームに魅力を感じる人はいるはずだ。

カーボンじゃなくてもアルミでも走れるよ、でもまあ予算があるならカーボンがいいんじゃない？そんなはっきりしないアドバイスになってしまったが、実は自転車の違いは素材より設計が重要だ、昔ドイツの自転車雑誌がブラインドテストでフレームの材質を当てるというテストを行ったところ、レビュワーはほとんどこれがわからなかったという例もある。素材にこだわるのはあまり意味がないことかもしれない。

ただ、どんな素材であっても耐久性には注意したい。フレームのパイプ厚が極端に薄い軽量フレームは、雑に扱うと凹んだり割れたりすることがある。自転車に乗っているぶんには十分な強度でも、何かのカドでぶつけるといった衝撃には弱いのだ。ブルべは輪行もするし、夜通し走ることでどうしても丁寧《ていねい》に扱えないときが出てきてしまう。度を越した超軽量フレームやパーツは避けたほうがいい。

フレームときたら次はコンポーネントか。シマノ、カンパ、スラム、各社がそれぞれ変速システムを作っている。メーカーごとにグレードも様々だ、シマノでも10速の「ティアグラ」と、最上級の11速「デュラエース」とでは全然違うんだろうな、雑誌の記事見ても高価なものはなんだかすごそうだものな。

しかし筆者は、コンポーネントの違いなど微々たるもので、速度やブルべの完走率はほとんど変わらない、と考えている。何を使っても変わらないのだから好きなものを使えばいい、以上コンポーネントのおすすめはこれで終わりだ。

そんな……フレームの素材を気にする必要はない、コンポーネントはどれでも大して変わらないって、じゃあホイールか。自転車はホイールを換えると大きく変わると聞いたことがある。購入時についてきたこの鉄下駄と呼ばれるホイールから、カーボンのディープリムに換えたらギア2

〜3枚速くなれるかも。

残念だけど筆者は、ホイールの違いなど微々たるもので、速度やブルベの完走率はほとんど変わらない、と考えている。外周部が軽くなると確かに漕ぎだしが軽くなる。これはもう圧倒的で、感覚が鈍い私でも確実に違いがわかる。しかし数値にするとその効果はちっとも大きくないし、加速が終わって一定速度で走りだすと、同じだけ車体を軽くしたのとなんら違いはなくなる。

ディープリムは空力的に若干有利とはいえ、シューズカバーやエアロヘルメットのほうが費用対効果は遥かに高い。横風に弱いのも気象条件が変わりやすいブルベでは不安材料となる。50㎜を超えるハイトのリムはブルベでは控えたほうが安全だ。

ホイールは乗り心地にかなり差が出て交換が面白いパーツではあるが、交換したら速くなるといった幻想を抱いていると、購入直後のプラセボ力が切れたときにガッカリすることになる。

今はメーカーの完組ホイールが主流で安く簡単に入手できるため、超軽量の決戦用ホイールを除いた中で好きなものを選べばいい。リアに荷物を多く積む場合や体重が重い人は、スポーク本数の少ないものは避けたほうがいいだろう。スポークが切れやすくなるし、1本切れた時にニップルレンチを持っていても走行可能なまでに振れとりできないことがある。

破損に対する安心感を買いたい場合は32Hのリムで手組みで頑丈に組むのも手だ。手組みの場合、ニップルはアルミでなく真鍮《しんちゅう》を使おう、雨の中長時間走るブルベでは固着や腐食などのトラブルが起きやすい。わずか数gと引き換えにメンテナンス性を下げるのは、1分1秒を争うレースでもない限り少し勿体《もったい》ない。

アルミといえばMAVICのキシリウムや、カンパのEURUSに代表されるようなキシメン状のアルミスポーク、これのトラブル（折れ、ニップル固着）も数件見ている。好みの問題であるが、私はブルベ用として使うなら下位グレードのステンレススポークのものを選ぶ。

ここまで「素材はなんでもいい」「コンポーネントでもホイールでも速度は大して変わらない」と極端なことを書いたのは、次の悲しい事実を伝えたかったからだ。

速く、そして長く走るための性能差は、ほとんどがエンジン（＝アナタ自身）によるものだ。大事なことなのでもう1度書く。

「高い自転車を買っても速くならない」

自転車に乗り始めた頃は月刊誌を買い、レビューや蘊蓄《うんちく》を眺め、この最新の機材にしたらどれだけ速くなるんだろうなんて夢みていた。何年も乗っていると薄々と気づいてくる、その差はエンジンの性能差の前ではまったく無力なのだと。

実際はもちろんゼロではなく、200㎞単独走で数分～数十分の差は生じる。ブルベ先頭とギリギリゴールのエンジンによる差を100とすると、機材で10くらいは差が出るか。恐らく皆が考える差よりも小さいため「差は出ない」としてしまっているが、お金でこの時間を買えると思えば十分なのかもしれない。

では自転車はなんでもいいのか、というとそういうわけではない。シマノのコンポーネント、105

もデュラエースもフロントとリアの変速ポイントは同じで、理想的な状態であれば変速速度は変わらないが、アウターチェーンリングの切削《せっさく》やピン形状などにより、変速ポイントでの失敗確率が変わってくる。デュラエースはＳＴＩのクリックにヌルっというかスチャっというか軽快な変速感があり、バチッバチッと変速する下位モデルと比べたら、同じ変速速度であってもキビキビ動く感じが味わえる。カンパやスラムの製品に換えれば、操作感の違いはもっと出る。こういった少しのフィーリングの積み重ねで気持ちのいい、悪いが出てくる。

それにエンジンの性能を引き出すのは自転車本体だ。クランク長、ギア比、ハンドル位置、適切なポジションがとれなければアナタの溢れるエネルギーを効果的に速度に変換することはできない。踏み心地、乗り心地という要因も実際にタイム差という数値にしてみればたいしたことはなくとも、受ける印象はかなり違ってくる。ハンドリングやブレーキも同じだ。

フレームの素材が違っても、コンポーネントが違っても、ホイールが違っても、速度には大きな差は出ない。しかしその違いは確かにある。長く乗ることは体にストレスがかかる。ほんの小さな差であっても、できる限りそのストレスをなくすため、乗っていて気持ちのいい自転車を選びたい。

……しまった、話の都合上「コンポーネントの違いは微々たるもの」と書いてしまったが、大きく変わるものがあった、それは電動コンポだ。最後に電動コンポの利点と欠点を付け加えたい。最初にシマノから電動変速が登場したとき、「適切なギアを使うことに長《た》けているプロですらワイヤーから電動にすると変速回数が30％増加する」という売り文句を見た。それだけワイヤーでの変速はストレスになっていたということらしい。

私は電動コンポ（シマノ「アルテグラDi２」）をレンタルで１週間ほど使っただけだが、それでも変速ストレス低下の利点ははっきり感じた。ワイヤーでもちゃんと調整していればしっかり決まるが、多少トルクをかけた状態でも変速できるフロント、何より変速に力が必要ないというのが素晴らしい。特に冬のブルベでは、寒さで指がかじかんで動かなかったり、厚手の長指グローブで指の動きが鈍くなったりする。そんなときにボタンで変速できるのは、大きな強みだ。

1000㎞超の距離を走る場合、変速で指が疲れるという状況も大げさではなく出てくる。電動ならば、荒天の中走り続けてもワイヤーの潤滑が悪くなることはない、スタートからゴールまで力を込めずに指で押すだけで変速完了だ。

欠点といえばバッテリー。電池残量がなくなったら変速できない。通常のブルベであれば途中で切れることはないだろうが、ブルベに自走で行って何本か繋いで、なんてやりだすと充電時間が欲しくなる。

更に、故障しやすいという欠点もある。2年間のブルベで「Di2」の変速トラブルによるリタイアを3件見た。変速しなくなること、それからリアディレイラーがインナーギアより内側に動いて起きるホイール破壊トラブルだ。十分なサンプル数ではないかもしれないが、「Di2」使用率が20人に1人程度だった中、このトラブル発生率は少し高いようにも思う。防水性も、機械式と比べたら不安が残る。

問題なのは壊れることではなく、壊れたときに現場での対処ができないことだ。ワイヤー式ならば、どこが壊れているのか知識があれば見てわかる。近くに自転車店がなくとも、コンビニやホームセンターで入手できるもので応急処置が可能な場合もある。しかし電動は動かなくなったときに、断線なのか、レバーの故障なのか、ディレイラーの問題なのか、他の何かが悪いのか、その場でわからない。現地で自転車ショップを見つけて駆け込んでも、修理は基本メーカー送りだ。

電動コンポでもう1つ気をつけたいのが飛行機輪行だ。多くの航空会社では一定容量以上のリチウムイオンバッテリーを飛行機に載せる際は機内持ち込みでのみ可（預け荷物では不可）となっている。バッテリーが車体に埋め込まれて簡単に取り外せない場合、飛行機輪行が難しくなる点にも注意しておこう。

結局どんな自転車がいいの？

ここまで抽象的な話や、なんでもいいばかりで、どんな自転車がいいのかさっぱりわからない。そんな苦情がきそうなので、私が考える「ブルベに向いた自転車」をまとめたい。

まずはポジションがしっかり出ていること。素材でもコンポーネントでもホイールでもない、一番重要なのはこれだ。ポジションが出ている、と簡単に書いてしまっているがこれはなかなか難しい。体の柔軟性、筋力、首や膝などの障害により、最適なポジションというのは人によって差が出るからだ。まずは基本通りのセッティングにして、走りながら自分で微調整していくしかないだろう。

基本のセッティングに関しては、専門の有料フィッティングサービスを受けなくても、スポーツバイクを扱う専門店なら大抵は購入時にアドバイスをしてくれる。ホビーレースに出るつもりがなければ「レースではなくてロングライドをメインで楽しみたい、ブルベにも出てみたい」などと告げれば、いろいろアドバイスを受けられるはずだ。専門的な知識を持った人にしっかり見て貰おう。

自転車は高価なものでなくても大丈夫。しっかり整備していれば問題は何もない。あえておすすめの機材を挙げるなら「カッコイイもの」を選ぶのがいい。もちろん外面だけでなく機能的な中身もカッコ良さの1つだ。なにせ1日24時間共にする相棒、愛情が注げない自転車では苦しい時間が続いたときに崖から放り投げたくもなる。あと大事なのは「メンテナンス性」と「頑丈さ」。リスクのあるイロモノパーツは使わないこと。

お気に入りのバイクで走るのは気持ちいい。大事に扱えて長持ちする。ここであまりおすすめしないと書いたバイクであっても「気に入っている」というだけで多くの欠点を無視できたりもする。問題は、カッコイイバイクは大抵値段もイイ値段だってとこか………。

▼初心者におすすめ

ロングライドにはやはりドロップハンドルの自転車が適している。完成車でも衝撃吸収性が良かったり、ハンドル位置がリラックスポジションだったりと、ロングライド向けモデルが各社から販売されている。速さよりもこういった快適性を重視したものを選ぼう。とはいえハンドル位置はよほどレーシーなフレームでなければ調整幅はあるし、自分に合ったサイズであれば大きく失敗することはない。そして適切なギア比、買ったのはいいがギアが重すぎて峠が登れずすぐにパーツ交換、追加投資発生では勿体《もったい》ない。

それから大事なのはメンテナンス。自分でできない部分はショップにお任せとなるため、アフターサービスも含めて信頼できるお店を見つけたい。

▼中級者〜におすすめ

気に入っていればなんでも良し。ブルベ以外で長期間のツーリングがしたければキャリアのついたツーリング車、悪路を走りたいならＭＴＢなど、自分の好きな自転車をブルベで使えばいい。ただし汎用性のないパーツを多用したものや、超軽量パーツなどはメンテナンスや耐久性の面から避けたい。

ベテランたちはどんな自転車でブルベに参加しているのだろうか？　ここで少し写真を見てみよう（次ページを参照）。

写真は２０１６年に行われたBike Across Japan 2400kmのスタート地点での参加者バイクだ。カーボンのディープリムや落差のあるハンドルなど、これから日本縦断をするとは思えないほどレーシーなものが多い。小さい写真ではあるが、ツーリングとは少し違う雰囲気を感じ取れただろうか。

これらは２４００㎞ブルベに参加という、ランドヌールの中でもかなりイってしまった人のバイクなので、初心者が真似しようとしても恐らく辛い。腹筋や体幹ができていない場合、もう少しハンドル位置が高いほうが楽に走れるだろう。もちろんこういった超ロングブルベであっても、ツーリングバイクに大荷物を括り付けて参加する人もいる。ブルベに、これじゃなきゃダメ、というものはない。ただやはり、ママチャリはおすすめしない…………。

自転車のパーツ

自転車は完成車で購入したとしても、後からいろいろなパーツを自分の好みに変更できるのが面白いところだ。長距離を走るうえでの自分なりのこだわりが強くなると、ありとあらゆるパーツが

右上が筆者のバイク、これに大型のサドルバッグを取り付けて走った。その下が撮影者、香港から参加した雨男ジョーの愛車だ。右列3番目、68歳のレジェンド近藤さんの自転車は、アタッチメントハンドルバーを利用した大きなキューシートなど参考になる点が多い。右列下はクロモリ&革サドルの冨永さん、左列上から、ハンドル位置がやや高めな山名さん、レーシーなポジションの川野さん、ハンドルにカメラをつけて動画を撮りながら走る平松さん、一番下、白木さんは女性参加者。　撮影：Joe Kwok

お気に入りのものへと交換されていき、気がつくと買ったときと同じものはフレームだけ、なんてことにもなりかねない。

これらのパーツのうちで意識したいのは、サドルやペダル、ハンドルといった体に触れるもの。丸1日以上愛車と過ごすブルベでは、パーツからストレスを受けないことが重要になってくる。

▼サドル

オシリの痛みはサイクリストの一番の悩み。痛みといっても、座骨や一部分が圧迫されて痛むこと、それから摩擦による擦れ（とそこから入る雑菌による炎症）と大きく分けて2種類ある。圧迫による痛みはサドルを替えることで改善される場合がある。痛みに対して定評があるのが「穴あき」「ＧＥＬ等のクッション入り」、「革サドル」だ。


穴あきサドルは中央部分に縦に穴が開いており、この部分の圧痛をなくす工夫がなされている。男性で血行不良により性器が痺れて感覚がなくなる人は、このタイプを試してみるのがいい。

女性は性器付近を圧迫して痛みが出るため穴あきサドルを好む人が多い。特に女性用として売られているサドルは穴の幅も大きく、骨盤が広い女性向きにサドル幅も広くなっている。外性器を挟んで痛い、というタイプの女性はまずは穴あきを試すべきだ。

デメリットは今まで中央部も含めて分散していた体重が外側だけになることで、中央は痛くないが外側がより痛い、となることも。完全な穴あきではなく、少し窪みをつけているだけのメーカー（fi'zi:k）もある。

中央部の痛みを感じやすい部分に集中的な圧をかからなくする、穴を開ける以外の方法はGELなど緩衝材を入れてフカフカにすることだ。こういった厚みのあるサドルはロングライド用というよりは街乗り用の感が強く、ブルベでの使用率はそれほどでもない。短時間であればGELは圧痛から守ってくれるが、長時間となると底つきしてしまって結局痛くなるといったことが起きやすいからだ。

例えば筆者が愛用しているselle SMPというメーカーの「composit」というモデルは、カーボンベースに革を張っただけでクッションがまったくない。社内でブルベに参加している2人の友人が「クッション無しはちょっと……」とクッションありモデルを買ったが合わずに痛み、compositにしたところこれがバッチリで今では3人ともcompositを使っている。

もちろんクッションありを好む人もいる。しかしロングライド＝クッションが多いほうがいい、というわけではないのだ。

中央をくり抜いた外枠に革や樹脂などを張り、ハンモックのようにボヨンボヨンさせるのも圧力分散には有効な手だ。革サドルはBrooksというメーカーのものが有名である。レーシーな細身のサドルは少なく筆者は使用経験はないのだが、ブルベでの愛用者は多い。彼らの話を聞くと使っているうちにサドルがケツの形に変わっていき馴染《なじ》んでいくのだという。穴あきも存在し、周りではこのモデルの使用者が多い。

革製品は、油を塗り込む作業やテンションの調整など手入れが必要で、少し扱いが面倒な点には注意しよう。

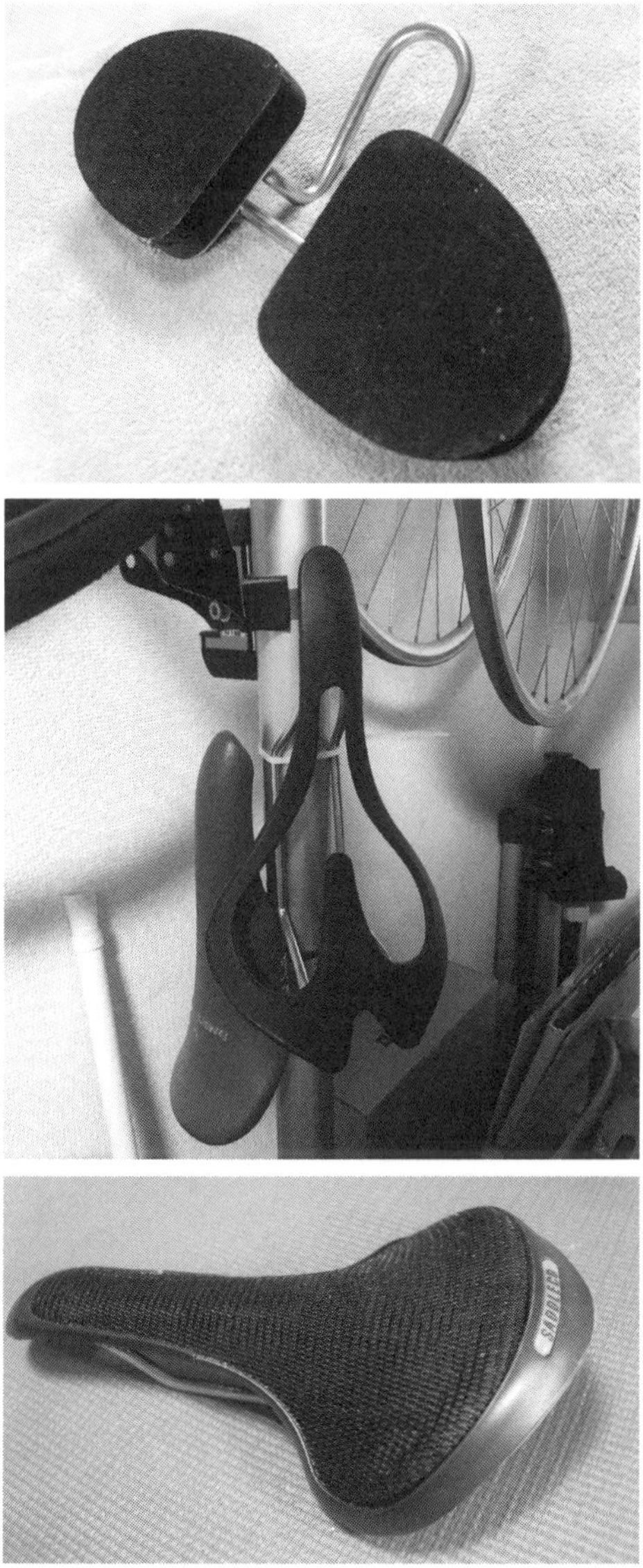

サドル

（上）　スポンジワンダー。股が痛くなるなら先端部分が無ければいいのでは？このタイプはサドル上でお尻が安定せずに使えたものではない。

（中）　インフィニティ・シート。長距離向けにkickstarterで出資者を募って開発された。絶賛する人もいるようだが、筆者の周りではあまり評判が良くない。次のflowといい、この手のサドルは座骨は痛くならなくても、そのぶん外枠部分に痛みを感じる。　撮影：菅田大助

（下）　サドレコのflow、筆者は昔これを使っていた、アーロンチェアのようなネットがフレームに張られており、ハンモックのような快適性。

Specializedは骨盤の幅でサドルを決めるべきだと言っており、これは私も実感する。座骨間隔の狭い私はどっしりとした大きなサドルを使っても脚が回しづらく、良くない結果になることが多い。ちなみにfi'zi:kは体前屈の値で決めろと言っていて、サドルは選択が本当に難しい。下手《へた》したらサドル沼にはまってし

まう。

少し乗っただけで痛みが出るというのは、ポジションの問題かもしれない。基本のセッティングと比べて極端に前下がりなのは何かおかしい。オシリが痛いとサドルを前下がりにする人をたまに見かけるが、これだと前方に傾いて前のほうに加重がかかってしまい、余計に痛くなることもあるのだ。空気抵抗を減らした前乗りをする必要がないロングライドでは、サドル後方にしっかり腰かけるほうが痛みが少ない場合が多い。ハンドル、ペダル、サドルの加重バランス、段差に突っ込む際は抜重するなど、乗り方も重要だ。

最初は痛かったオシリも乗り慣れてくるとだんだんなんでもよくなってくる。乗った瞬間「合わないコレ」と感じるサドルもあるが、数百km走らないと痛みの出方がよくわからない。試す場合は少しまたがる程度ではなく、友人と交換やレンタルしている店を利用するなど、長距離を走って評価したい。


ここにある写真は筆者や知人が「つい手を出してしまった」もの。

今のサドルは本当に最適な形なのか？　この変な形状のヤツなら痛まないんじゃないか。売り文句に惹かれて買ってみるものの、何故多くのサドルが今の形状をしているのかを再確認するだけに終わった。オシリは人それぞれ。合うサドルも人それぞれ。ピッタリフィットする人もいるかもしれない。


サドルのフィット感は個人差が大きく、他人の意見が参考にならないことがある。人気商品というのは合う人が多いから人気があるわけで、やはり定番品から試していくしかないだろう。

ハンドル　丸いチューブのハンドルであっても、前後にアウターワイヤーを通して巻くことで、意図的にかなり楕円形状に近づけることができる。

私の周りを見るとどうも「ケツの出来」で好みのサドルが変わってくるように感じる。最初はGEL入り等の柔らかいサドルが好まれ、ある程度走り慣れてくると表面の堅さよりも形を重要視するようになることが多い。

▼ハンドル

指の痺れは長距離を走るうえで大きな問題だ。手のひらにある神経が長時間圧迫されることにより末端の指先が痺れ、酷くなると自転車を降りて数週間続くこともある。

ハンドル形状、バーテープ、グローブはこの手の痺れや疲れ、それから持ちやすさに大きく影響を与える。例えば上ハンのトップがフラットになっているハンドルは一点に圧力が集中せずに手を添えやすく筆者は好みだ。厚手のバーテープやGEL入りのグローブは衝撃を緩和してくれる。バーテープの中に入れるGEL状の商品も存在する。これらはバーの太さが太くなってしまい、握ったときの感触がイマイチなため、私は使っていない。形状に関しては好みの差が出てくる。腹筋で上体が支えられるようになり、ハンドルを強く握らないようになると指の痺れ問題は少なくなってくる。最終的には乗り方でカバーできるようになると考えるが、痛みが発生する場合はGEL入り等を試してみるのがいいだろう。PBPでは配管保護の発泡材をハンドルに巻き付けている人を見た。造形に工夫が凝らされたカーボンでなく、普通の丸いチューブのハンドルであっても、ワイヤーとバーテープの巻き方で上面を平らに近づけることもできる。

高価な商品を試さずとも、こういった工夫で乗り切るのも楽しいところだ。

▼ペダル

スポーツ用自転車でのペダル選択は大きく分けて2つ、普通の靴で踏めるフラットペダルにするか、専用ペダルとシューズを固定するビンディングシステムにするかだ。普通の靴をペダルに固定する、トゥクリップやトゥストラップというものもあるが、中途半端となってしまって筆者としてはあまりおすすめしない。ストラップでしっかり固定するものは咄嗟《とっさ》のときに外れにくいという圧倒的な欠点があるし、紐無《ひもな》しのハーフクリップはペダルとシューズが固定されずフラットペダルと大差ない乗り味で、信号待ち時にクリップに引っかけてペダルを上げられるくらいしかメリットがない。

ブルベの参加者はビンディングペダルの使用者が多い。ビンディングペダルの利点としてよく聞く「引き足が使えるようになって速くなった」という感想は、恐らく誤解だ。ビンディングペダルを使っても引き足（ペダルの6時から12時の部分）では推進力になるほどの力はクランクに伝わらないのだ。では何がいいのかというと安定感。ペダルの同じ部分に常にシューズが位置し、ズレること

シューズ　歩きまくると1～2年でソールがダメになる。現在使っているシューズは2年で踵に穴が開いた。踵用のゴムをこまめに取り替えていれば、もっと長い間持つだろう。

がないため、安定して自転車との一体感が増す。余計なストレスと共に疲労が減り、結果速度が落ちずに長く走れる。専用のシューズはソールが固く、力がダイレクトに伝わる感じもいい。

ビンディングにはロード用とＭＴＢ用があり、ブルベでの使用は半々くらいだろうか。

ＭＴＢ用は底にゴムがついていて比較的歩きやすい靴が多く、ロードバイクに乗るブルベ参加者でも愛用する人が多い。ドロ詰まりに強く、ダートを歩いたあとにもはめられるという利点は、ブルベではぬかるんだ公園でのブリーフィング時くらいしか活きない。

私も以前はＭＴＢ用のソールの柔らかい靴を使っていたが、６００㎞以上走ったときにクリート位置がピンポイントで痛くなることがあってロード用に交換した。ペダルとシューズの接触面が増えて安定感は増し、その後継続してロード用を使っている。ロード用はソールが固く、自転車から降りて歩くことはあまり考えられていない。コンビニ程度であれば大丈夫でも長距離をこれで歩くのは厳しく、観光ブルベなど歩く予定がある場合は別に靴を持っていくこともある。

　カーボンの固いソールはサイクリング向きではない、とよくいわれる。しかし私は、サイクリングであっても固いカーボンソールのシューズが好みだ。軽いギアを回すことが多く足裏に強い力がかからないためそう感じるのかもしれない。ただしカーボンソールは歩きまくると割れることがあり、歩くのはナイロンソールより更に苦痛だ。

　もちろんビンディングを使わず普通のフラットペダルでもブルベは十分に完走できる。ＭＴＢ用のシューズはロード用より歩きやすいとはいえ、普通の運動靴には到底敵《かな》わない。実際ブルベでは「ビンディングを使ったことのない初心者だから」ではなく、寄り道や観光など途中で歩きたいからという理由でフラットペダルを使っている人も少なからずいる。

	靴	ペダル面	靴底の固さ	歩きやすさ	固定力
フラットペダル	普通の靴	両面	普通（靴による）	良好	無し
トゥクリップ・トゥストラップ	普通の靴	片面	普通（靴による）	良好	弱～強
ビンディング（ＭＴＢ用）	専用	多くが両面	やや固い～超固	やや難～難	強
ビンディング（ロード用）	専用	多くが片面	固い～超固	非常に難	強

　ビンディングペダルの欠点は、シューズがペダルから外れずに落車する可能性があることだ。し

かしある程度自転車に乗れる人ならば、少しの練習で外れなくて転ぶといったことはなくなる。着脱が難しく思える片面ペダルであっても、慣れれば下を見ないではめることができるようになるので、あまり心配することはない。

人によっては、シューズの向きが固定されてしまうことで膝に障害が出るといったことも起こる。左右へのアソビを売りにしたペダルやクリートが各社から販売されているため、気になる人はこういった製品を試すのもいいだろう。

▼タイヤとホイール

タイヤをホイールに固定、空気を入れる方式は3種類ある。ママチャリなど一般的な自転車で使われており、スポーツ系自転車、ブルベでの使用率が高いのはクリンチャーだ。タイヤ両端のケブラーやワイヤーのビードをホイールに引っかけ、中にチューブを入れて使用する。タイヤを大きく切り裂くようなパンクでない限り、内部のチューブを交換するのみでパンク修理できるという大きな利点がある。ゴム糊やシールでチューブの穴を塞ぐ小型のパッチもあり、予備チューブ＆パッチで複数回のパンクに対応することができる。

欠点はリム打ちパンク、蛇に噛まれたような2つの穴がチューブに開くため「スネークバイト」とも呼ばれる。段差に突っ込んでタイヤがリムにあたるまで変形した場合、内部のチューブがタイヤ（地面）とリムとで挟まれて穴が開いてしまうのだ。空気圧不足のときに起きやすいが、指定空気圧を入れていても、高速走行中に石やキャットアイなどの突起を踏むと起きることがある。シーラントと呼ばれるパンク修理液はクリンチャーでは効果を発揮しないことも多い。

タイヤ内部に使われるチューブは通常使われるブチルゴム製の他に、ラテックス製のものも存在する。これは低い転がり抵抗、高い耐パンク性、乗り心地アップと高性能であるが、高価であり空気が抜けやすい（1日で1～2気圧抜ける）という欠点があり、長時間乗り続けるブルベに適しているかは微妙なところだ。空気が抜けると乗り心地がよくなって後半の疲れているときにやさしさを感じられるため、私は600kmでもラテックスチューブを使うときがある。

最近クリンチャーに代わってロードでも増えてきたのが、チューブレスと呼ばれるタイヤ。これはクリンチャーと同様タイヤ両端をホイールに引っかけて装着し、気密性を高めて、中にチューブを入れずにそのまま空気を入れられるようにした方式だ。空気が漏れないよう、ホイールもクリンチャー向けのものから少し手が加えられている。

内部にシーラント（パンク防止剤）を入れることで、タイヤ本体に画鋲《がびょう》が突き刺さるといった、小さな穴は塞がる。シーラントが効かないパンクをした場合も内部にチューブを入れてクリンチャーと同様に使用できる。チューブに起因するパンクがないし、いざとなったら中にチューブを入れてクリンチャーと同じように使えると、これだけ聞くとクリンチャーと比べるとメリットしかないように思えるが、ブルベ仲間内でのチューブレスの使用率は高くない。チューブレスを試してもクリンチャーに戻してしまった人もいる。理由はタイヤの外しづらさ。タイヤがリムとピッタリくっつき空気を漏らさないチューブレスは、タイヤを外すのが難しい。冬の雨の中パンク、かじかむ手での修理はただでさえ厄介なのに、ここでタイヤが外れないとなるとストレスが溜まる。走行距離が長くてパンク発生の可能性が高い、雨や寒さなど悪条件のこともある、そんなブルベでは手放しで絶賛というわけにはいかないようだ。

もう1つの方式がチューブラー。内部にチューブが含まれているこのタイヤは、タイヤ自体がチューブ状をしており、リムへの取り付けは専用の糊やテープを用いる。

リムにビードを引っかける部分が必要なく、軽量なホイールが作れるのが利点だ。特にカーボンホイールはクリンチャー用のリムを作るのは高コストで技術的な問題もあり、以前はカーボンホイールといったらチューブラーが多かった。残念ながら筆者には感じることはできないが、タイヤ自体がチューブ状をしているためか、乗り心地の良さを感じる人もいるようだ。

チューブラーの最大の欠点はパンク。修理はタイヤ交換となり、かさばるタイヤを持ち運ばなくてはならない。溶剤にしろテープにしろ完全接着には時間がかかるため、出先での貼り付けは応急処置的なものになってしまう。1回のブルベで複数回パンクすることは稀で、シーラントとの相性もいいためスペアタイヤは2本持っていればまず事足りる。とはいえ「タイヤが尽きてパンクしたら終わり」というのはあまりに大きなマイナス点だ。使用者も少ないため、友人のものを借りるというのも難しい。ディープリムのチューブラーを好んで使っていた千葉スタッフの山田さんは、雨の宇都宮ブルベで序盤に2回パンクし、換えのタイヤが無く走れなくなってしまった。最寄り駅まで歩いた後、駐輪場に自転車を預けて電車でロード系自転車ショップまで移動、新品のタイヤを購入して引き返し残りの行程を完走した。山田さんはとんでもなく速かったから電車でタイヤを買いに行くことができたが、普通の人には無理な解決法だろう。

タイヤはリムと接着されており、パンクした状態でもノロノロ走れるという利点も、周回コースでなく、サポートカーのいないブルベではあまり意味がない。また、リムとの接着部分でヒステリシスロス（接着剤やテープの変形による損失）が生じるため、フラッグシップモデル同士を比べた場合、クリンチャーやチューブレスより転がり抵抗は悪くなる。古くからある方式で愛用者もいることはいるが、デメリットが大きく廃《すた》れてきているのが現状だ。

	固定方法	シーラントの効き	パンク時の対応	転がり抵抗	コスト
クリンチャー	リムに引っかけ	悪い	チューブ交換	良好	普通
チューブレス	リムに引っかけ	良好	タイヤ交換 チューブを入れる	良好	やや高い
チューブラー	接着	良好	タイヤ交換	やや悪い	高い

第4章 装備を整えよう

装備

前章では自転車は気に入っているもの、整備が行き届いているものであればなんでもいいと書いた。ブルベは自転車本体の違いよりも、装備の違いのほうが遥かに重要だからだ。必要な装備を取り付けていくうえで、注意したいことは2点。それは耐久性と防水性だ。

ブルベは非常に長時間自転車で走る。このためライト等のブラケット（留め金）は路面からの振動を受け、紫外線や雨水を浴び、緩んで向きが変わってしまったり、破損して部品が自転車から落ちてしまうことがある。こういった固定力の弱い商品は、落ちたら諦めればいいやだけの話ではなく、ハンドルから外れた後にホイールに巻き込むなど、自分や後続が落車する可能性も出てきて、非常に危ない。

自転車専用品にもかかわらずブルベでの使用に耐えられず、頻繁《ひんぱん》に破損するものも過去いくつか見てきた。最近は改良されたり、壊れやすいものは淘汰《とうた》されたりと、あまりに弱いものは少なくなったが、自転車用だからと100％安心しないようにしよう。固定が不安なものはタイラップ等で補強するのがいい。
防水性に関してはあまり状況が良くない。ライト、特に尾灯は雨の中数百㎞の走行に耐えられるほどの防水処理が施されていないものが数多く売られている。メーカーの商品説明やランドヌールの口コミなどで防水性の高いものを選ぼう。

装備を順に見ていこう。レギュレーションで必要なのはベル、ライト、それから尾灯だ。ハンドル周りにはこのうちライトとベル、サイクルコンピュータ、キューシートやGPSを取り付けることになる。パーツ激戦区となるこのハンドル周りは、各自工夫の見せ所だ。ハンドルバーの前にもう1本の棒を用意して、マウント箇所を増やせるアクセサリホルダといったものも発売されているので、上手く利用しよう。この手の製品は強度が重要なため、使ってみてグラグラするようなものは避けたい。

ベルはブルベのレギュレーションだけでなく、道路交通法でも必須装備となる。フロントバッグのような取り外しできるものは車体とは認められず、しっかり自転車本体に取り付けなければならない。しかしベルはGPSやサイコンと異なり、よく見える位置についていなくても鳴らすことができれば役割を果たせるため、ステムやドロップエンドにつけている人が多い。過去シートポストにつけている人を見たことがあるが、これは主催者によってはNGとなる可能性もあるため、ハンドルから近い位置に取り付けたい。
たまに見かける熊除けの鈴はベルではない。危険なときに警報を鳴らすことができ、そうでないときは無音なものが自転車のベルであり、みだりに鳴らすことは違法になる。鈴を鳴らし続けるの

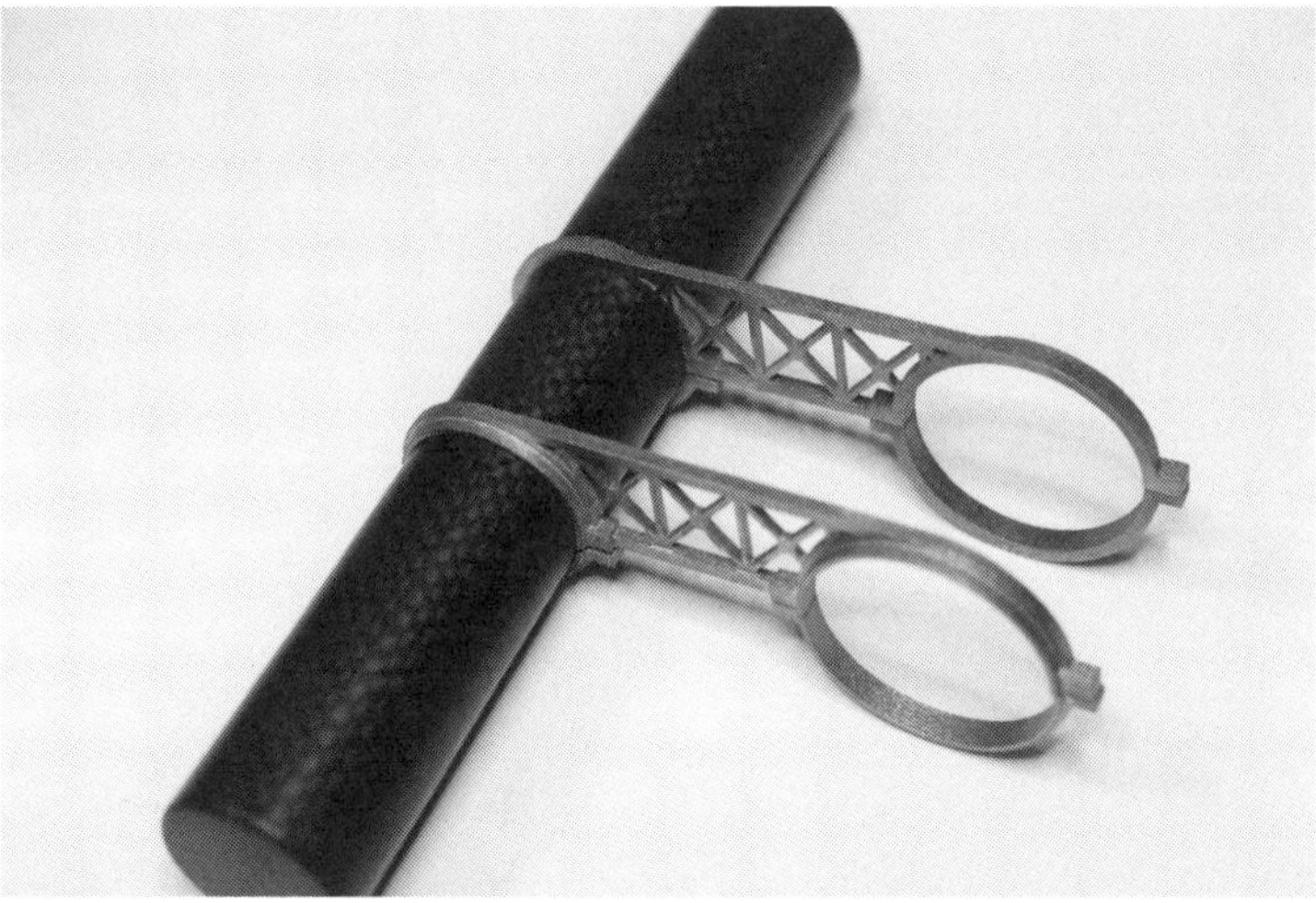

チタンホルダ　チタンの3Dプリントを試してみたい、と自作してしまった友人のホルダ。　撮影、作成：松村圭祐

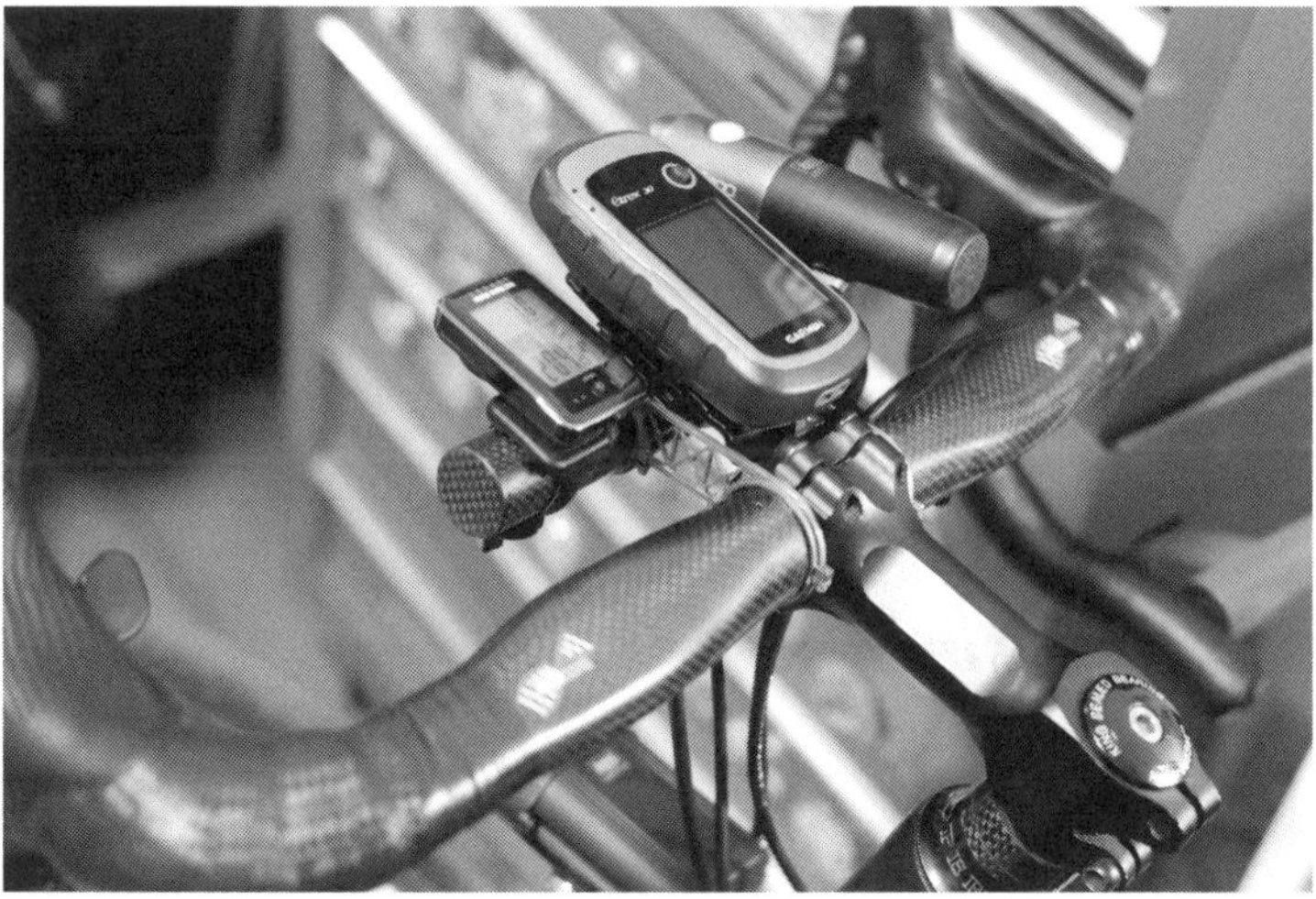

装着写真。ここまでの薄さはないが同等の製品は市販されており、ブルベ参加者のハンドル周りは大抵こんな感じ。
撮影、作成：松村圭祐

は……違法とまではいかないのかもしれないけど……前や後ろから常に鈴の音がするのを嫌がる参加者もいる。熊が苦手で倒すための鈴がどうしても必要な場合は、消音装置付きのものが売られている。これを選べば周りに不快感を与えずにすむ。

次はライト。ブルベのルールでは400km以上で車体に2灯必須となっている。300km以下の距離では1灯でもレギュレーション違反にはならないとはいえ、2灯以上取り付けておきたい。光量の問題ではなく、故障時のスペアとして複数灯あったほうが安心だからだ。

振動によるブラケット破損や浸水など、ライトは割と故障率の高いパーツである。真夜中に照明灯の無い峠の下りを走っている最中、いきなりライトが壊れて安全に停車できるだろうか？　日の出ているうちに帰ってくる予定の200kmであっても、トラブルにより遅くなることもある。ルールだから、ではなく自分の身を守るために2灯、できれば3灯用意したい。

ライトの位置は扱いやすいハンドルに加え、ホイールのハブ軸やフォークなど地面に近い位置にもつけていると役に立つ。クイックリリースのナットの代わりに取り付けるライトアダプターが販売されており、これを利用すれば簡単に取り付けられる。ブルベでは照明灯のまったくない山道を真夜中に走ることがある。ここで困るのが霧、ハンドルにあまりに明るいライトをつけていると霧で拡散され目の前が真っ白になってしまう。こんなときは地面近くのライトをメインにすれば、路面を照らしてゆっくり進むことができる。ハブ軸やフォークにつける場合は、ホイールに巻き込むことのないようにしっかりと固定しよう。

車体とは別にヘルメットにライトをつけておくと道路標識や峠の進行方向確認、パンク、電池交換時の作業等が圧倒的にやりやすくなる。超長距離走行ではヘルメットの重さは首に響いてくるため、あまり重いものをつけてしまうと肩や首の凝りに悩むことになるだろう。重いライトをヘルメットにつけたい場合はライト用のブラケットをヘルメットに取り付けておき、夜間のみライトを装着するのがおすすめだ。ブラケットを合わせておけばフロントライトの予備にもなる。

尾灯も予備を考えて2つ以上つけたほうがいい。尾灯はライトよりも防水性の低いものが多く、長時間の雨天走行で壊れて点灯しなくなることがしばしば起こる。最低1つの尾灯は点滅ではなく点灯でなければならないという規則があり、製品によっては点滅モードしかないものもあるので購入時には注意しよう。400km以上ではヘルメットにも尾灯は必須、こちらは点滅でもよい。走行中にスイッチが切り替えられるとトンネル通過時に便利だ。

シートポストに取り付けるとサドルバッグで隠れてしまうため、シートステーにつけている人が多いが、角度を水平以上に設置すると後続者の目潰しになってしまう。シートステーには上下角度を変えられるものを取り付けよう。

ライトと同じく、しっかりと車体に固定されたバッグであっても、車体以外につけるのは基本認められない（個数としてカウントされない）。シートポストやステーよりもサドルバッグにつけたほうが明らかに目立つだろうという場合、私は必要個数を車体につけたうえでバッグにも取り付け、車検を通すようにしている。

泥除けやバックミラーはあると便利だ。

泥除けは大雨になってしまったらあまり意味を成さなくなってしまうが、小雨、それから降っていないが路面はウエットなんて場面では絶大な効果を発揮する。まず雨に濡れて一番イヤなのはオシリ。レーパンのパッドが雨でぐちょぐちょになると股ズレ発生率がグッと上がる。これを防げるのがいい。

ロードにも簡単に取り付けられる泥除けは各社からいくつか販売されている。固定方法がしっかりしていないものは走行中にタイヤに擦れるなどの問題が起きたりすることもある。大型のサドルバッグであれば泥除け代わりになって背中やオシリの濡れを防げる。

バックミラーはハンドルにつけるもの、ヘルメットやサングラスにつけるもの、腕につけるもの等がある。一番使用者が多いのはドロップハンドルのバーエンドに差し込むタイプだろうか。

自転車は車やバイクと違い、走っている状況によってポジション（頭の位置）が変わる。後方確認の際に頭やミラーを動かす必要が出てくるのと、ミラーのサイズが小さく見落としが大きいことから、バックミラーの有効性は車やバイクほどではない。また、車に対しては「後ろを向いて確認する」といった行為自体が重要であり、結局振り向くのであればミラーは無くてもいいかな、というのがいろいろ使ったうえでの筆者の結論だ。しかしこれは使用者によって意見が分かれ、絶対にあったほうがいいと言う人もいるため1度は試してみたい。車の確認だけでなく、仲間と走るときの後続の確認にも重宝《ちょうほう》する。

車から目立つために

再帰反射素材が縫い付けられたベストは工事現場の誘導員がつけているような代物《しろもの》で、これを着

反射材付きバッグ　海外では自転車向けに三角形の反射材が販売されており、先頭の方はサドルバッグにこれを取り付けている。2番手の方が背負っているのはオダックス埼玉公認の反射材付きバッグ。背面だけでなく底面にも反射材が貼られている。（バッグに反射材がついていても上からベストを着なくてはダメなクラブも多い）　撮影：川野岳大

て自転車に乗っている人はちょっと他では見ない。ある意味「ブルベの代名詞」といえるアイテムである。

実は本家BRMの規則では、反射ベストが必要なのは夜間だけ、というよりフランスの法律ではブルベかどうかにかかわらず、路上での夜間活動は反射ベストの着用が義務付けられており、ブルベもこれに則《のっと》ったものとなっている。しかし日本で行われているブルベでは日中も着用し続けなくてはならない。真夏の暑い中、いくら吸水・速乾性能の高いジャージを着ていても、上から工事現場の反射ベストをつけたら暑さで倒れてしまう。ベースの生地がメッシュ状になっているなど、風通しの良いものを選ぼう。

昔は工事用以外の反射ベストはあまり売られていなかったため、オダックス埼玉では自分たちで反射ベストを商品化した。今ではこのオダックス埼玉製ベストの他にも、

各社から様々な製品が販売されている。モノによって風通しの良さ、背面ポケットへのアクセスしやすさなど、重要視されている部分が異なる。反射材は反射ベストの他に片方の肩からかけるタスキ状のものも存在するが、面積が少なく裏返ると反射しないなど、ベスト形状と比べて性能的に大きく劣る。このため多くの主催クラブで、タスキ状のものは不可となっている。

前傾姿勢のロードバイクの場合、後ろの車から目立つためには反射素材は腰のあたりにくることが重要だ。バックパックを背負っている場合、上から反射ベストを着るのがレギュレーションとしては正しいが、このような装着方法だとベストがバッグで押し上げられ、反射素材が車から見えなくなることがあるのだ。バッグを背負う場合はバッグ本体にも反射材をつけるのがおすすめだ。

ブルベでは反射ベスト以外の再帰反射材は必須ではない。ルールでは必要なくても、車体やヘルメットに再帰反射テープを貼ると車からの被視認性が格段と高まる。反射テープは各色売られており、上手く使えば自転車のデザインを損なわない。

アメリカで行われた公道を長距離走るレースに参加した際は、この反射テープを車体に貼るのが必須であった。ＢＲＭでもカナダ主催など海外では反射テープが必須なところもあるようだ。反射ベストと違って着脱の手間もなく、１度つけてしまえば「カッコイイロードバイクがカッコ悪くなる」以外のデメリットは存在しない。

反射テープには黒もあるので、せっかくの黒くてシックな車体がダサダサになるのが嫌な人は「明るい所では目立たないが車のライトは反射して光る」ようにすることもできる。ヘルメット後方に貼るのも目立つ。とにかく目立って損なことはない。

反射材付きのシューズや、夜間ランニング用としてよく売られている、足首に巻く再帰反射&LEDのアンクルを使うのもいい。サイドに反射材のついたタイヤなら横からの車にもアピールできる（おすすめタイヤのGP4000Sにもリフレクター付きバージョンがある）。各自工夫して目立ちまくろう。

反射テープ付き自転車　シートステーとクランク、ペダルに再帰反射テープを貼った自転車。暗闇の中、光があたるとこのように光る。

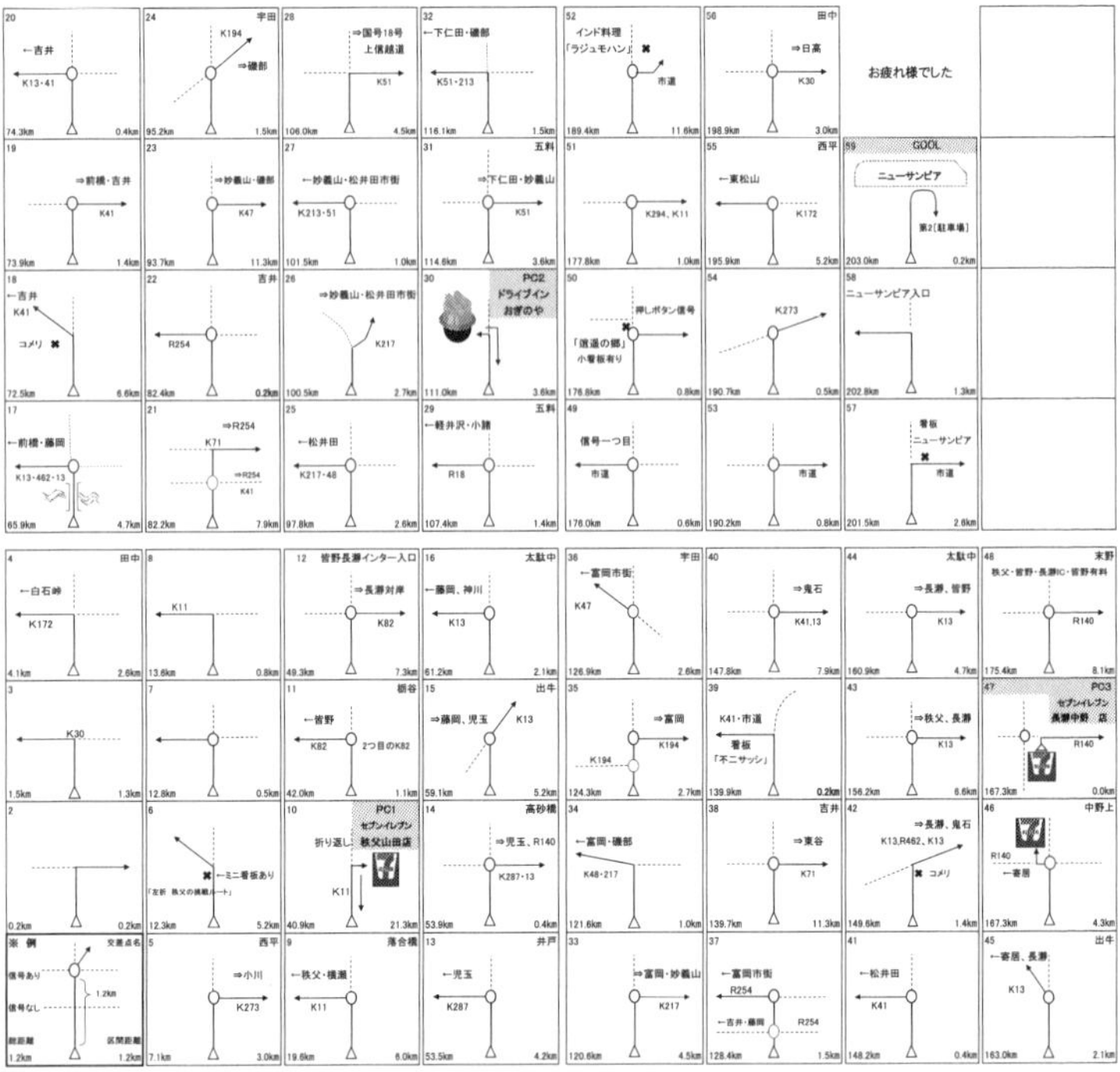

コマ図　視覚的にわかりやすいのがこのコマ図。自分で作って走る参加者もいる。

ルートを確認する方法

主催者の多くはキューシートと呼ばれる、交差点での進行方向を羅列したリストを用意している。キューシートには次の曲がり角までの距離、交差点の名前等が記され、これをプリントアウトしてハンドルに取り付け、サイクルコンピュータの距離と見比べながらルートを辿るのが10年ほど前のブルベの一般的なスタイルだった。五叉路《ごさろ》や道なりがわかりにくいなど、文字だけでの判断が難しい交差点もあるため、キューシートの行の代わりに交差点の図を作成して併用している人もいた。この「コマ図」、主催によって

BRM305埼玉200km　　2017/2/3

・S=信号、「 」=信号名、ルートは次の通過点までの道路番号、区間は前の通過点からの距離

・信号名は正面にないこともあり

	通過点	進路	ルート	区間	合計	情報・その他 [ ]行先道標	8:00スタート
1	ﾆｭｰｻﾝﾋﾟｱ越生・第2駐車場	右折	施設道路	0.0	0.0	7:00～7:30 (第2駐車場から道なり公道まで)	8:00～8:30
2	T	右折	市道	0.2	0.2	ﾆｭｰｻﾝﾋﾟｱ越生・入口	
3	T	左折	K30	1.3	1.5		
4	「田中」	左折	K172	2.6	4.1	[白石峠]	
5	├「西平」	右折	K273	3.0	7.1		
6	┤	左折	市道	5.2	12.3		
7	S	左折	市道	0.5	12.8		
8	TS	左折	K11	0.8	13.6		
9	┤「落合橋」	左折	K11	6.0	19.6	[秩父・横瀬]	
10	PC1 7/11 秩父山田店	折返し	K11	21.3	40.9	8:12～10:03 (40.9km)	9:12～11:03
11	┤「栃谷」	左折	K82	1.1	42.0	[皆野] 2本目のK82「高篠小前」右直進	
12	「皆野長瀞インター入口」	右折	K82	7.3	49.3	[長瀞対岸]	
13	┤「井戸」	左折	K287	4.2	53.5	[児玉]	
14	「高砂橋」	右折	K287.K13	0.4	53.9	[児玉・国道140号]	
15	T「出牛」	右折	K13	5.2	59.1	[藤岡・児玉]	
16	┤「太駄中」	左折	K13	2.1	61.2	[藤岡・神川]	
17	S	左折	K13.R462.K13	4.7	65.9	[前橋・藤岡]	
18	Y	左	K41	6.6	72.5	[吉井]「宿神田」の先 左にコメリあり	
19	TS	右折	K41	1.4	73.9	[前橋・吉井]	
20	S	左折	K13·K41	0.4	74.3	[吉井]	
21	T	右折	K41·K71	7.9	82.2	[国道254号]	
22	「吉井」	左折	R254	0.2	82.4	R254側は「吉井駅入口」	
23	├S	右折	K47	11.3	93.7	[妙義山・磯部]	
24	「宇田」	右折	K194	1.5	95.2	[磯部]	
25	S	左折	K217,K48	2.6	97.8	[松井田]	
26	├	右折	K217	2.7	100.5	[妙義山・松井田市街]	
27	T S	左折	K213,K51	1.0	101.5	[妙義山・松井田市街]	
28	┼	右折	K51	4.5	106.0	[国道18号、上信越道]	
29	「五料」	左折	R18	1.4	107.4	[軽井沢・小諸]	
30	PC2 ﾄﾞﾗｲﾌﾞｲﾝおぎのや	折返し	R18	3.6	111.0	10:16～14:24 (70.0km)	11:16～15:24
31	「五料」	右折	K51	3.6	114.6	[下仁田・妙義山]	
32	┼	左折	K51,K213	1.5	116.1	[下仁田・磯部]	
33	├S	右折	K217	4.5	120.6	[富岡・妙義町]	
34	T	左折	K48,K217	1.0	121.6	[富岡・磯部]	
35	S	右折	K194	2.7	124.3	[富岡]	
36	「宇田」	左折	K47	2.6	126.9	[富岡市街]	
37	T S	左折	R254	1.5	128.4	[富岡市街] 2本目のR254	
38	「吉井」	右折	K71	11.3	139.7	[東谷]	
39	┤	左折	市道.K41	0.2	139.9	ﾊﾞｽ亭 清水坂入口	
40	S	右折	K41·K13	7.9	147.8	[鬼石]	
41	┤S	左折	K41	0.4	148.2		
42	T	右折	K13.R462.K13	1.4	149.6	[長瀞・鬼石] 右側に「コメリ」の看板	
43	S	右折	K13	6.6	156.2	[秩父・長瀞]	
44	T「太駄中」	右折	K13	4.7	160.9	[長瀞・皆野]	
45	┤「出牛」	左折	K13	2.1	163.0	[寄居・長瀞]	
46	「中野上」	左折	R140	4.3	167.3	[寄居]	
47	PC3 7/11長瀞中野上店	右側	R140	0.0	167.3	11:55～18:08 (56.3km)	12:55～19:08
48	「末野」	右折	R140	8.1	175.4	[秩父・皆野・長瀞I・C・皆野有料道路]	
49	S	左折	市道	0.6	176.0	一つ目の信号 直進自転車禁止	
50	├S	右折	市道	0.8	176.8	押しボタン信号「逍遥の郷」看板有り	
51	T	右折	K294.K11	1.0	177.8	「逍遥の郷」看板有り 手前の看板で曲がらない	
52	├S	右折	市道	11.6	189.4	インド料理店「ラジュモハン」看板あり	
53	S	右折	市道	0.8	190.2		
54	T	右折	K273	0.5	190.7		
55	T「西平」	左折	K172	5.2	195.9	[東松山]	
56	「田中」	右折	K30	3.0	198.9	[日高]	
57	├	右折	市道	2.6	201.5		
58	┤	左折	施設道路	1.3	202.8	ﾆｭｰｻﾝﾋﾟｱ越生・入口	
59	ﾆｭｰｻﾝﾋﾟｱ越生・第2駐車場	左折	施設道路	0.2	203.0	12:53~20:30 (35.7km) お疲れさまでした。	13:53~21:30

キューシート　交差点までの距離、曲がる方向がリスト化されたキューシート。主催によって細かな差がある。「交差点の名前」や「道路の名前」は有益な情報だ。

は用意しているところもある。

しかしここ最近は、ＧＰＳを使う参加者が増えてきている。キューシートをメインで走る人であってもＧＰＳ併用が多く、キューシートのみという人は少数派だ。

ＧＰＳの定番はGARMINの自転車用のもの。中でも単3乾電池が使えるｅＴｒｅｘシリーズの愛用者が多い。Ｅｄｇｅは小型でサイコンとしての機能も充実しているが充電式で、長時間走るブルベでは走りながら給電する仕組みが必要になってくる。多くはステムにつけたモバイルバッテリーから、日本ではほとんど見かけないがハブダイナモから給電するという方法もある。

ＧＰＳの圧倒的な利点は現在位置がわかることだ。交差点を結んでいくキューシートは、１つ曲がり箇所を間違えてしまうとその先がめちゃくちゃになる。ＧＰＳではコースを外れた、ということがすぐにわかり、ミスコースしにくい。

点と線で構成された1次元的なキューシートは宝探しやオリエンテーリングのようなアドベンチャー感が味わえる。このためかＧＰＳでは味気ないとキューシートでの走行を好む人もいる。慣れてしまえばＧＰＳと比べて大きく不利になることはない。

ブルベに参加するうえでまず考えなくてはいけないのは、このルートナビゲーションをどうするかという点だろう。ＧＰＳはともかくキューシートはサイズが大きく、ハンドル付近のかなりの場所を圧迫することになる。シートやフォントのサイズはどのくらいが適切なのか試行錯誤し、見やすい場所にこれらを配置し、余ったスペースを有効に使ってライトやベルなどを取り付けていこう。

衣服

長距離や天候の悪いときは着替えを持つこともあるが、200km、300kmのブルベでは同じ服をずっと着て走る。サドル等のパーツやライトといった装備、それらと同じく衣類も選択を間違えれば、ゴールまでの長い時間を不快感と共に過ごすことになってしまう。

▼サイクルジャージ

ブルベの多くの参加者はサイクルジャージを着て走っている。自転車用のジャージはとにかく背中のポケットが便利で、これに慣れると普通の服でも背中にポケットあるといいな、なんて感じてしまう。

速乾性の高さや、ピッタリとしていて空力が良いことも利点として挙げられる。今までTシャツで自転車に乗っていた人も使ってみれば、何故皆サイクルジャージなのかわかると思う。安いもので十分なので一着買ってみて欲しい。派手なデザインに抵抗があるなら地味なものもある。最初はピチピチでド派手なジャージが嫌で地味な大きめサイズを選んでしまう人も、そのうちにピチピチ快感派へと改宗していく恐るべきアイテムだ。

夏用の半袖ジャージと比べて冬物は価格差が大きく、性能の差も出てくる。高級なものは前面にストレッチの防風素材を使いつつ背中は通気性を確保していて着心地がいい。ただ自転車用ジャージは冬用でも汗の抜けをメインに考えて作られており、走っているぶんには快適でも、止まっている場合はダウンジャケットなどより暖かさが劣ることがある。

▼インナー、ウォーマー

他のスポーツと同じく、自転車でもレイヤリング（重ね着）は重要だ。冬は高性能なインナーをジャージの下に着ると暖かさがまったく違う。インナーはジャージと同様に速乾性を重視したい。かなり寒くても意外と汗をかくのが自転車、コースに登りのあるブルべでは発汗は避けられない。スポーツ向きではない発熱素材インナーの中には汗の乾きが悪いものもある。こういったものは登りで濡れた後いつまでも乾かず、自転車での使用に耐えられない。

冬用ウェアの選択で気にしたいのは気温よりも発汗量、自分が走る強度だ。私は妻と一緒にゆっくり走る際は気温が10℃でもダウンジャケットを着て走る、しかし1人でガンガン走るときはインナーに防風長袖ジャージで十分、ダウンなんて着たら汗が抜けずに余計に冷えてしまう。気温と共に強度を考え、上手くウェアを選択しよう。

スポーツ用のインナーは基本タイトフィット、このため袖をまくって腕を出そうとすると二の腕が圧迫されてしまう。アームウォーマは着脱しやすく長袖－半袖の交換を頻繁《ひんぱん》に行いたいときに便利だ。同じくレッグウォーマーもジャージを着たまま穿《は》けて楽ではあるが、こちらは走行中に着脱できないためアームウォーマーほどではなく、腹回りまで保温力のあるタイツとは一長一短。耳当て付きの帽子や、ネックウォーマー、シューズカバーも冬装備の必需品である。

▼レーパン

ママチャリなど世間一般での自転車乗りと、スポーツ系自転車乗りを大きく分けるアイテムがこのレーサーパンツ、通称レーパンだ。ストレッチ素材でピッタリと下半身にフィットするパンツはまるで水着。罰ゲームのような恥ずかしい格好《かっこう》であるが、現在ブルべ参加者での使用率はほぼ

100%に近い。こんな姿で自転車で乗るのにはもちろん理由がある。

まずはその素材と薄さからの速乾性の高さ、ジャージと同じく汗で濡れたままになることがない。縫い目やゴワつきもないため、どれだけペダルを回転させても服と肌との擦れも起きにくい。そして大きく違うのはオシリ部分に埋め込まれたパッド、クッション性のあるこのパッドはサドルとの圧迫を和《やわ》らげてくれる。パッドが肌に密着しているというのが大きく、一見似たように見える「固いサドル＋レーパン」と「パッド付きサドル＋普通の服」というのは使用感はまったく異なってくる。サドル側に衝撃吸収の仕組みをつけても、ペダリングや途中のポジションチェンジでの動きでサドルとオシリの間に摩擦が発生する。このときに普通の下着を着用していた場合、下着と肌との間で擦れが発生してしまうのだ。

だからレーパンを穿くときは下着の上からではなく、裸の上にじかに穿く。初めてでどうしても抵抗がある場合は、レーパンの上から縫い目の少ない短パンを穿くといい。ズボンの下に穿く専用のインナーレーパンは生地が薄くて蒸れが減る一方、パッドがレーパンより簡素なものが多くクッション性に劣るというデメリットもある。女性向けとして、巻きスカートのようにレーパンの上に巻く布がセットになったものも販売されている。

パッドは各社工夫を凝らしており、メーカーによって違いがある。ロングライド向きは厚めのものだが、サドルと同じく厚すぎてペダリングがしにくいといった個人差も出てくる。いくつかの製品を試して（パッドはOEMのものも多い）気に入ったシリーズを見つけよう。

ジャージと比べてレーパンのサイズは重要だ。大きすぎるとパッドがオシリから浮いてしまい、パッドの効果が薄れてしまう。小さいと太腿やお腹の締めつけが苦しい。お腹の締めつけが気になる人はビブタイプ（肩ひもで吊る）がいいが、トイレ（大）のときに上を脱がなければならないため手間がかかる。パールイズミから肩ひもがジッパーで着脱できるビブが販売されており、パッドが合えばこれはおすすめ商品だ。

レーパン以外のパンツでまったく勧められないのはジーンズ。生地が堅くてペダリングの妨《さまた》げになるし、股付近の縫い目も厚い。雨に濡れたときも悲惨だ。それでもジーンズで走っている人を見たことがあるので、鉄の尻の持ち主なら何を穿いてもいいのかもしれない。

ロングライド時はレーパンを2枚重ねて穿くという人も何人か知っている。厚くなって漕ぎにくそうだが、彼らにはそれがピッタリらしい。

▼グローブ

自転車用のグローブを着用することでハンドルからの衝撃を緩和できる。グリップ力も高くなり滑りにくくなるため、どんなに暑くてもグローブは着用したほうがいい。もしもの落車時に手のひらを守る効果もある、ブルベでも素手で走っている人は見ない。

ロングライド用のグローブは親指の付け根あたりのパッドが厚いものが多く、より衝撃を吸収できるようになっている。パッドでの衝撃吸収は確かに重要な要素であり、最近ランドヌールの間では化粧品のパフを中に入れるのが流行《はや》っている。しかし、サドル同様にこれも好みの問題が大きい。私は厚いパッドのものはハンドルの握りが太くなってしまうため、ロングでも薄手でグリップのいいグローブを好んで使っている。

親指の背の部分がパイル生地になっているものは、ここで汗や鼻を拭えるため使い勝手がいい。自転車用グローブはジャージと同じく汗で濡れるため、普段の手袋の感覚ではなく頻繁に洗濯しないと悪臭を放つようになってしまう。パイル生地で鼻を拭ったのならなおさらだ。

細かい点であるが400km以上のブルベでホテルのコインランドリーを使用する場合、手首のベルクロ無しグローブのほうが洗濯ネット無しでジャージやレーパンと一緒に洗濯機に突っ込んでも他の生地を傷《いた》めず便利だ。

▼ヘルメット

休憩以外はずっと被り続けることになるヘルメット、軽いもののほうが首への負担が楽になる。グレードによって値段が全然異なり、「なんで発泡スチロールにこんな値段……」と購入を躊躇《ちゅうちょ》してしまうかもしれないが、見栄えも変わるし価格に見合った満足感を得られるアイテムである。

メーカーによって形が異なるので購入時は試着して頭の形に合っているか確認すること。フィットしているものとそうでないものとでは、ロングライドの快適さが全然違う。日本人は西洋人と比べると横方向に大きいため、コメカミあたりが痛くなるのであれば日本のメーカー（ＯＧＫなど）を選ぶのもいい。ただ最近は各社アジャスターの出来が良くなり、西洋メーカーだからフィットしないとは一概に言えなくなってきた。カッコイイ西洋人とは異なりどうにも被った頭がキノコみたい、という悲しみは鏡や写真を見たときくらいしか味わわないため、ブルベ中ずっと重要なフィット感を見た目より重視しよう。

エアロヘルメットでベンチレーションの穴が極端に少ないものは夏の暑いブルベには向かない。冬は中に帽子やヘルメットカバーをすれば風は防げる、1つだけ持つならば風通しの良く軽いものが汎用性が高い。

▼シューズ

ビンディングペダルを決めた時点で、そのシステムに対応したシューズを使うことになる。例えば同じロード用のシューズであっても、メーカーやモデルで履《は》き心地はかなり異なってくる。価格がそれなりに高価でなかなか交換できないため、ヘルメットと同じくしっかりと試着してから購入したい。

ペダル、シューズが決まった後も、クリート位置を決めるという難しい問題がまだ残っている。膝や足首などに発生する痛みは、位置や角度を調整することでよくなる場合が多い。時間をかけていい位置を探ろう。

▼雨具

雨でも開催されるブルベ。雨の中濡れながら長時間走るのは、よっぽど気温が高いときでない限り非常に危険な行為だ。寒い冬はもちろんのこと、夏であっても峠の予期せぬ大雨は体が冷える。寒さで走れない、なんてことにならないようにしっかりとした雨具が欲しい。定番なのはゴアテックスといった透湿性のある生地を使った製品、モンベル等の自転車専用のカッパになる。雨具に関しては後の３００㎞の項目で使用例を含めて紹介したい。

荷物

ブルベは少しの仮眠を除いて、制限時間のうちの多くを自転車に乗って過ごすことになる。そのためキャンプツーリングのように、準備のかかるテントや自炊の道具を持って走る人はほとんどいない。初心者の頃は不安だからとあれこれ持って走ることが多くても、慣れてくるうちに装備はだんだんと減っていく人が多い。

ブルベのような速度が求められるライドでは、あまり荷物を積みすぎると軽快感が損なわれ、余計なストレスのもととなってしまう。吟味《ぎんみ》して大型サドルバッグに収まる程度にまとめるのが一般的だ。トラブル対応に必要な工具、店で使う現金やカード、それに加えて雨具や防寒具、600㎞を超える距離でも持ち運ぶのはこの程度だ。

▼必要なもの

自転車はパンクしやすい。運悪く鋭利なものを踏んでパンクしてしまうと、その後はもう走行不能になってしまう。使用率の高いクリンチャータイヤの場合、パッチでもチューブの穴を塞ぐことはできるが、時間のないときや雨の中などはチューブを交換するほうが早い。距離に合わせて予備チューブを1～3本ほど持って走る人が多いようだ。携帯空気入れはバルブに合わなかったり、しばらく使用していなくて固定部分が劣化したりすることがある、定期的にちゃんと空気が入るかチェックしよう。

シートポストやサドルの固定部が振動で緩むこともある、いくつかのサイズの六角レンチがセットになった携帯工具も持っておきたい。雨予報で長距離走る場合はチェーンオイルを化粧品などの

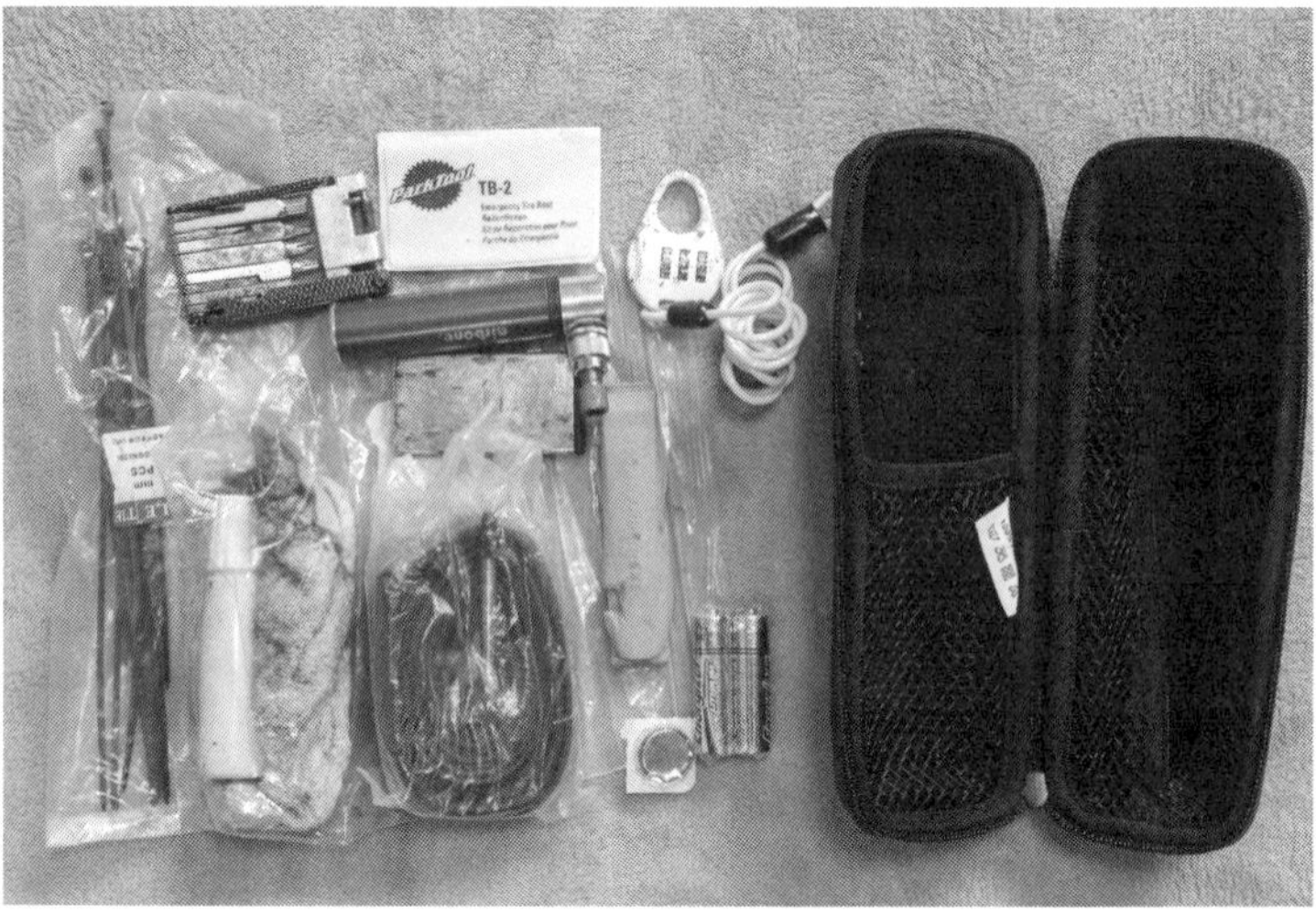

ツール缶　予備チューブ、延長バルブ、パンク修理パッチ、タイヤレバー、工具、ワイヤー錠、タイラップ、チェーンオイル、電池、クリートのネジ、空気入れ、が入っている。超小型の空気入れはボトルケージ台座に取り付けた空気入れが壊れたり、別の自転車で出発して装備するのを忘れてしまったりした際の非常用。

小さな容器に少量入れておくのがいい。こういったパンク修理キットや工具は、ブルベに限ったことではなく、スポーツとして自転車を楽しむ場合、ほとんどの人が持ち運んでいることだろう。

他に重要なものといったらお金だ。日本のＢＲＭは途中のＰＣがコンビニで物を買い、レシートが通過の証明になる「レシートチェック」であることが多い。お金が無ければコンビニで物を買えず、ＰＣの通過証明を入手できない。また、主催者が用意するエイドステーションもないため、途中補給という点でもお金は絶対に必要だ。それからトラブル、何か走れなくなるような事態に陥っても、最悪お金さえあればなんとかなることが多い。タイヤカットした際にオサツが丈夫で穴を塞ぐのにいい、と、まさに文字通りトラブルを金でなんとかする方法を聞いたことがあるが、貧乏な私は試

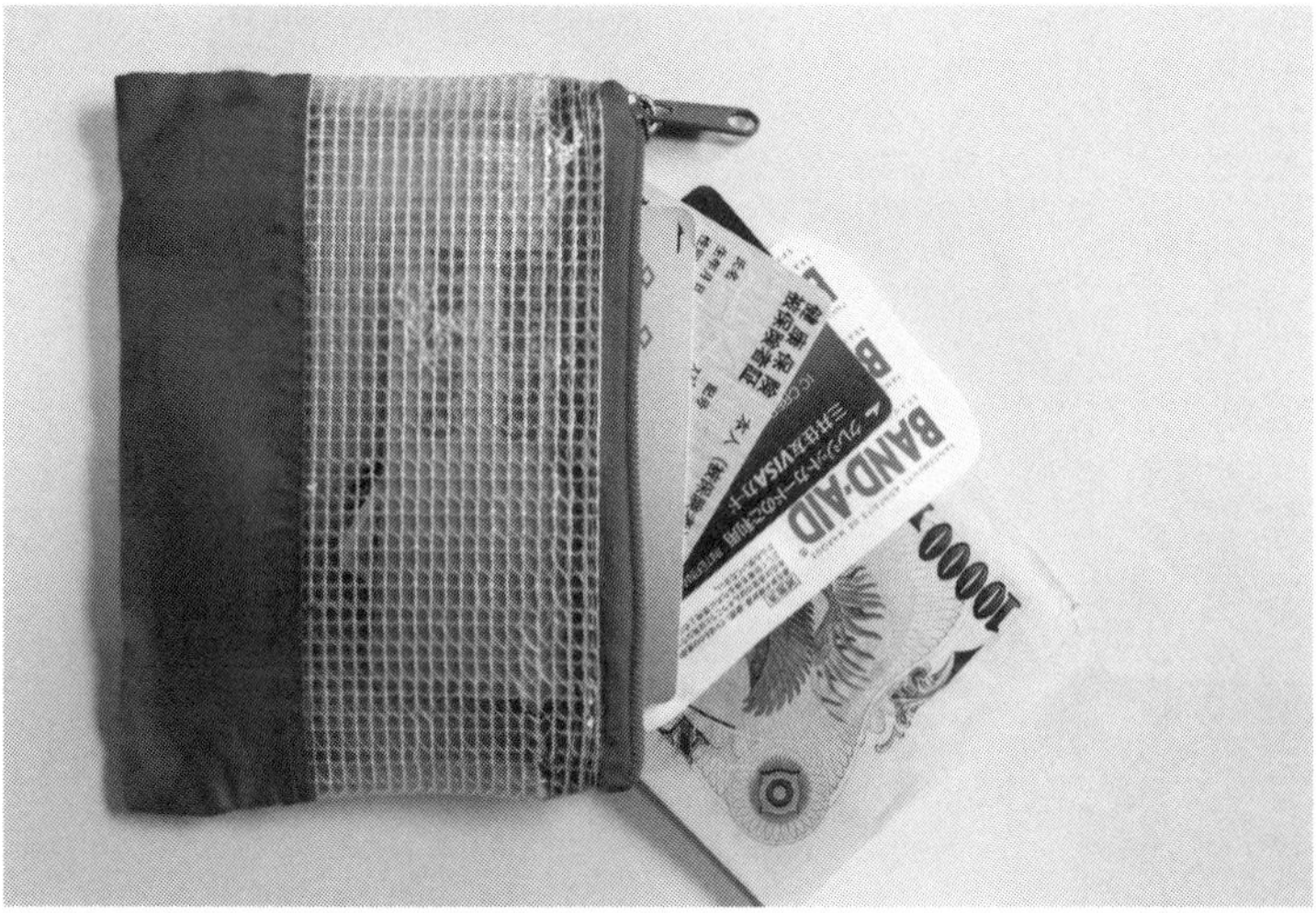

財布　100円ショップで売っている袋に、現金とクレジットカード、電子マネー、絆創膏、場合によっては風邪薬や痛み止め、カフェイン錠剤などを入れている。

したことはない。

そのお金のしまい方、財布をジャージの背中ポケットにそのまま入れると、汗でグッショリと濡れてしまう。防水の袋に財布や携帯電話、ブルベカードを入れて、ポケットにしまうのが一般的だ。普段分厚い財布を使っている人は余計なものを抜いてシンプルにまとめよう。電子マネーがあるとコンビニでの支払いに便利だ。

安価に入手でき使用者も多いジップロックはこういった使用方法だと破れ（底の接着部分が剥がれ）やすい。長距離走る場合は予備があるといい。

写真のように、財布ではない袋に現金＆カードを入れている人も多い。コンパクトになり背中のポケットを圧迫しないため、補給食やウインドブレーカー等の積載量が増える。すっきりまとめてポケットを有効に使おう。

他に持っておきたいものは輪行袋だ。電車に載せるときに輪行袋は必須、距離を走るブルベではリタイア地点がスタートから100㎞以上離れていることはよくある。短距離ならタクシーという手があっても自宅へ帰るまでに電車を使うことになるだろう。また輪行袋があれば、ホテル宿泊時に自転車の室内持ち込みが断られた際も、中に入れて部屋に持ち込むことができる。

「輪行袋を持っていると疲れたときにリタイアしたくなる」と退路を断つためにあえて持たない選択をする人もいるが、これは本当にどうしようもなくなってリタイアする際にとても面倒だ。そもそも体調不良やら怪我やらを負った状態でのリタイア、輪行袋を探すとこから、なんてやりたくもない。自分の走力を慢心せずに荷物に加えておきたい。

パンク修理キット、工具、予備の乾電池やバッテリー、輪行袋、これに加えてブルベで最もかさばる荷物である、防寒具や雨具といった衣類を持ち運ぶことになる。次の項では荷物を持ち運ぶ方法をいくつか挙げてみたい。

▼荷物の運び方

・背中ポケット

財布や携帯電話といった貴重品はここ。補給食、ウインドブレーカーやカメラといった走行中にすぐ取り出したいものを入れるのもいいが、詰めすぎると服が伸びてしまう。携帯ポンプなどパンク修理用工具をここに入れる人もいるようだ。ジャージによってポケットサイズや取り出しやすさに差がある。オダックス埼玉ではオリジナルジャージを作る際、「ポケットのみ1サイズ上」でオーダーしていた。

利点：バッグなどを何も持たなくていい。コンビニや店で自転車から離れたときもそのまま持ち歩ける。中身を取り出しやすい。
欠点：汗で濡れる。容量が少ない。鍵などの鋭利なものをそのまま入れると服が破れる。他のものを取り出した際に落としても気がつかない。

・ツール缶

工具入れとして定番はこのツール缶。ボトルと同じ径でボトルケージに差し込める。キャップがネジ式のスタンダードなものの他に、ジッパーで縦に大きく開く商品もある。防水性は落ちるが中身の取り出しがしやすい。

短距離で天気が安定しており、防寒具や雨具の必要がなければツール缶で工具のみ持って走るということはある。大抵はツール缶に工具＋他のバッグ（主にサドルバッグ）が使われる。ボトルケージが埋まることでボトルの数が減ってしまうのは真夏のブルベでは弱点となるため、ダウンチューブ下にバンド式のボトルケージ台座を増設して、ここにツール缶を収納するランドヌールも多い。この場合は防水と、振動による飛び出しに気をつけよう。

通常とは逆向きに取りつけられるケージは、ボトルの重みでの破損が発生しやすい。気付いたら前輪が削れていた程度であれば大事故にはならないが、ハンドルを切った際に飛び出してつかえたりしたら一大事だ。輪行用のストラップやタイラップなどでボトルをフレームに固定するのがいい。

普段ツール缶を工具入れとして使っている人でも、長距離になって他に大型のバッグを使う場合は工具をそちらに入れてボトルケージはボトル用に使うといった具合に上手く使い分けることもできる。

> 利点：余計なバッグを持つことがなく非常にスッキリする。
> 欠点：容量が圧倒的に少ない。工具とスペアパーツ、電池等を入れたら終わり。ボトルケージを1つ使用する。

・サドルバッグ

ブルベで最も使用率が高いのがこのタイプ。（サドルレールにベルクロ等で取り付けるものの他にシートポストに専用アタッチメントで取り付けるタイプもここに分類した）

大小様々なサイズがあるため持ち運ぶ荷物の量によって品物を選ぼう。また、取り付け方法によって荷物の出しやすさが異なる。

> 利点：バッグ自体が軽量なものが多い。キャリア無しで取り付けられ他のパーツの邪魔にならない。後輪が撥《は》ねる雨水をある程度防げて泥除け代わりになる。
> 欠点：高い位置に重量が増えるため、バイクのコントロールがしにくくなる。特に自転車を左右に振るダンシングで顕著《けんちょ》に出る。シートポストの突き出し量が少ない自転車だと大型のサイズのものは取り付けられない。

・サドルバッグ——サドルレール系

シートポストやサドルのレールを使ってバッグをベルクロで固定するタイプのサドルバッグ、小型のものは各社から、大型で代表的なものはApidura、レイベイトデザイン、GIANT（scout）

などから発売されている。大型サイズが近年見られるようになってきてブルベでも人気だ、Apiduraは新興メーカーでありながらPBPでもよく見かけた。

利点：バッグが軽量。生地に防水性があるものが多い。取り付け金具が無くシートポストの形状に依存しない。
欠点：ポジションによっては太腿がバッグに擦れてストレスになる。左右に揺れやすい（特に荷物をギッシリ詰めていない場合）。荷物の取り出しがしにくい。

• サドルバッグ——シートポスト金具系

Topeak の DynaPack、リクセンカウル、キャラダイス（これはサドルレールに金具だが）が有名どころ。最近は大型サドルバッグを金具で補強するような形のバッグも登場してきている。

利点：荷物のアクセスがしやすい。特にDynaPackは口が大きく開いて必要な物が簡単に取り出せる。金具を使って固定しているため左右への振れは比較的少ない。位置がサドルからやや後方になって太腿が擦れない。
欠点：取り付け金具やフレームが折れることがある。レインカバーによる雨対策でこのカバーの出来が悪い（隙間から入ってくる）。バッグとフレームでそこそこ重量がある。円柱シートポストでなければ取り付けられず、カーボン製は不可。

折れたダイナパック　中身が取り出しやすく、ブルベでも使用率が高いダイナパックだが、耐荷重オーバーや長期間の使用で付け根が折れる。筆者の友人も同じ所が折れた。使いやすいバッグなため同じものを買い直し、輪行用ストラップで補強して使っている。

・フロントバッグ

前照灯を2灯、GPSやキューシートなどでハンドル周りが圧迫されている人が多く、大型のものはブルベでの使用率は高くない。補給食専用に小さいポーチ状の商品も存在する。

> 利点：走りながら中身を取り出せる。補給食やウインドブレーカーを入れておくのに最適。
>
> 欠点：ただでさえゴタゴタしているハンドル周りを熟考しないといけない。ハンドルが重くなる。空気抵抗が大幅に増加。

・キャリア＋バッグ（パニアバッグ）

サドルバッグだけでは容量が足りない場合はキャリアの出番だ。シートポストに取り付けるキャリアの他に、ダボ穴に取り付けるキャリアもある。ロードには通常キャ

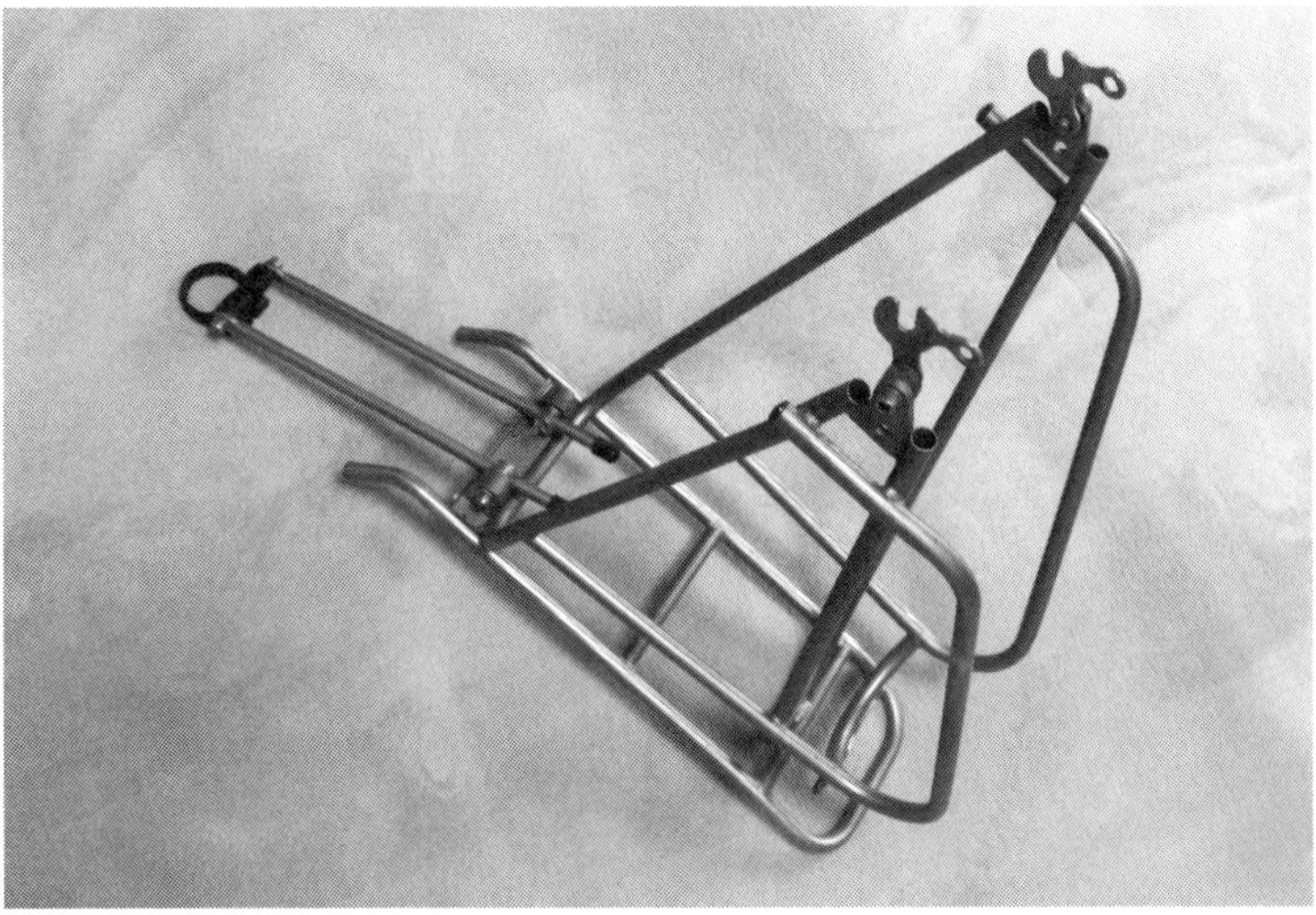

キャリアアダプタ　下側（逆さになっているので写真では上）はクイックに挟み込むコの字状の金具、シートポスト側は、ダボ穴付きシートクランプを使うことで、ロードバイクにも本格的なキャリアの装着が可能。

リア用のダボ穴は存在しないが、ダボ穴付きシートクランプ、クイックエンドアダプタ等を使えば写真のような本格的なキャリアも取り付けられる。この場合、固定力の大きなクイックを使用したい。

ViVAクイックエンドアダプターのリア用は一般的なショートエンドのロード向けではないため、フロント用を使用している。次はキャリアのメリット、デメリットだ。

利点：シートポストキャリアではなく下部でも固定するしっかりしたキャリアだと、自転車とズレた左右への振れがあまり発生しない。大型サドルバッグよりも安定する。好きなバッグを括り付けられる。

欠点：重量増。輪行が絶望的に難しくなる。

ブルベはある程度の速度で走る必要があることから荷物をコンパクトにまとめることも重要視され、大型のバッグを使う人は少ない。それにしても日本ではほとんど見かけないのは、輪行の影響が大きいのかもしれない。自転車をそのまま載せられる車両がある海外と違い、輪行袋に入れねばならない日本では、しっかりとしたキャリアは電車の利用を絶望的に難しくさせる。

それでもキャリアを使うのであれば、ここはやはりパニアバッグを使いたい。ロードではフロントにつけることは難しいが、ツーリング車であれば前後4つ取り付けられる。パニアバッグにはこんな特徴がある。

> 利点：圧倒的な積載量。完全防水の製品（オルトリーブ）は雨でも安心。
> 欠点：空気抵抗の増加。車幅が増加するため交通量の多い道路では気になる。

・フレームバッグ

トップチューブ前方上部につける小型のものは補給食入れとして愛用者が多い。GPSやライトの外部バッテリーをこれに入れている人もいる。トップチューブ全体を覆うような大型のものはブルベではあまり利用者を見かけない。

> 利点：取り付けが簡単。他のバッグだけでは足りないときに。
> 欠点：ペダリング時に膝が擦ることがある。

・バックパック

日常ではよく使われるバックパックもブルベでの使用率は低い。使っても小型のもので防寒具や補給食を入れる程度であり、大型のバッグを背負って走る人は少ない。上半身の疲れと排熱の欠点が非常に大きいため初心者には特におすすめしない。

利点：自転車が左右に振られることがないため、大型サドルバッグと比べてダンシングしやすいと言う人もいる。キャメルバッグ等の給水システムに氷を入れて夏場に背中を冷やせる。
欠点：肩が凝る。背中からの放熱が妨《さまた》げられるため高出力で走るのに向いていない（排熱が追いつかなくなる）。バッグの上に反射ベストを着なければならなくてちょっと面倒。

どんなバッグでもそうだが、レインカバー付き商品は雨にはイマイチだ。長時間雨の中を走るブルベの場合は隙間から雨が入り込み、しかもそれがカバーに溜まってしまうようなものがほとんどだ。雨の場合は中身をジップロックに入れるなど、内部でも防水対策しておいたほうがいい。

バッグ＋レインカバーではなく、オルトリーブ製品などのバッグ本体が完全防水をうたっているものはかなり信頼できる。そういった製品であっても雨の中バッグを開ける場合に備え、内部は個別に防水パッキングしておきたい。

第5章

参加前にやっておきたいこと

まずは100km走ってみよう

200kmブルベの練習で200km走ることはないが、それでも100kmくらいは走っておきたい。3桁でキリがよくて目標にしやすく、100kmも走れたんだという自信がつく。200kmブルベは往復コースが多いため、100km問題なく走れれば折り返し地点まで到達できる。そしたらあとは帰ってくるだけだ。

初めての100km挑戦では速度は気にしないでいい。ブルベでは丁度《ちょうど》いい休憩となるチェックポイントが50~100km間隔で設置されている。ここでは半分の25kmを目標に休憩せずに走ろう。2時間ほど続けられる走りというのがどんなものなのか、100km走ったときの疲れは、体の痛みは、そんなことを知るのが目的だ。

他人と走ろう

何人かで走ると時間が経《た》つのがあっという間だ。１人で走るより長く走れる。人の走りを見るのはいろいろ参考になるし、知人からアドバイスを受けることもできる。ブルベというイベントで２００㎞に挑戦するのが不安であれば、その前に短い距離のサイクリング会に何度か参加してみよう。ショップやネットの知り合い等と１００㎞弱のサイクリングをするのもいいし、商業的なイベントの参加もいい。ただし「レース練習の１００㎞走行会」は選ばないこと、同じ１００㎞でもこれは全然違う。

恐らく、こんなブルベの本に興味を持ってしまったアナタには、自転車の道に引きずり込んだ友人がいるはずだ。私は自転車に乗り始めた頃、『自転車で遠くへ行きたい。』（河出文庫）の著者、米《よね》津《づ》一成《かずのり》さんとＳＮＳサイトのｍｉｘｉで知り合い、彼が主催する走行会に参加していろいろ学ばせて貰った。もし不幸にもこの本が自転車への入り口なのだとしたら、筆者が責任をとるので是非サイクリングに誘って頂きたい。

ＧＰＳやキューシートに慣れよう

ＧＰＳはパソコンで作成したコースデータを転送し、その軌跡を辿りながら走るのが一般的な使い方だ。コンビニの名前付きでＰＣや（ＰＣ２－７１１）、右折に見えるが左の側道に入って高架を潜るといった注意したい交差点（Ｌｅｆｔ）などを、名前を工夫してポイント登録しておくと走りやすい。４００㎞を超えるブルベでは健康ランドやインターネットカフェを登録しておくのもいい。

キューシートからルートラボやRideWithGPS、BikeMap.netなどでルートデータを作成、公開している参加者がいる。他人が公開しているデータは間違っている可能性がある。特に最初はダウンロードしたデータをそのまま使うことはせず、自分で作ってみることをおすすめする。キューシートの読み方の練習にもなるし、上空から見た地図が頭の中に入り、どこを走るのかわかりやすい。

公式でGPSデータを用意してくれる主催クラブもある。大抵はキューシートが正、GPSデータが間違っていないか確認しよう。

トラブルがあったときや仮眠場所、休憩場所を探すときは、キューシートではなく地図に描かれたルートがあると便利だ。スマートフォンや携帯電話があれば地図は見られるが、山奥等で電波が入らない場合もある。やはり事前にどこを走るのか、トラブったときに近くの町に行ける程度には頭の中に入れておくと安心できる。

キューシートで走る場合は防水に気をつけよう。GPSを使わずにキューシートのみで走る人の中には、ラミネート加工している人もちらほら見られる。準備に手間はかかるが防水対策として有効だし、シワにならないので使いやすいのだろう。

ネットプリントに登録しておくといざというときにコンビニでプリントアウトできる。濡れて読みにくくなったり破れたりしたときにコンビニで新しいものを手に入れられて便利だ。

防水とうたっているGPSも雨には注意、意外と浸水する。ルートがわからないから後ろについていきますというのは、あまりいい顔をされない。壊れたときにどうするのか、リタイアする気でなければ別の方法も考えておいたほうがいい。冗長性がないと不安だとGPSを2個つけて走っている知人もいる。まあ大抵は、キューシートを印刷して財布の中にでも突っ込んでおけば事足りるんだけどね。

機材の使い方に慣れよう

変速、ブレーキは上手く扱える？　ホイールはクイックでしっかり留まってる？　ビンディングペダルを使うのであればペダルを見ないでも着脱できるようになっておきたい。

最低限できるようにしておきたいのはパンク修理。持っていた予備チューブのバルブが短かった、携帯空気入れが粗悪で全然空気が入れられなかった、タイヤビードが固すぎてリムに入れられなかった。こんなことがないようにタイヤの取り付けは1度は自分でやっておこう。

輪行に慣れていない場合は、1度分解して輪行袋に入れてみるのがいい。途中リタイアなど、予期せぬ輪行の可能性もある。いざその場になって、初めてと1度やったことがある、とでは精神的にも大きく違ってくるだろう。

自転車の構造をある程度理解していると破損やネジの緩みなどの障害に気づきやすい。ブレーキをかけながらハンドルを動かしたときにヘッド回りがグラグラしないか、ホイールに振れはないか。違和感を感じたりメンテナンスに不安があるようならショップに相談してみよう。

「まず100㎞」はブルベに参加するつもりの装備で挑み、機材の使用方法をしっかり把握しよう。キューシートにしても実際に使ってみたら文字が小さすぎで見づらかった、風であおられてバタバタしてうるさかった、そういった走ってみて初めてわかることも多い。今の装備に何か不具合がないか確認しておきたい。

体調や環境を整えよう

万全の体調で挑めるよう、参加する週はしっかり睡眠をとって本番に備えよう。厳しい練習をしている場合も直前は控えて回復に努めたほうがいい。ブルベは多くのエネルギーを使う、アルコールは控えてしっかりと食べておこう。空腹で挑むのは避けたい。

そして社会人にとって厄介《やっかい》なのは仕事だ。当日や前日遅くまで仕事が入ることがないよう、根回しできることがあればやっておきたい。「子供を放っておいてまた自転車？」なんて言われないように、家族に対する根回しも必要かもしれない。ああホント厄介な世の中だ。

column

毛の処理はどうする？

ロードレーサーはスネ毛の処理をしている人が多い。落車して擦過傷になったときに毛を巻き込まず治療しやすいこと、マッサージでオイルを使えて滑りが良くなること、空気抵抗的にメリットがあることなどが理由だ。しかし一番の理由は「周りも剃っているから自分だけモジャモジャだと何か恥ずかしい」だろう。たぶん女性がワキの処理をするようなものではないか。

ブルベではスネ毛処理をしている人はそこまで多くない。しかしどうにも締まりがないブヨブヨとした脚も、血管が浮き出るようになってくると毛が無いほうがやはり格好よく見える。自分の脚にウットリする、そんなナルシスト的なモチベーションアップにも繋がるため、興味がある人はやってみるのがいい。入浴時の抵抗感、風を受けたときの毛のなびきがなくなり、あれは触角のような役割を果たしていたのかとビックリするに違いない。

毛の処理には・刈る・剃る・溶かす・抜くがあり、自転車系の飲み会ではオッサンどもが脱毛話で盛り上がる。おすすめのカミソリブランドが出てくるほど女子力が高いのだ。

• 刈る

専用のシェーバー等で軽く刈る、あるいはすく。一般の男性相手だとツルツルは変なためかモジャモジャを少し刈ってさっぱりしようというメンズ向け商品が存在する。しかし自転車乗り的にはツルツルは変ではない。

・剃る

最も手軽な処理方法。男性が慣れ親しんでいる髭剃り用の3枚刃以上のT字カミソリは詰まってしまってスネ毛剃りには向いていない。2枚刃以下のシンプルなもの、女性用のスネ専用カミソリがおすすめだ。スネなど固い部分を切りやすいため注意、また切断部分が自然に生えてきたものより太くなるため剛毛だとチクチクしてツラいし、翌日にはもうブツブツと生え始めてくる。

・溶かす

除毛クリームを使用。使用後に洗い流すため、剃るのと比べ手間や結果はさほど変わらない。スネを血だらけにしない、というメリットはあるものの毎回クリーム使用でコスト増となる。剛毛の場合の選択肢の1つ。

・抜く

ワックスを塗って抜く手法は剛毛だとほぼ不可能だ。抜けることは抜けるがものすごく時間がかかってまったく現実的ではない。筆者は綺麗なお姉さんが使っているらしいソイエという脱毛器具を愛用している。処理にやたら時間がかかる、慣れるまでかなり痛い、毛が皮膚内部に埋まってしまう毛嚢炎《もうのうえん》が発生する、といったデメリットがある。抜いた後に生えてくる毛は先端が細く剃った場合と比べてチクチクしないため、毛深い私にはこれしか選択肢がないのが現状だ。生えるまでの時間は剃る＜溶かす＜抜くと長くなっていく。チクチク感は逆。

筆者が知り合いのランドヌール（男性）に行ったアンケートでは、処理しない、剃る（刈る）、除毛クリーム、脱毛の割合は以下の結果となった。

処理しない	剃る（刈る）	クリームで溶かす	脱毛器などで抜く
44%	49%	4%	3%

（男性のみ。回答数139件）

ホビーレーサーはともかく、ブルベに参加するサイクリストは何もしないイメージがあったが、5割以上の男性がスネ毛の処理をしている。方法は剃るが圧倒的だ、確かに手軽さを考えたらこれが一番なのだが、剛毛の人は苦労しているようだ。さすがに永久脱毛にまで手を出した人は周りにはいなさそう。

スネ毛はともかくケツ毛の処理をしている人は結構いる。密着が基本のレーパンパッドとオシリ、ここに毛が挟まることで引っ張られたり擦れたりしてモジャモジャだと痛くなることがあるのだ。通常の股ズレと同じくレーパン用クリームやパウダーを使うことで軽減できるが、無いほうが具合がいい。トイレ（大）に行ってウォシュレットが無かったときに余計なものがこびり付かないのもいい。長距離走る前のみ処理するという人も含めると、

当然処理している	特に何もしない	ケツ毛の処理なんて聞いたことなかった
27%	25%	48%

（こちらも男性のみ。回答数134件）

そんな話は聞いたことがないという人を除くと、なんと処理している派がしない派よりも多い結

果に。さすが長距離慣れした変態紳士だけのことはある。残り48％も今回知ってしまったことで処理派に流れる人が多数出てくるに違いない。

個人的にはサドルにあたる部分だけでなく、プニっとしたいわゆるオシリの部分も毛も無くなると引っ張られることがなくなるので、ケツ毛には全体的に綺麗サッパリ消滅して頂いている。

毛の処理、特に脱毛は毛嚢炎のリスクもある。女性は下手に剃らないほうがいいという話（2016年イギリス五輪チーム）もあり、毛の処理について何が正しいかという結論を出すのは難しい。

※剃った後にチクチクしてダメだったという人、除毛クリームで肌が負けたという人などもいるのでご利用は計画的に。

第6章 200km──はじめてのロングライド

ロングライドといったら何キロからを言うのだろう？　人によって感覚は異なるのだろうが、初めてブルベに挑戦する私にとって200kmという距離は果てしなく遠く感じる。いよいよ明日に迫ったブルベ、無事完走できるのだろうか。

キューシートを印刷してコースは頭に入れた、GPSにルートもセットした、コースの近くには鉄道が通っていて、途中で何かあっても輪行で帰ってこれそうだ。反射ベスト、ベル、ライト、尾灯、参加案内のハガキ、必須なものはすべて持ったはず。

荷物はこれで足りているのか、初めてのブルベ参加でドキドキして落ち着かない。一緒に参加する友人には「ジタバタしても仕方ないから寝とけ」と言われたけど眠れるかな。あれ？　電話が鳴ってる、会社？　えっ？　明日出勤しろって……。

DNSの連絡

ブルベが他の自転車イベントと大きく違うところ、それはDNS（did not start）、出走取り消しの連絡が必要なところだ。よくある商業イベントではWebなどで参加申し込みをした後、当日や前日に会場で受け付けが行われる。申し込んでみたものの参加できなくなった場合は会場に行かなければいいだけで、わざわざ主催者に「参加できなくなりました」と連絡することはない。

しかしブルベの主催クラブは参加できなくなった場合の連絡は必須としている。連絡せずに行かなかった場合は次回から参加お断りとするクラブもある。

なんだか面倒だな、と思った。主催側としても来なかったらDNS扱いとしたほうがよっぽど処理が楽でシンプルに思えるのに、何故不参加の連絡が必要なのだろう？

これは、ボランティアでやっている運営にとって「せっかくパーティーの準備をしたのに家に来ない」といった心情的な面の他に、スタートから30分（BRM公式では1時間、日本特例として30分に変更）は遅刻が認められるというルールの存在があるからだ。出走者を送り出して急いでスタート地点を撤収させたい主催にとって、来るか来ないかわからない人を30分待つというのはツラい。

DNSの是非に関しては、主催クラブによって結構温度感が違う。また、主催によっては「できるだけ早く連絡すること」とあるけど、私の場合どうしてもDNS連絡は直前になってしまう。体調不良であってもギリギリに回復するかもしれないし、休日出勤は急遽なくなるかもしれない。一旦DNS連絡してしまうと取り消しできないため、参加したい気がある以上はなかなか連絡できないのだ。すみません主催の方々、しかしこの部分はもうちょっと簡潔なシステムになればいいのにな。

休日出勤は取り消しになった。よかった、これでブルベに参加できる。しかし今度は友人から「明日のブルベに参加できない」と連絡が……私をブルベに誘っておいて自分は不参加なの？
彼の車でスタート地点まで送って貰うつもりだったのに困ったな。スタート地点にはどうやって行けばいいんだろう？　他の参加者はどうやって移動しているのかな？

スタート地点への移動

スタートが家のすぐ近くという恵まれた状況でもない限り、どうやってスタート地点まで移動するかは頭を悩ませるところだ。

●車

駐車場がある郊外のスタート地点の場合、最も多いのはやはり車での参加。筆者は車を持っていないため、利点や欠点等詳細に述べられる経験は少ない。駐車場数の問題などで、参加者同士の乗り合いが推奨されることもある。

利点：数十km走っても肉体的な疲労は少ない。寒いときや悪天候時にギリギリまで車の中で過ごせる。荷物を沢山持っていけるため、出発時点の気温を見てからウェアを変更できる。ゴール後にすぐに着替えられる。
欠点：長時間とめられる駐車場が近くに必須。ゴールして疲れた状態での運転。

・自走
やはり自転車のイベントは自転車で参加だ。次の距離＝３００kmの練習にも持ってこい。

利点：自転車以外何もいらない。家を出てからもうブルベ、走れる格好で出発するため忘れ物をすることが少ない。
欠点：スタート前にすでに疲れる、お腹が空《す》く。到着時間が読みづらく、パンク等のトラブルを考えると早めに出発せざるを得ない。その結果スタート地点に早く到着して、寒い中凍えながら待つことになる。雨だともう最悪。ゴール後も厳しく、一旦ゴールしてスタッフとお喋りすると疲れきった体で家まで走りだす気になれない。

・電車（輪行）
最寄り駅まで電車で。

利点：移動中に休める。疲労で集中力が切れていても目的地に運んでくれる。

欠点：夜中は動いていない。スタート時刻が早い場合は辿り着けないし、ゴールが遅くなったら翌日の始発まで帰れない。ゴールして汗臭かったり、雨で濡れた体で電車に乗るのは気が引ける。輪行袋が必要。

・前泊（前日自走or輪行）

前日に自走や輪行で移動し、スタート地点近くのホテルに宿泊。

利点：ギリギリまで寝れる。
欠点：前日移動しなければならず、社会人には準備期間がツラい。ホテル代がかかる。後泊せずに自走や輪行で帰る場合はそちらの欠点も追加。

自走や輪行で会場に行った場合、荷物はどうしたらいいのだろうか？

これは主催クラブによって違う。岡山のように完全ノーサポートのBRMの場合、駅のコインロッカー等会場に行く前に自分で預けねばならないが、多くのクラブはゴールするまで荷物を預かってくれる。問題なのは「途中でリタイアしてゴールに辿り着けなかった場合」で、着払いで荷物を発送して頂くことになり、ボランティアでやっているスタッフの方の手間を増やしてしまう。

このため、あらかじめバッグを発送するときに被せる袋代200円を封筒に入れて預ける（宇都宮）といった具合に負担を減らす手法をとっているクラブもある。宇都宮以外であっても預ける際に着払いの宅配便伝票を貼り付けた状態で渡している人を見たことがあり「スマートだなあ」と感心した。※ただまぁ預けた以上は、死なない限り戻るくらいの気概があって欲しい。

スタート地点へは始発の電車でギリギリ間に合うようだ。到着するとスタッフによるブリーフィングがすでに始まっている。急いで受け付けをして、ブルベカードに必要事項を書き込み、コースの説明を聞く。
今回はコースの変更はなし。工事でコースが通行止めになり、ブリーフィングで迂回路を指示されることもあるらしい。PC1はレシートチェック、PC2には待機しているスタッフにチェックを受けろとのことだ。PC3は「自販機の上にある看板に書かれた店の名前は何?」。クイズポイントってこういうクイズが出されるのか。不安だから自販機見つけたら写真も撮っておこうっと。

ブリーフィングが終わった後は車検、近くのスタッフに装備に不備がないかのチェックを受け、ブルベカードにサインして貰った。参加者が多くて混雑が予測されるためスタートは一斉ではなく、10分おきのウェーブスタート(時差スタート)となり、私のスタートは2グループ目。1グループ目のスタートはもう始まっているけれど、まだ横の人は準備している。「行ってきまーす」なんてスタッフに声をかけて今ようやく出て行った。時間制限があるからみんな目の色変えて飛び出していくと思ってたのに、想像してたのよりずっと緩い感じのイベントなんだなあ。

いよいよ2グループ目がスタート。休日の早朝でそれほど車通りが多くないとはいえ、スタート地点付近は信号、それから路上駐車が多くて走りにくい。さっきから前を走る人が右手を腰にあてて開いたり閉じたりしている、あれは一体なんだろう?

集団走行

どの主催クラブのブルべも、スタートからしばらくは平地を走ることが多い。脚力差でバラけていく登りとは違い、平地は集団が大きくなりやすく、ある程度の集団走行を余儀《よぎ》なくされる。自転車の集団走行にはマナーやノウハウがある、これらを一通り知っておいたほうがいいだろう。

▼車間距離

オートバイのように前走者から横に大きくずらして、千鳥になる隊列は横方向に広がってしまい、狭い日本の交通事情では厳しい。基本は一列棒状だ。ただし少し横に出て肩越しに前を見ることは多々ある。完全に横に出ないと怖かったり、真後ろだと怖かったりするなら、それは前走者との間隔が狭すぎるのだ。テレビで見るツール・ド・フランスの集団のようにギッシリと固まらず、車間を広くとろう。

自分自身の慣れ、それから前走者の慣れで車間距離は変わってくる。筆者の場合は知らない人の後ろにつくことはほとんどなく、スタート直後の混雑で後ろにつかざるを得ない場合は、知り合いと走るよりも車間をかなり開ける。速度が出る下りや雨天時は、更に車間距離を広くする。

▼手や声による合図

ここで言う手での合図は、集団で走る際に後続の自転車に行動や状況を伝えるためのものだ。ローカルなものであり使う人によって差があるが、だいたい何を意味しているかは知っておこう。代表的なものを図に記す。

注意したいのは、橋の継ぎ目や路面に設置された再帰反射のキャットアイ。後続の人はなかなか気がつきにくいため、私は「キャットアイがあるよ」と声を出すようにしている。

これらは先頭が出したものを伝言ゲームのように後ろに伝えていくことになる。キャットアイだけでなく、急ブレーキなど緊急で危険度の高いものは声も合わせよう。

▼道路交通法の手信号

道路交通法の手信号はウインカーが無い、あるいは壊れた車両のドライバー向けのもので、出す

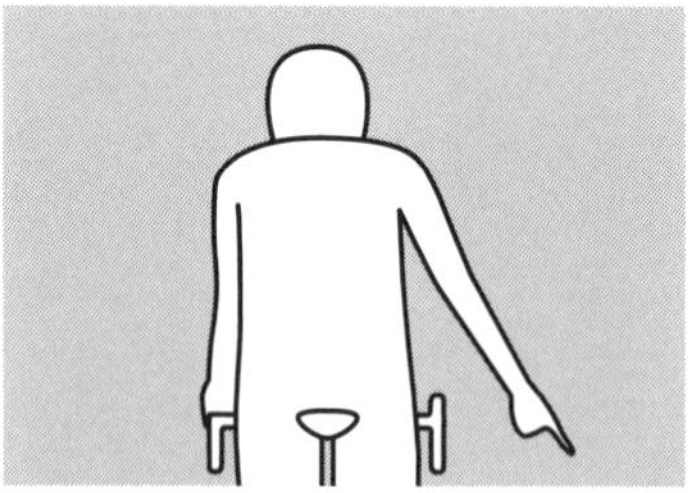

落下物や障害物の指示
落下物を指さす。

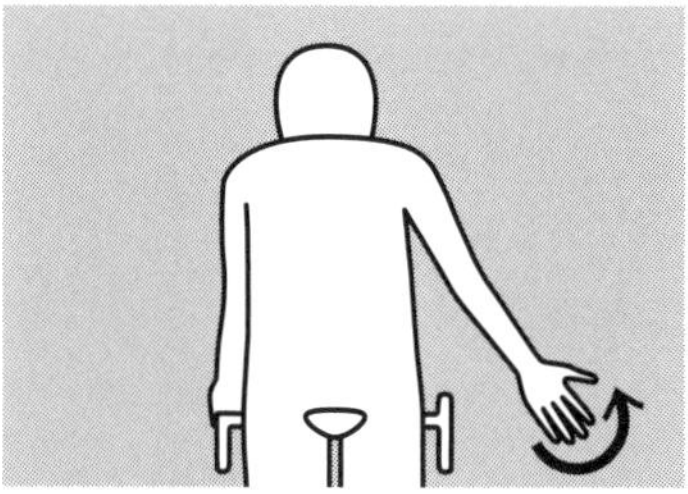

後続を先に行かせる
手のひらを前に向けて停止と同じように斜め下に伸ばし、ボーリングの球を投げるように前後させる。

対向車、後ろから車
手ではなく声で対応。対向車の場合は「たいこう〜」「くるま〜」、後ろからの場合は「こうしゃ〜」「くるま〜」「うしろからくるまきます」などが一般的。

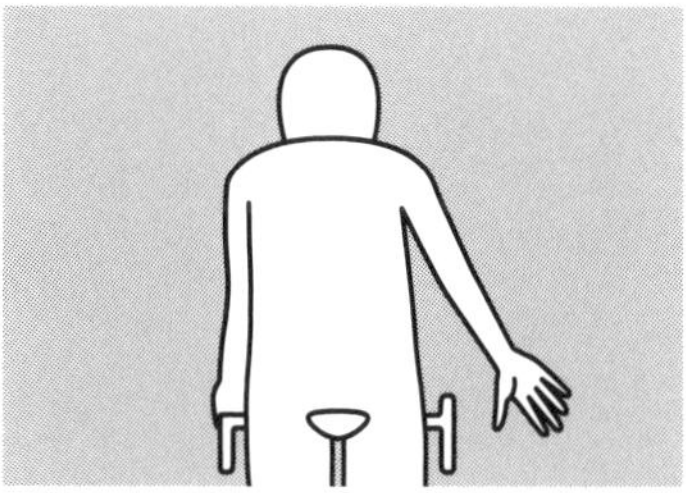

停止（道路交通法の手信号）
右手の手のひらを後ろに向け、斜め下に伸ばす。車に対して意思表示したい場合使おう。

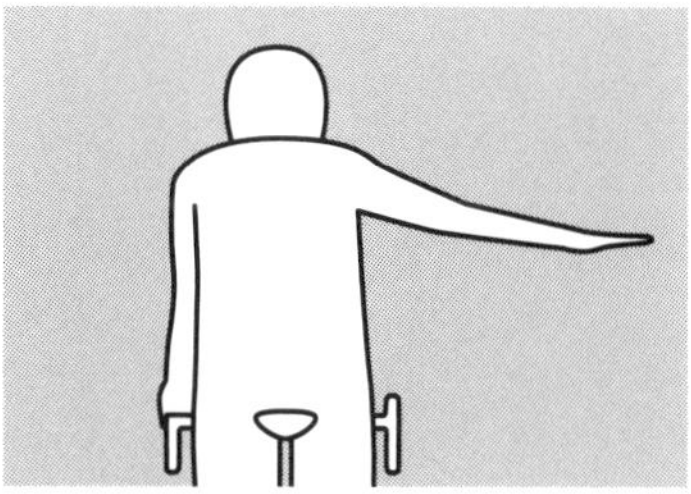

右左折（道路交通法の手信号）
曲がりたい方向の手を真っ直ぐ横に伸ばす。

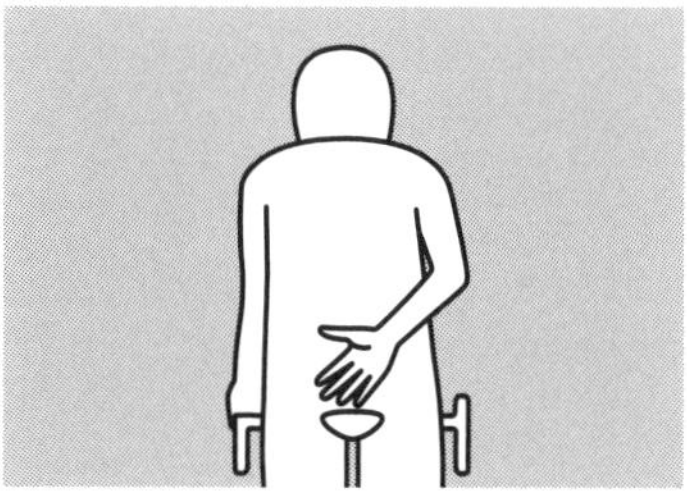

停止
後続の自転車にのみ伝える場合、手のひらを後ろに向け腰のあたりにあてる。この状態で手のひらをグーパーと閉じたり開いたりすると減速の意味となるが、停車時にグーパーする人もいる。

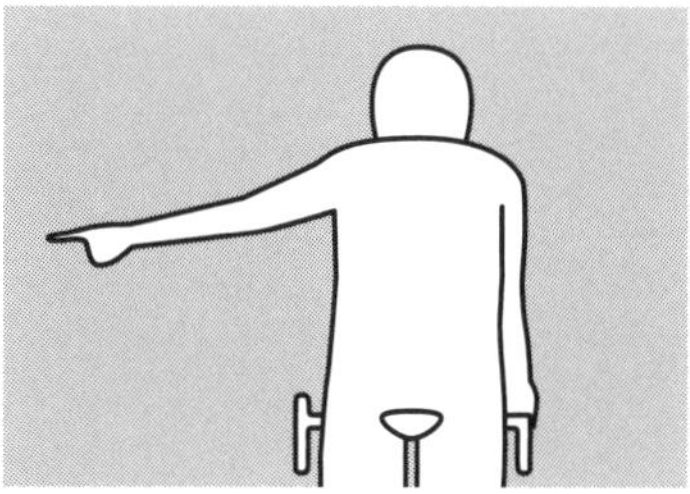

右左折
自転車にのみ伝える場合、肘をあまり伸ばさず左右を軽く指さすことも多い。

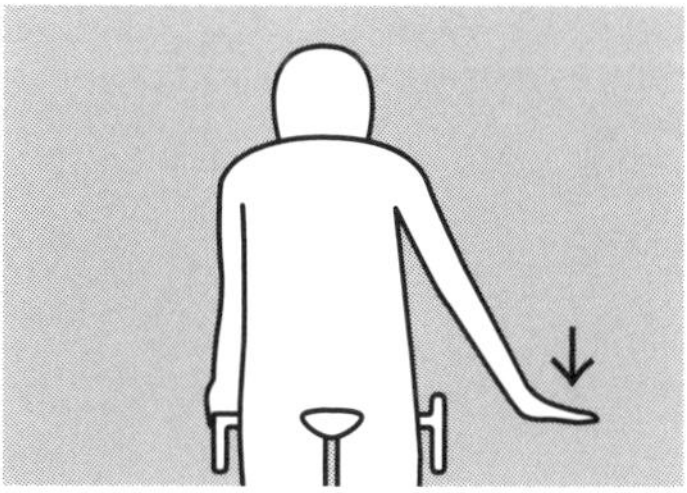

減速
手のひらを下に向けて斜め下に伸ばし、上下させる（ヒゲダンスのように）。

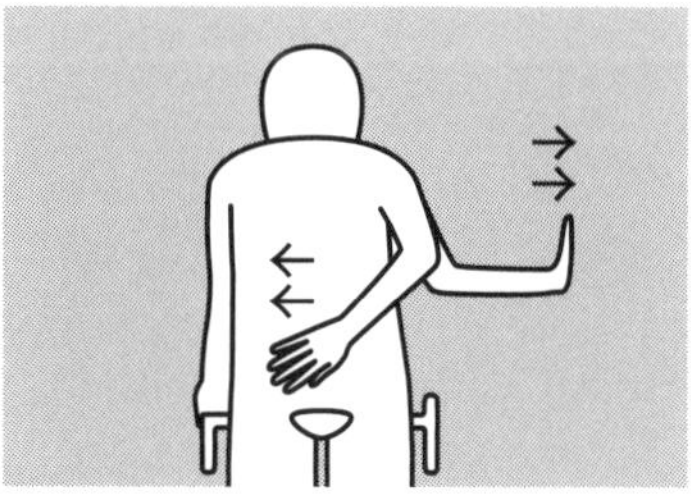

歩行者などをよける
左右に少しずれる場合は腰にあてた手のひらを横に振る。左にずれたい場合は右手、右にずれたい場合は左手を使う。停車している車をよけるなど右に車線変更したい場合、右折手信号を出した後に何度か肘を曲げ伸ばしすることもある。

タイミングもウインカーと同じ。交差点であれば30ｍ手前から曲がり切るまで、右左折の手信号を出し続けなければならない。自転車の場合もこれに従うが、片手運転が危険だと感じたら途中でやめる、出さないというように、安全運転義務が優先される。

ウインカーの代替としての手信号と、主に後続の自転車に状況を伝える自転車向けハンドサインとではそもそも目的が違う。対自転車では危険物が落ちているのを示したり、それをよけるため少し左右にずれたりする事態は頻繁に起きる。伝えたい相手がすぐ後ろの自転車乗りなため、バランスを崩す大きな動作ではなく体の中心からあまり手を動かさない仕草でも十分に伝わる。

自転車乗りの間でのみ伝わる勝手に決めたハンドサインが、道路交通法のドライバー向けの手信号と同じように手を使うため紛らわしいという批判を受けることもある。しかし自転車用ハンドサインは対自動車において最重要である右左折の動作が道路交通法の定める手信号と一致しているため、筆者は大きな混乱は起きないと考えている。

路上駐車している車をよけるために車線変更しなければならない場合は、右手をしっかり伸ばす道路交通法の手信号を使用しドライバーに意思を伝えよう。ただし車に対して合図を行いたいときは手を動かすだけにせず、一旦振り返ってドライバーを確認する動作を加えたほうがいい。そもそも車線変更時は後方確認の義務があるし、振り返ることでドライバーにこれからの動きをアピールできる。

▼集団の人数

市街地では1集団は6～7人くらいとし、前の集団からは間隔を空《あ》けたい。道路の幅や交通状況によって適切な人数は変わるが、集団が大きすぎると判断したら減速して分断させよう。

狭い道で長く自転車が連なっていた場合、車が追い抜けずにドライバーをイライラさせることがある。車のほうが速いのだから、こちらも車両だと主張して相手をブロックし続けるよりも譲れるところで譲ったほうがいい。集団の間隔を車2台ぶんくらい空けていると、追い抜きをかけた車が一旦そこに入って対向車とすれ違えるし、路地から左折合流してくる車も入れやすい。前とスペースを空けて別集団となることで、交差点で信号切り替わり時にここで止まるんだなと後続も認識しやすい。

▼集団先頭の心得

集団の先頭を引くときは以下のことに注意しよう。

- 急な加減速をしない

あらかじめ減速が予測される場合は手信号や声で後続に伝える。信号待ちからの発進は普段1人のときのペースで加速すると、スタートにタイムラグがある後続がついてこられなくなってしまう。緩やかに加速すると親切だ（後続を千切りたいのでなければ）。

- 登り坂で頑張らない

速度にもよるが平地の場合ドラフティングすると2番手は先頭の7〜8割の力で走ることができる。これは走行時に大きな割合を占める空気抵抗が減るからであるが、登りの場合は速度が落ちるため空気抵抗割合が減る。結果平地では数割の力の差があってもついていけていた人は登りでついていけない。登りになるとより頑張ってしまう人が多いが、出力を平地より落とすと親切だ（後続を千切りたいのでなければ）。

・交差点突入タイミングを調整する

人について走っていると信号が黄色になっても止まりにくい。後ろに何人かいる場合は歩行者用信号の点滅など信号が替わると予測した時点で減速を開始して停車し、後続が黄色で交差点に突っ込まないようにする。速度が出ており急停車が危険と感じた際は加速して信号が替わる前に渡り切ることもある。

・常に周りを把握する

障害物、路上駐車の車、これらをできる限り早く発見し、手信号で後続に伝える。一般の自転車や歩行者をパスする際は後方を確認し、追い越してくる車の切れ目を狙う。交差点での停車は集団の人数、車の状況により停車位置を変更する。例えば1人のときは左折車の前に出ることもあるが、ある人数を超えたら車の後ろで停止するといった具合に。

・むやみに連結させない

速い集団に追い抜かれた際、これについていってしまうと後ろも全員ついてきて集団を大きくしてしまう可能性がある。そろそろ人の後ろについて自分も楽をしたいという気持ちもわかるが、先頭を引いているアナタにはきっと余裕があるはず。上手く集団サイズをコントロールしよう。

・後続を千切る

自分が先頭を引いており、大きすぎる集団を分断させたいと感じたら、ワザと後続を千切ることもある。集団を小さくしたいから登りで急加速しているのであって、これは嫌がらせのためにしているわけではない。筆者はいつも親切だ、無理についてこずに察して分断してほしい。

▼集団後方の心得

・無理はしない

この集団を逃したくない、そんな気持ちが強まって速度が合わない人についていってしまうのは危険だ。体力の消耗という点でもそうだし、公道を走る余裕という点でもそうだ。レースじゃないので千切れてもなんの問題もない。今の自分に余裕がないなと感じたら、見送ってマイペースで走ろう。

・黄色信号に突っ込まない

前についていきたいあまり、どんな場合でも交差点に進入してしまう参加者をたまに見かける。市街地では上手く分断できずに大集団になっていることがある。集団が大きく途中で信号が替わりそうだったら後続に気をつけつつ停車しよう。

・適度な人数を保つ

人数が増え交通の妨《さまた》げになっていると感じたら積極的に分断を試みよう。そうして上手く前と間を空けても後続が中切れと判断して間に入ってしまうことがある。察して！

▼ローテーションするかどうか

ロードレースといったら先頭を交代しつつ消耗を抑えて速度を維持する、そんな集団走行をイメージするかもしれない。しかしブルベではそういったローテーションは積極的には行われない。ここで述べているような市街地での集団は交通量の問題からスムーズにローテーションするのは難しいし、知らない者同士が上手く連携をとれるとも限らず、結果力のある1人の人がかなり長い間前を引き続けることになる。恐らく前を走っている人も交代はないものとして諦めている。

しかし気の合った仲間や、市街地を抜けた後、特にグロス25km／hを超えるような高速な集団の場合は知らない人でも交代し合う。後ろにつけば最大3～4割力をセーブできるため、先頭が疲れてきたかな、ペース落ちてきたかなと思ったら2番手が前に出れば速度を落とさずにすむ。ロードレースのように先頭交代を促す動作はあまり見られないが、自分に余裕があると思ったら交代を考えよう。

個人的には、人がまばらになった郊外で誰かがずっと後ろについてきた場合、一声かけて貰えたほうが嬉しい。前からは話しかけづらいものなのだ。信号停止のときに天気の話でもいい、どこから来たかなんて当たり障りのない話でもいい、「自分は前に出られないけどよろしく」と後ろについていく意思があることを伝えて貰えば、後続をケアしようという意識も生まれ、信号待ちからの加速ではついていきやすいように調整もできる。

1人で走りたい、あるいは気の合った数人の仲間とだけで走りたい、そう望んでもスタート直後は参加者が密集しているために大集団になってしまう。自分の後ろに大集団ができてしまいコントロールできない場合は一旦コンビニに入り休むのもいいだろう。序盤の5～10分はそれほど大きな痛手にはならない。PC1を過ぎれば集団も小さくなるため、大集団をストレスに感じる場合はやり過ごすのも1つの手だ。

▼衣服や補給食へのアクセス

集団で走っている場合、自分が寒くなってきたから、お腹が空《す》いてきたからといってなかなか「服を着るから止まって」とは言い出しにくい。せっかく脚の合う集団に乗れたのなら、1人止まって千切れてしまうことなく、しばらく一緒に走りたいところである。

ウインドブレーカーや補給食はアクセスのしやすい場所に入れ、信号待ちの際にでもさっと取り出すと止まらずに皆と一緒に走り続けられる。防寒で便利なのはアームウォーマー、暑くなってきたら手首側へとずり下ろせば上腕むき出しになり、走りながらでも容易に温度調整できる。

防寒具や補給食の取り出しやすさのメリットは、何も集団で走っているときだけの話ではない。停車時の時間を減らすことは総時間短縮の大きなポイントとなる。取り出しにくいサドルバッグを使用してる人は背中ポケットやフロントバッグ等を活用し各自工夫してみよう。

ここまで挙げた走り方は義務ではない。しかし集団で走るのはやはり楽だし、多くの人が参加するイベントならではの醍醐味《だいごみ》でもある。

まず200km走ってみようという本文の中で、最初に集団走行の話から入るのは少し変かもしれない。「なんだかめんどくせーな」と感じる方は1人で走ることができるのが自転車だ。しかし日本のブルベ、特に序盤ではある程度の集団走行は避けられない。ショップ等で集団での走り方を習っておらず1人でサイクリングしてきた人がこの中に交ざったときに、「何か前の人が手を出しているけど意味がわからない」と悩む可能性があるのではないかと記載した。

市街地を集団で走るというのは難しい話だ。初めはあまり意識する必要はない。多くの参加者はこんなところまで考えずに走っていると思うし、私が書いた内容もベストからは程遠く、もっと上手いやり方があるかもしれない。ただこれらの基本的な集団走行に関する知識を頭に入れておけば、他人がどう考えて動いているかの参考になり、集団に加わったときもスムーズに走れる。走り慣れたベテラン、というのは混雑した市街地での位置取りや周りに対する気配りが非常に上手い。漫然《まんぜん》と走るのではなくそういうことを意識しながら走ってみるといろいろな発見がある。

初めてのブルベスタート、数人でサイクリングをしたことはあっても、こんな大人数で走ることはなかったから少し緊張した。幸いにも先頭にいるのは主催スタッフの1人のようだ、ブリーフィング時に「今日は皆さんと一緒に走ります」と紹介していた。

この人についていけば安心だ。そう思いながら走っていると突然「ごめーん」と声。どうやらコースを間違えたらしい、左折ポイントを見落として2㎞ほど通り過ぎてしまったとのこと。スタッフだから間違わないということはないのね。後から聞いたらミスコースで有名なスタッフの人だったみたいだけど。

往復で5㎞も余計に走ることになるとは予定外だったな、何も考えずに他人を頼ってついていった罰か。GPSを操作してコースを確認したら、突然目の前に自転車。危ない。GPSに目をとられていて、止まっている自転車に気がついてなかった。

前を向いて走ろう

集団走行の次は前を向いて走れ？　一体この本は何を言っているんだ？　そんなの当たり前だと思われるかもしれないが、たまに前を向いて走っていない人がいる。かつてブルベの最中に道路の端で停車して休んでいたところ、後ろから来た参加者に追突されたことがあった。

私も常に前を見て走っているわけではない。走行中にキューシートやＧＰＳを見ることもよくある。スピードやパワー、次のＰＣまでの距離の確認もする。それは危険なことなんだけど、せめて下を見ている間は前方に何もないこと、横から何かが出てくる可能性が極めて低いことを確認したうえでハンドルを「チラ見」しよう。ＧＰＳに気をとられて追突や落車などの事故を何件か見た。複雑な操作は停車中に行うこと。また登りで苦しさのあまり、顔を上げず一心不乱に漕ぎ続けてしまうのも危険だ。もう少し力を抜いて前を見て。

それから逆の話で、パンク修理や補給など路上でやむなく停車する場合は見通しのいいところで止まろう。相手が自転車に限った話ではなく、ちょっとよそ見していた車に突っ込まれでもしたら笑い話ではすまない。速度が出る下りやコーナー出口など、見通しの悪いところでの停車は避けたほうがいい。

今回参加した200km、登りがまったくないぶん市街地走行が多い。わかってはいたけどやっぱり街中を走るのは大変だ。速度が乗ってくると現れる信号、スタートから2時間が経過したのにまだ40kmも進んでいない。思ってたよりずっと遅いぞ、PCに間に合うのかなこれ。

そういえば、さっきから先頭を引いてくれているスタッフの走りを眺めていたら、自分の走りとは結構違うことに気づく。まず自転車は信号のある交差点では2段階右折しなくてはならない、これまで道路交通法なんてあまり気にしておらず、原付と同じように走っていいと思っていた。

それから路側帯を走ることも少ないようだ。走行箇所や交差点での停車位置、一定したペースと、人の後ろで走ると参考になることが多いな。

市街地の走り方

▼どこを走るか

自転車が走る場所は片側1車線の場合は車道の左側、2車線以上ある場合は第1車線と決められている。2車線以上ある場合は第1車線の左側に寄る義務はないといっても、現実問題としては車の邪魔にならないように左端を走ることになるだろう。路側帯（白線の外側）は歩道から独立している場合走ることができるが、自転車が走れる立派なスペースがあるとき以外はおすすめしない。

路側帯が走行に不適な理由として、まずは路面状態の悪さが挙げられる。路側帯はゴミが落ちていたり、グレーチング、はたまた縦方向の段差があることが多い。これにタイヤをとられてふらつき大きく右側にはみ出ることは、最初から車線左側を走るよりずっと危険である。

　更にギリギリを抜いてくる車対策として、少し逃げるスペースがあったほうが安心だ。長いこと自転車に乗っていると、車線がまったく混雑していない状況でも被せるようにスレスレを追い抜いてくる大型車に遭遇する。こういったときは左に少しスペースがあるほうが体勢を立て直しやすい。

　もちろんこれは、常に車道を走り、路側帯は走らないということではない。片側1車線の道路で道幅も狭く、長時間車が抜けないなあと感じたら路面が悪くとも路側帯に入って追い抜かせることもある。

▼左折待ち車との位置関係

　交差点は停止線（横断歩道の前）で止まろう。都心を走ってると90％くらいの自転車が横断歩道の先へ、うち半分が歩行者の中を減速もせずに突っ込む。これは違反だ、車両としてのルールに従おう。

　なお左折車に巻き込まれることを考えると、車の真横に並ぶよりも少し前に出ていたほうが安全だ。2輪車用の停止線が存在していれば車の前に出ればよいのだが、そうでない場合は横に並ばず真後ろについたほうがいいこともある。状況を判断し、安全な位置に停車しよう。

　片側3車線以上ある道路で左2車線が左折専用レーンという道路は厄介《やっかい》だ。法律に従うならば第1車線から車の流れを見ながら直進するしかない。これに左折専用信号が加わると集団で走っている自転車が直進することはかなり難しく、ブルベのコースではそういった交差点は避けられる。

▼2段階右折

自転車は信号のある交差点では2段階右折が義務付けられている。丁字路《ていじろ》も交差点なため、これに従わなければならない。原付の場合は2車線以下ならば車と一緒に小回り右折できるが、自転車は左車線を直進し、渡り切った先で向きを変え正面の信号を待つ。

内部で停止して信号が替わるのを待つのが危険な交差点には「原付は小回り右折」の標識がある。何車線であろうとも原付の2段階右折を禁止する標識なのだが、対象が原付のみで自転車は必ず2段階右折せねばならない。

筆者としては、これは自転車のことなどまったく考えていない法律の不備だと感じている。路肩のない1車線の丁字路など明らかに2段階右折したほうが危険じゃないかって場所でも、法律で2段階右折と決まっている以上「守らないほうが安全」なんて言えないわけで……場合によっては歩道に入るなどして各自安全に努めて欲しい。こちらも左折レーン直進と同じく、ブルベではコース作成者が避けることが多い。

日本の道は自転車に厳しい。願わくば昨今の自転車ブームでもう少し自転車が車道を走りやすい環境が整えられるといいのだけれど。

▼信号峠

冬の200㎞はほぼ平坦で大きな峠を登ることはない、その代わりコースは市街地走行、通称「信号峠」が増えることになる。どんなに速い人でも信号停止は避けられないため、市街地は脚力による速度差がつきにくい。

速度差がつきにくい、ということはどんなに頑張っても速く走れないということ。特に渋滞が酷《ひど》い場合は思わぬタイムロスをすることとなる。慣れていても所要時間が読みにくいため、時間には余裕を持とう。

▼道路の走り方

２００㎞走れるだろうか、ああ時間が足りない、もっと速く走らないと……そういう余裕のない走りは危険を生む。自分のパラメータのすべてを走力に注ぎ込むのではなく、洞察力にも多くを振り分けたい。街中を走るスキルは走れば走るほど高くなっていく。周りの車、他の参加者、広い視野を持って走っている経験豊かな人は一緒に走ると学ぶことが多い。速いなあだけでなく、上手いなあと感じたらしばらく後ろにつかせて貰うと面白いだろう。

信号の多い道、渋滞している車、そんな中走るのは誰もワクワクしない。昔ドイツから６００㎞に参加した方が市街地の走りづらさに耐えられなくなり、ゴール直前でリタイアしたという話もある。市街地を走るのはストレスが溜まる。我々自転車だけでなく、追い抜く車のドライバーもそれは同じだろう。ようやくスペースができて自転車を安全に抜いたら、交差点で横をすり抜けてまた前に出られた。完全に渋滞しているならともかく、狭い道で何度も抜かれると思ったら信号待ち時にすり抜けで前に出るのは控えよう。特に大型車に対してはなおさらだ。

日本では自転車は軽車両扱いされていないことが多い。車両としての自覚を持ち、交通法規を守り、狭い日本でお互いできる限り気持ちよく走りたい。

コース上に踏切があった。一旦停止して左右を確認後、ゆっくりと線路を通過する。後方から悲鳴と共にガシャンという音、振り返ると参加者が転倒している。線路が道路に対して斜めに敷かれていて、段差にタイヤをとられて転んでしまったようだ。

街中の危険物

市街地の路面には危険が潜んでいる。気をつけたいものにキャットアイ、グレーチング、マンホール、歩道との段差、線路、橋の継ぎ目などがある。

キャットアイ（路面に設置された再帰反射）は高さは低いものの鋭角に盛り上がっており、高速走行時に気づかずに踏むとリム打ちパンクや最悪リムの破損、落車の恐れがある。合流地点や橋の手前等、車線の左端、自転車が走る位置に配置されているものが多く、十分注意しなければならない。

グレーチング（側溝の蓋）やマンホールは、通常は特に脅威《きょうい》ではないのだけれど雨天時は滑る。この上でブレーキをかけるのは避け、ハンドルを切らずに真っ直ぐ通過しよう。といっても下りカーブの途中にグレーチングがある峠なんてのもあり、ヒヤヒヤすること請け合いだ。線路も道路に対して斜めになっているものは要注意。路面と段差があるものは予想以上に滑る。

裏返しになっているグレーチングは危険で、溝にタイヤがスッポリはまることがある。グレーチングや鉄板などと道路の間の隙間、橋の継ぎ目など、細いロードバイクの自転車がはまる穴は街中には意外と多い。これらは非常に危険であり、ブルベ参加者には後続に対して大きな声で「穴あいてるよー」と告げてくれる人もいる。夜間には更に危険度が高まる。峠の下りでこういった凹みがある場合は、ブリーフィングでスタッフから注意喚起《かんき》が出ることもあるのでしっかり聞いておこう。

そして路側帯との間の白線、中には車が乗ったときに音を立てて気づかせるように大きな凹凸《おうとつ》がつけられているものがあり、これは自転車にとって大敵だ。他にも峠の下りにスリップ防止の縦溝が刻まれていたり、砂が撒かれていたり、車のために良かれと思って施されているものが自転車に対しては危険物になっていることも多い。

橋は継ぎ目だけでなく、横風や凍結が危険だ。特に凍結、冬に行われる200㎞、峠も無いし降雪も無い、路面凍結なんて大丈夫だろうと思っていても橋の上のみ凍結していることがある。

後ろで転倒した人は足を捻《ひね》ってしまったようで、自転車に乗るどころか歩くことも難しいみたい。頭も打っていて心配だったので、走っていたスタッフの人が付き添いで病院に行くことになった。

自分の完走をフイにしてまで一緒に病院に行くなんてさすがだなあと感心していたけど、他人の救助で時間が遅れたぶんは、制限時間が延びることもあるんだって。「状況によるから100%じゃないけどね」

そう言って彼はゴールで待つスタッフに事故の連絡を入れると、病院に向かっていった。

事故

▼よくある事故のパターン

事故は避けたい。しかし長距離を走るブルベでは事故に遭う機会は増える。よくあるのは次の3つだ。

・自爆

ブルベ中に起きている落車はこれが一番多い。キャットアイや穴に気づかずに前輪をとられる、雨のグレーチングや斜めに交差している線路、凍結した路面でスリップ、コンビニに寄ろうとして歩道との段差に斜めに進入して転倒、不注意から歩道境界の縁石に突っ込む、下りカーブで速度を出しすぎでコースアウト、眠気で一瞬意識が飛び路肩から転落。

これらの原因は注意力散漫、運転能力の過信だ。GPSやキューシートを見ていて顔を上げると目の前が電柱だった、「前を見て」で書いたように冗談ではなくこういった落車は意外と多い。運転技術に関しても疲労が加わると判断が鈍りやすい。歩道との段差が斜めだけど前輪を少し浮かせば問題なく越えられるはず、いつもならなんてことない段差でも疲れていて思い通りに自転車を操れず、段差で滑って転倒。私も何度かやっている恥ずかしい話だ。

・左折車に巻き込まれる

最近は手前でウインカーを出さない車も多い、直進すると思っていたらいきなりウインカーと共に左折なんてことはざらにある。ウインカーが点《つ》いていないからといって直進すると考えないように。交差点よりも店舗などへ入る車が怖い、追い抜きざまに被さるようにして左折してくる車に気をつけよう。

- 対向右折車と衝突

まずは交差点で右折車が自転車の速度を読み間違えて突っ込んでくる場合。当然直進が優先なのだけれど、日本では自転車の地位は低く「すべてにおいて自動車が優先、自転車は待て」という走りをする人も中にはいる。それから左折巻き込みと同じく店舗への進入、気をつけたいのは渋滞の横をすり抜けているときだ。

左側の店舗へ入ろうと対向車が右折、自転車からは渋滞の車で遮られ曲がってくる車が見えずに衝突、これは完全に自転車が悪い。十分な徐行、それから渋滞している車の切れ目に気づいて右折車の予測をすることが大事になる。すり抜け自体危険なため、できれば避けたい。

▼事故の救助

ブルベでは不測の事態で遅れたことが主催者に認められた場合、制限時間を過ぎていても続けられることがある。「事故の救助」というのはしばしば見られるタイム延長の1つだ。もし路上で事故を目撃して自分が救助にあたるのが適切だと考えられた場合、ブルベ制限時間のことはひとまず忘れて救助に専念してほしい。警察や救急車が来る前の後続車の誘導、病院への付き添い、あまり大勢いても仕方がないが1人2人はいたほうがいいだろう。落ち着いたら主催者に事故があったことを連絡し、救助にあたった旨を伝えて制限時間の延長は認められるか聞いてみよう。

ようやく最初のＰＣ、コンビニに着いた。すでに半分以上の参加者が到着していて、コンビニ内や入口は自転車乗りでごった返している。店舗や駐車場の壁は自転車で埋まっていて立てかける場所がない！　仕方なく横に倒して置こうとしたら、一緒に走っていた人が「ここ重ねていいよ」と言ってくれた。

　まずはトイレ、トイレに行かねば。しかしトイレは長蛇《ちょうだ》の列、先に買い物をすませよう。パスタか焼うどんが食べたいなあ、あれ？　この店パスタを置いてないよ？　うどんも無いし、よく見ると弁当も全然無いじゃない。どうなってるの？？？

ＰＣ（コンビニ）に着いたら

事故の自爆の項で書いたように、歩道との段差に進入する際の角度には気をつけて。疲れていると普段当たり前にこなせることができなくなることもある。危険だと思ったらハンドサインで後続に停車を告げ、一旦停車し足をついて段差を乗り越えればいい。

ＰＣは参加者で溢れている。自転車が沢山並んでいて止めるスペースがなかったら少し離れて駐車場の壁などに立てかけよう。駐車場に倒して置くのはよくない。車の駐車スペースを塞ぐことになるし、過去にこれで車に轢《ひ》かれた自転車もある。混雑している場合は他の人のスペース確保のために知り合いと自転車を重ねて置くのがいい。

ブルベでは多数の参加者がコンビニに押し寄せるため、到着が遅いとゼリー系飲料やコンビニ弁当がイナゴの大群にでも襲われたかのように無くなっていることもある。スタッフが事前に店にブルべ開催を告げ、大量の食糧が供給されていることもあるが、これぱかりは着いてみなければわからない。トイレが込み合う件もあり、あまりに混雑しているようならこのコンビニはさっと出発して別のコンビニで休んだほうがいいかもしれない。いずれにせよ何か物を買い大事なレシートを入手。なくさないように。

コンビニで気をつけたいのは、入口やゴミ箱前、車止めなどに座らないといったマナーだ。いい大人がコンビニ前に座ってたむろしているのはどう見ても行儀が良くない。行儀が良くないなりに、せめて他人の迷惑や邪魔になるのは避けよう。実際そういう人がいて目立つのも事実。「そこ車来ますよー」とやんわり声をかけたりもするのだが……個々が意識してマナー向上を目指していくしかないね。

食べ物をあまり売っていなかったので、オニギリを3個買った。ゆっくり食べていたかったけど、一緒に走っていた人が出発しかけて慌てて口の中に突っ込み後を追う。オニギリ、2つしか食べられなかったなあ。バッグの中に入れた1つは、次のPCで食べればいいか。

PCを出てしばらくは脚も快調。コースは市街地を抜け、走りやすい湖岸沿いの道路に入ったことであっという間に次のPCが近づく。この感じなら100kmの折り返し地点を5時間半くらい、予定通りに通過できそうだ。楽勝、楽勝、そう思い始めたら急に脚が動かなくなってきたぞ……なんだか力も出ないし、これってもしかしてハンガーノック？

▼どのくらい食べればいいのか

体のダメージをできる限り抑えて走り続けること、これには適切な補給が大切だ。ブルベではいったいどのくらいのカロリーを消費するのだろうか。60kgの筆者がロードバイクで200㎞を走った場合、ゴールタイムが8時間を切るような場合だと4000kcal、13時間ゴールのギリギリ隊だと3000kcal程度の消費となる。これに基礎代謝を加えた値が必要なカロリーだ。速く走ると時間あたりの消費カロリーは増えるが、ゴールタイムも速くなるため距離で見るとそこまで大きな差にはならない。それでも速く走ることは「1000kcalも無駄に消費している」と考えると面白い。燃費の悪い走りだ。

LSDレベルでゆったり走っている場合、体内の糖質と脂質の消費割合は1：1、強度が高くなるにつれ糖質消費の割合が増えるため、よりエネルギー不足になりやすくなる。

体内に溜め込まれているグリコーゲンは通常男性で2000kcal弱。40％を切ると力が出なくなるので無補給で走り続けることは厳しい。補給はPCで一気にとるのではなく、消化の良く糖質中心なものを走りながら少しずつ食べるのが望ましい。特に水分、喉の渇きを感じる前にちびちびと飲もう。筆者の場合、100㎞あたり消費する1500～2000kcalの約半分、1000kcalは最低でも食べるようにしている。

信号待ちの際は補給食を食べるチャンス。走りながら食べるのが苦手な人はこの間にバッグやポケットから食べ物を取り出し、サッと食べるのがいい。ゼリーやエネルギーバー、羊羹《ようかん》、饅頭《まんじゅう》などは比較的簡単に食べられる。

補給を考えることは長距離を走るうえで非常に重要である。しかし２００kmブルベは距離も長くなく、ＰＣでしっかり食べればエネルギー不足になることはあまりない。栄養成分は気にせず好きな物を好きなだけ食べて大丈夫、むしろ食べ過ぎて太るのが危険なくらいだ。

▼ハンガーノック

前日しっかり食べ、しかもＰＣで補給したとなればサイクリング強度で１００km走ってハンガーノックというのは通常あまり考えられない。ウチの妻を見ても初心者がこの距離で「ハンガーノックで速度が出ない」と言うのは、長距離を走り慣れておらず疲れて速度が落ちているだけ、ということも考えられる。１００kmというのは初心者にとって１つの壁で、少し無理して走った場合、このあたりで失速してしまうことが多い。

それでも高強度の走りでグリコーゲンが枯渇することもあるし、水分摂取が足りずに脱水の可能性もある。ブルベのような強度ではあまりないことだが、頑張って走っているとハイになって食事を忘れてしまう、なんてことも起きる。補給は常に意識しよう。

▼カーボ（グリコーゲン）ローディングはしたほうがいい？

マラソンなどのエンデューロ競技対策として、カーボローディングという言葉を聞いたことがあるかと思う。前日にパスタなどの炭水化物を大量に摂取することで体内のグリコーゲン貯蔵量は一時的に増加、同時に水分も蓄えられるため体重も増える。

ブルベはレースやマラソンと違って途中で補給がとり放題だし、多少初期値が増えたところで結局足りなくなるため、これはそこまで重要な手法ではない。ブルベにおいてのカーボローディングは、大食漢のランドヌールが週末ブルベを走るから沢山食べてもいいやと免罪符《めんざいふ》に使うための言葉だ。

力が出なくなって一緒に走っていた皆からは遅れてしまい、1人フラフラと折り返し地点の有人PCに辿り着いた。スタッフに「もうダメかもしれない」と言うと、「大丈夫、まだ1／4くらいの人がここまで到着してないよ。時間は十分にある、あとはゴールまで帰るだけ」と励まされる。

差し入れのコーラとチョコレートを頂いて、少し休憩したら元気が出てきた。そうだな、あとはもう帰るだけだ。それにここでリタイアしても最寄り駅まで少し距離がある、だったらゴールを目指したほうが楽かもしれない。

スタッフに手を振られ、気を取り直して出発すると後ろからプシューという音。もしやこれって……。

パンク

ブルベでよくある機材トラブルはパンクだ。筆者はだいたい3000kmに1回くらいの頻度でパンクしている。

クリンチャータイヤで段差に突っ込んだ際に起きるリム打ち（スネークバイト）、これはきちんと空気を入れて路面に気をつけることでほとんど避けることができるが、異物による貫通は気をつけていてもどうしようもない。特に雨の中を長距離走る場合、タイヤのゴムは濡れると切れやすくなること、暗くて視界が悪くなること、水溜まりの下なんてそもそも見えないことから、パンク発生率は格段に上がる。水溜まりの中に画鋲が落ちていて刺さってパンクしたときは本気で頭にきた。何故道路に普通の画鋲が落ちているんだ、しかも水浸しになった路面で見えるわけないじゃないか、あとなんで私がそれに刺さる！

そして雨の中のパンク修理は大変だ。気温が一桁以下だとグローブを外してかじかむ手でタイヤを外すのがまず辛い。雨の中パンクした者は皆泣いているのだ。グッと堪《こら》えて修理しよう。クリンチャー使用者は複数回のパンクに備えてパンク用パッチを持っている人が多いが、雨天時はチューブ交換が基本になる。

筆者は天候、距離により予備チューブ1〜2本、パッチ数枚を持って走っている。晴れていて穴が小さいときはその後のパンクに備えてパッチで修理する。何人かの仲間と一緒に走っているときは待たせる時間を短くするためチューブ交換が多い。予備チューブはロングバルブを持っていると、自分がディープリムでなくても他人のパンク時にも使えて重宝《ちょうほう》がられる。

知り合いと数人で走っているときは1人のパンクで皆が止まり、何人かで修理することになるだろう。走力のある人がパンクした場合だと大抵放置されて「追いついてきてねー」だが、女性は比較的丁寧《ていねい》に扱われる。タイヤをリムにはめるのも大変だったりするし、そこは皆親切だ。

タイヤがダメージを受けていたり、中に異物が残っていたり、携帯ポンプで入れた空気圧が低すぎたりと、1度パンクした後は連続してパンクが起きやすい。時間をかけて丁寧に修理しよう。


なんでこんなときにパンクするかな……。

ふてくされてやる気を失いつつ修理してると、後ろから序盤一緒に走っていたスタッフの人がやってきた。病院に行ったはずなのにもう追いついてきたのか。「先に行ってください」と言っても「いいよ別に」と修理を手伝ってくれる。チューブを交換後、慣れた手つきでタイヤをリムにはめていく。タイヤレバー無しでタイヤってはめられるものなのね。

修理も終わって出発、丁度《ちょうど》通りかかった数人と一緒になってゴールを目指す。湖岸の走りやすい道は終わってまた市街地へ、道路に立って誘導しているのは警察官かしら。「祭りがあるからこの先は車両通行禁止です」コース変更はないってブリーフィングで言ってたのに。これ、どうすればいいの？

キューシートと違う……

ＢＲＭ開催にあたり、スタッフは1～2週間前に試走してコースを確認している。開催当日の道路状況、ＰＣコンビニの閉店情報などもできる限り集めてくれてはいるが、それでも突発的な災害や工事などで、直前に指定コースが通行止めになる場合もある。キューシートに書かれたコースが通行止めだったらどうすればいいのだろう？

ブルベは決められたコースを走るといってもそれは平常時であり、通行止めや事故などでの例外は認められる。短い距離の迂回であったら看板や交通整理の人に従えばＯＫ。長距離に渡って指定コースが通れなくなっている場合、主催者に一報入れたほうがいいかもしれない。後から通過する参加者に対してスタッフから何かしらの指示が出ることもある。

少人数のスタッフに対して全員が一斉に連絡するとパンクしてしまって大変だろうから、筆者は先頭付近を走っているときのみ電話で状況を告げ、それ以外は連絡せずに走ることが多い。ＰＣのコンビニが閉店している等の大ごとは参加者同士がスタッフからの指示を伝えていくことになる。

スタッフも人の子、状況変化だけでなくキューシートに間違いがあるかもしれない。何か問題があった場合は大抵後から柔軟に対応してくれる。自分が走ったことの証明になるようなもの、ＰＣのコンビニが潰れていたらその写真や、近くのコンビニのレシートを残しておくといいだろう。ただ主催によっては認定が出ない可能性もある。心配だったら連絡して指示を仰ぐのが安心だが、この本にそう書いて連絡が殺到するのも大変だろうし……まあ各自判断して上手くやって欲しい。そんなトラブルこそブルべなのだから。

ゴールまであと少し。目の前の交差点に信号無視して突っ込む車がいた。走りがフラフラしていて何かおかしい。我々の前を走るその車、道路は渋滞しており車の脇をすり抜けて前に出られそうだったが、先頭を引く人は無理をせずに車の後ろに停車した。するとその直後、車は交差点で急激に加速し、大きな衝撃音を立てて反対車線のフェンスに激突した。あのまま車の前に出ていたら……皆で顔を見合わせた。

居眠りか、飲酒か、原因はわからない。ただ1つ言えるのは、暴走する車の前に交通ルールは無意味だ。

車に気をつける

逆走や後方確認もせずに歩道から飛び出てくる自転車、いきなり横断する歩行者、街中には危険が一杯だ。我々自転車乗りの中にもルールを無視した危険な輩《やから》はいる、しかし自転車にとって一番の脅威は車だ。なにせ質量が圧倒的に違う、接触した場合はまったく勝負にならない。

特にブルベなどの公道イベント時は、参加者が集団で走っていることから追い抜きがかけられずにイライラしているドライバーも出てくることだろう。「交通ルール守ってるから」と言っても事故に遭ったらなんにもならないため、譲り合ったり、挙動の怪しい車とは距離を置いたりと対処したい。

個人的にあまり近づきたくない車は、以下のようなものだ。

- フラフラしている、挙動が読めない

冒頭の例で挙げたように、たまにこういった車に出合うときがある。飲酒運転なのか初心者なのか、とにかく車線変更等の挙動が読めない車もいる。夜なのにライトを点灯していない等も危険だ。

- あちこちにぶつけた跡がありボコボコになっている

人の車に乗っているだけかもしれないし、本人は安全な運転をしていても全部他人が突っ込んできてできた凹みかもしれない。しかし見えている危険にわざわざ近づく必要はない。渋滞時で近づいてしまったときもできる限り距離を置く。

・妙な装飾を施していたり、ナンバーが曲がっていたりする

ややや偏見が入ってしまうが、運転が強引というか、自転車をまったく気遣ってくれずにワザと真横スレスレを通り抜けていくような、そんなイメージを漂わせている車は存在する。ナンバーを故意に読みづらくしている車なんてのは違反する気をアピールしているようなものだ。筆者はナンバーを曲げた車を日本以外で見たことがなく、これはかなり恥ずかしい行為に思う。トラブル発生時も面倒そうだし、余裕を持ってパスさせている。

人によって考え方は様々だろうが、私は自分が交通弱者の際にその場でできることは、怖い強者を避けることだと思っている。自転車の地位向上を訴えるのは、日常か、車を運転しているときでいい。変なドライバーは意外といる、時間も勿体《もったい》ないのでできるだけ近づかないほうが得策だ。もちろん、あからさまな嫌がらせや、危険運転を受けた場合は抗議する権利はある。

車に対して進路変更などをアピールしたい場合は後ろを振り返ってドライバーを確認しよう。右手をいきなり横に出すだけでなく、後ろを向く行為自体が後続のドライバーにとって「何かやろうとしているな？」の合図になる。自転車にミラーをつけていて後ろが確認できるとしても、できる限りオーバーアクションで振り返ろう。そして何度も書くように、こちらも車両、あちらも車両だ。譲り合いの精神を持って走りたい。※これは優先道路であっても譲れということではないよ、日本は優先道路の意識が低すぎる。

事故の目撃、パンク、最初のブルベにしてはイベント起きすぎでしょ。そんな200㎞もあと少しで終わる。気がつくともう日が暮れ始め、あたりは暗くなってきている。追い抜いていった人が尾灯を点けていた。それを見て慌てて停車、ライトを点け、ついでに長袖ジャケットとネックウォーマーをバッグから取り出して身につけた。

暗くなると共に疲れがドッと押し寄せてくる。最後まで集中して走らないと、こんな所で事故に遭うわけにはいかない。

最後のほうはもうなんだかよく覚えていない。前の人の尾灯を見ながら必死で漕いでいたら、ゴールスタッフの待つテントの光が目に入ってきて、いつの間にかゴールの椅子に座っていた。ああ、ゴールか。これでようやく終わった……。

ブルベカードとレシートを渡してチェックを受ける。ゴールタイムから完走にかかった時間を計算し、12時間25分とカードに書いた。これが完走タイムとなる。あとはメダルが欲しいかどうかのチェック、これは当然yesだけど、yes／noの選択がフランス語でよくわからない、スタッフに言われるままにチェックして1000円を支払った。

「ここに感想……を書いて」そう言われて「疲れました」と書いたら周りから笑い声。完走サインは名前を書くところらしい、疲れていてよく聞こえなかったんだよ、恥ずかしいなあもう。その後は手作りの豚汁を頂きながら、今日起こったことを興奮してスタッフに話した。

ゴールへ

最後の区間は朝通った市街地だ。交通量も多くなる時間帯、早めにライト&尾灯を点灯させ、最後まで集中して安全に走ろう。

ランタンで出迎えてくれるスタッフの第一声は「お疲れさまー」だろうか。ブルベカードとPC通過証明（レシート）を渡し、ゴール時間と完走サインを書き込む。それからメダルが欲しいかどうかのチェックボックスをチェック。これで晴れてブルベ完走だ。おめでとう。

ゴールでは主催者から駄菓子や飲み物が提供されることがある。皆すぐには帰らず、今日のブルベの感想を思い思いに語っている。そう、酔っぱらってもないのにめちゃくちゃ饒舌《じょうぜつ》だ。そしてたぶんアナタも、誰かにこの想いを話したくて仕方がない。

ボランティアでブルベのスタッフなんてやってくれている方は、たぶんこういった参加者の喜ぶ顔を見るのが好きな素敵な人なんだろう。「良かったねー」「疲れた？」と話に乗ってくれる。

ゴール後の談笑を楽しんだら、最後の一仕事、帰宅だ。ここまでは車？　電車？　それとも自走？　いずれにせよ家に無事に辿り着くまでがブルベ。ゴールした安堵で気を抜かないように。帰ったら温かい風呂と布団が待ってるから。

column

トラブル対策

機材として自転車のことをどこまで知っておくべきか

初めての200km、自転車はなんの問題もなく走れただろうか？　ブルベは長距離、長時間走る。ずっと大雨なんてこともあり、走行中に機材トラブルが発生しやすい。短距離のイベントであれば終了後に自転車屋さんに持っていけばいいが、ブルベではある程度自分で対応できる力が必要になる。

一緒にずっと走ってくれるパートナーでもいない限り、パンク修理、注油、もしもの時の輪行方法は最低限必要な知識だ。パンクしたらリタイアしてタクシーという手もないわけではないが……これらが不安な場合は事前に練習しておこう。1度でも試しておけば、チューブのバルブが短くてホイールに合わなかった、携帯空気入れがバルブに上手く合わなかった、などという問題が起きることもなくなる。

次に重要なのはディレイラー調整。変速がスパッと決まらないと走っていてストレスも溜まるため、構造を理解して調整できるようにしておこう。ブレーキの片効き調整やシュー交換もできたほうがいい。

また、自分の自転車に使われているネジはどんなものか、修理や調整にはどんな工具が必要なのかを知っておこう。クランクの取り付けには8㎜や10㎜の六角レンチを使うものや、チェーンリングにトルクスレンチ（星形のもの）を使うものがある。これらは緩みにくい所ではあるがよくある携帯工具には含まれていないため、万全を期す場合は対応する工具を持ち運ぶことになる。

自転車の構造を一通り知っているとトラブル時の対応力がグッと上がる。例えばヘッドパーツやBB等の回転部分はどのように固定されているのか、ディレイラーの仕組みはどうなっているのか。ハンドル周りは走行中に段差等に突っ込んだ際にアヘッドが緩んでガタつくことがある、締め方を知らずにステムを緩めずにプレッシャーアンカーを引き上げてもガタは取れない。

昔プラモデルやラジコンに熱中したのであれば、そういった感覚でパーツへの知識を持てるとトラブルからの自力生還率が格段に高くなる。

よくある機材トラブルと対処法

・パンク

チューブ交換orパッチ。パンクした箇所を必ずチェック、タイヤに異物が残っていないか手で触って確かめよう。タイヤに異常がないのに同じ個所が何度もパンクする場合、リムテープの劣化などリム側に問題があることが多い。タイヤの寿命距離（5000㎞程度）まで乗っていなくても、紫外線の中長期間使用することでゴムがひび割れてガビガビになる。こういうタイヤはパンクしやすいしグリップも悪い。出発前にひび割れや切れ目などないか確認しておきたい。

パンク修理　テープが貼り付いている部分はグリップが極端に落ちるため、走行には細心の注意を払うこと。空気を入れた後は外側のテープを千切ってしまってもいい。

・タイヤカット

切れたタイヤの内側から貼る専用の商品、タイヤブートというものがある。専用品でなくとも使い古しタイヤを適当なサイズに切り取ったものも使える。そういったパッチを持っていない場合のおすすめは内側をクリアファイル等で補強する方法だ。使い古しタイヤやクリアファイルは接着剤がついていないため、写真のようにテープでグルグル巻きに固定して空気を入れるのがいい。チューブが膨らんでしまえば自作パッチは空気圧でタイヤに固定され、タイヤ外側のテープが千切れても問題なく走ることができる。

穴が大きい場合、クリアファイルでは割れてチューブを傷つけ再度パンクの恐れがあるため、厚紙やテープで補強する。コンビニにあるものをいかに上手く使うかがサバイバル能力の見せ所である。

穴が大きくどうにもならない場合、リムごとテープでグルグル巻きにすることもできる。

ブルベに参加して間もない頃、埼玉スタッフが応急処置としてやっているのを目にしこんな方法もあるのかと驚いた。タイヤ外側のテープも走行しても意外と持つ。リムブレーキが効かなくなるため、あくまで短距離移動の非常用だ。

草を詰めて走ったなんて話を聞いたことがあるが、クリンチャータイヤはチューブで内側から圧がかからないと簡単に外れるためそういった状態で走るのは危険だ。

いずれにせよ、こういった素人応急処置のタイヤは相当に危険が伴う。事故を起こせば、被害を受けるのは自分だけではないかもしれない。そのことを肝《きも》に銘《めい》じ、対処を楽しもう。

・ブレーキシュー（パッド）の摩耗

走行前に十分に残っているのを確認しておけば600km全区間が雨であっても走行中に摩耗し切ってしまうことはほとんどない。パッド自体が小型で軽量のため、スペアを1つ工具と一緒に入れておけば安心だ。

・GPS、サイコン、ライトの浸水

人間は防水仕様だが自転車や機材はそれほどでもない。自転車パーツは基本的に雨の中600km走り続けることを前提に作られていないのだ。ライトは防水等級が記載されておらず、実のところ防水が保証されていないものも少なくない。

IPX5以上の防水をうたったものであっても長時間使用していると浸水により壊れることはある。GARMIN eTrexはIPX7（水深1mに30分間水没しても内部に浸水しない）の防水なのだが浸水を何度か見ている。激しい雨の中、振動で電池ボックスの蓋やコネクタ部分から浸水してしまうようだ。操作するスティック部のゴムが劣化して切れたケースもあった。

動作がおかしくなった場合でも乾かすとかなりの確率で直る。濡れた状態で通電すると壊れてしまうことがあるため、調子がおかしいと思ったら電池はすぐに抜くこと。天候が悪い場合、シリカゲル等の乾燥材と一緒に袋に入れておく。しかし浸水するような状況で短時間で乾かすことは難しく、一旦浸水したらそのブルベ中に復活させることはほぼ無理と考えたほうがいい。

電子機器だけでなく、キューシートが水に濡れてボロボロになり読めなくなるケースも多々ある。濡れない工夫や予備を用意しておこう。

・ネジの緩み
振動によりネジが緩んでいきパーツが外れてしまうことがある。よくあるのはライト、クリート、ボトルケージ、チェーンリングなどで、事前のメンテナンス不備が主な要因だ。ライトなどの小物はテープやタイラップで固定、チェーンリング脱落はホームセンターでボルトとナットを買って留めたことがある。糸をきつく巻いてアロンアルファで固定とコンビニで応急処置した人もいる。私はクリートのネジの予備をツール缶に入れて走っている。

・ブラケットが割れる、折れる
ライトやカメラのブラケットは振動でプラスチックが割れることがある。華奢《きゃしゃ》なブラケットの場合はあらかじめタイラップで補強しておいたほうがいい。シートポストにつける大型サドルバッグ、Topeakのダイナパックのフレームも折れた経験があり、このときはホームセンターでバックパックを買い、荷物をすべてそれに移して残りを走行した。

・変速ワイヤーが切れる

主にタイコ（変速器の中）の部分でワイヤーが切れる。私の周りを見る限り、カンパよりもシマノのほうが切断トラブルは多い。リアのワイヤーが切れた場合はトップ固定となってしまい、ギアが重すぎそのまま走るのは厳しくなる。この場合、ＲＤのトップ側可動範囲調整ネジを締めて3速くらい内側にするといい。切れたワイヤーを引っ張ってフレームに縛り付け、内側のギアで固定する方法もある。

ワイヤー自体はかさばらないので予備を持って走るという手もあるが、途中で切れても絶望的に困るものでもないため、私の場合は予備は持たずに切れたら諦めて変速せずに走る。周りを見ると、シフトワイヤーは大抵1～2万km程度の走行で切れている。大事なブルベの前など定期的に交換すれば途中で切れることは少ない。

完全に切れる前、ワイヤーの数本がほつれた段階では変速調整が頻繁に狂うといった前兆が現れることも多い。ＲＤを調整したはずなのに少し走っただけでインデックスがズレてきたという場合はワイヤー切れかけを疑おう。

なおブレーキワイヤーが走行中に切れた例はまだ見たことがない。シフトワイヤーと比べて太く移動量も少なく、無理な負荷がかかりにくいブレーキワイヤーは滅多なことでは切れない。とはいえ発生した時点で大惨事となるため、定期的なメンテナンスは必須だろう。

・スポークが折れる

予備のスポークが無くてもニップル回しがあれば、残ったスポークのテンションを調整し、振れをなくして走行することができる。1本折れた状態は他のスポークに過度なテンションがかかっているので、立て続けに数本折れることもあり、あくまでこれは応急処置となる。

・リムの破損、摩耗

段差に突っ込んで外側が凹む、ニップル穴からクラック、ブレーキ面が摩耗して波打つなどがリムの破損例だ。雨の中かなりの距離を走るため、ブレーキ面が危険域にまで摩耗しているランドヌールをたまに見かける。このまま走り続けるとリムに亀裂が入り、走行中に大きく割れて大変に危険だ。摩耗インジケーター（穴）が見えなくなっている場合や、インジケーターが無いリムでも指で触ってみて明らかに凹んでいる場合は、残念ながらもう寿命となる。ホイールに振れがないのにブレーキのかかり方が断続的な場合もリム摩耗が怪しい。定期的にチェックしてブルベの前に交換しよう。

・チェーンが切れる

チェーンピンでしっかり繋いだチェーンが走行中に切れることは少ない。曲がったり切れたりするのは変速時にチェーンが落ちてクランクに絡まってしまったとき、特に「ミッシングリンク」といった手で簡単にチェーンを繋げられるコマは破損しやすい。通常のチェーン部分が破損した場合は修理にチェーン切りが必要となる、チェーン切りは携帯工具についている簡単なものでも対応できるため、不安があればチェーン切り付き工具を持つといい。

・ヘッドの緩み

段差で強い衝撃を受けた際など、アヘッドステムが少しズレてベアリング調整にガタが出ることがある。手放ししたときに安定しないなど、乗っていて何かおかしいと感じたら前ブレーキをかけた状態でハンドルを前後に動かし、ヘッドにガタがないか確認しよう。ガタがある状態で走り続けるとベアリングにダメージを与えてしまう。緩みが発生した場合は構造を理解していれば、その場で簡単に調整できる。

• エンドやリアディレイラーの破損

転んだりぶつけたりしてRDに大きな力がかかったときは、リアエンドが曲がってしまう。調整をしっかりしているはずなのに上手く変速しない、例えばロー側はピッタリ合うがトップに変速するに従ってズレてくる、といった場合はエンドが曲がっている可能性がある。自転車屋で真っ直ぐに直して貰うか、交換可能なものであれば新しいものと交換しよう。緊急用にハブ軸で留める汎用エンドといった商品も存在する。

RDそのものが壊れてしまった場合、直結してシングルギアにして走るしかない。そのままだとチェーンにテンションがかからずにすぐに外れてしまうため、道路に落ちている番線（建築現場で使われた針金）でガイドを作成して走り続けた猛者《もさ》もいた。

• ホイールハブのフリー

ラチェット（片側にしか回らない機構）が壊れてペダルを止めても空転しなくなる。もしくはペダルを回してもフリーだけ回ってホイールが回らなくなる。ホイールによってはフリーは割と浸水しやすいパーツであり、フリー内部のスプリングが錆びて折れるとこの現象が起きる。発生した場合、その場での対応はかなりの知識と応用力が求められる。自転車屋を探して修理して貰うのが一般的だろう。

• ハブ、ヘッド、BBなどのベアリング

ヘッドの緩みといった調整不足によるダメージの他に、ブルベで多いのは水没だ。100km程度の雨なら内部が水浸しになることはなくても、丸1日を超える長時間の雨天走行では隙間から入り込んだ雨がベアリングにダメージを与えていく。ヘッドの中に水が溜まったまま放置し、ベアリングが真っ赤に錆びて回らなくなったという事態も見た。フレームによって水が溜まりやすかったり抜けやすかったりする差がある。

本当は600㎞ずっと雨の中を走った後は、逆さ、できればバラして水を抜き、乾燥させるといった処置をしたほうがいいのだけれど、これはなかなか面倒なので錆びてから焦って交換する人のほうが多い。私ももちろん後者で、大抵2年ほどでヘッドベアリングはダメになる。

・ペダル、シートポスト、スプロケ、BBの異音

走行中にカチカチと鳴る異音の原因は、このあたりの緩みであることが多い。走っているときに足元から異音が発生した場合「ペダルから変な音がする」と異常の場所を決めつけてしまってそこばかりチェックしていたが、緩んでいたのはスプロケットだった、なんてのは鈍い私にはよくあることだ。異音箇所の特定はなかなか難しい、あらゆる場所を疑おう。

スプロケ、BBは特殊工具が無ければ増し締めできず、基本は帰宅してから、あるいは自転車屋での対応となる。

・靴が壊れる

クリートはネジの緩みによる脱落の他に、長く使って摩耗するとペダルとの嵌合《かんごう》が悪くなる。私の使っているタイムのペダルはクリートの金属部分が摩耗するとペダルにはまらなくなるため、走行前にチェックして交換する。交換を忘れて長距離ブルベの最中にはまらなくなった際は、ヤスリで削ったことがある。

靴本体のトラブルも稀に起きる。踵が割れるといった破損はなんとかそのまま走れるが、困ったのは靴ひも代わりのワイヤー締め付け機構の破損だ。ダイヤルが壊れて靴が脱げなくなった。それ以降、このパーツ専用の小さなドライバーを持ち歩くようにしている。

・レーパン

機材トラブルとは少し異なるが、レーパンの消耗には気をつけよう。伸縮性の高い素材でできているレーパンは、使っているうちに頻繁に伸びる部分がだんだん薄くなってくる。これは洗濯して手に取った段階ではわからないことが多く、問題ないと思っても穿《は》いて伸びると、オシリのワレメが見えるくらいにまでスケスケになっていた、なんて悲劇を生む。仲がいい相手でないと「レーパン透けてますよ」とは言いづらいものだ。ただでさえギリギリなオッサンのレーパンが半スケなんて公序良俗に反するにも程があるので、自分で細心の注意を払って欲しい。

何を持って走るか

どんなトラブルにも対応できるようにしようすると、荷物はどんどん増えてしまう。持てる荷物の量には限りがあるので、トラブルの確率と走行への影響、増加する荷物の量から取捨選択しよう。

例えばシフトワイヤーは「予備を持つ」「切れたら諦める」「切れないようにこまめに交換する」と人によって対策が異なる。クランクの取り付けに8㎜の六角レンチが必要だとしても、そうそう緩む部分ではないため短距離のブルベでは持たずに走る人が多いだろう。何を持つか、何を持たないか、トラブルが発生したらどうするか、過去の経験から考えて自分に合ったスタイルを考えていくのは楽しい。

ブルベは慣れてくると装備が少なくなっていく傾向がある。最初のうちは不安なためスペアタイヤ等を持って走るが、そのうちにそれらが必要になることは滅多にないと知り、だんだんと必要最低限のものしか持たなくなる。

装備も衣服も軽装、トラブルが発生したらタクシー呼んでリタイア、なんてのもありだ。どう走りたいかは人それぞれ。ただし些細《ささい》なトラブルが起きたときに周りに迷惑をかけまくるのは好ましくない。ブルベで最低限求められるのは自己完結できること。沢山持つことは重い以外のデメリットはないため、不安であるならば持っていくほうが安心感が増していい。

専用の工具やスペアパーツの他に、タイラップ、ダクトテープなどを持っていれば、ブラケット破損などの多少の故障は応急処置できて便利だ。

現地での対応

トラブルの原因がわかり、自転車パーツの構造を知っていた場合は、コンビニやホームセンターの汎用部品で対応できることも多い。ただ素人の応急処置で走り続けるのはリスクが高い行為なため、トラブルの重大さ、緊急度など自分で判断してどうするか決めよう。

最悪の場合はタクシーで移動できる。このとき輪行袋があればトランクや後部座席に積んで運んで貰いやすい。

走行中のトラブルで役に立つのはホームセンターなどのＤＩＹショップ、それからダイソーなどの１００円ショップだ。ダイソーはママチャリ用のパーツを扱っている店舗があり、パンク修理用のゴム糊などを入手できる。もちろん自転車屋があればそれに越したことはない。スマートフォンなどを活用して、利用できそうな店や自転車屋を探そう。

私が以前参加した宇都宮の連続ブルベでのこと、初日にいきなり2回パンクして予備チューブが無くなった参加者が、その場ですぐさまＡｍａｚｏｎお急ぎ便を注文、当日中に目的の宿泊宿に配送された。

ブルベの最中に自転車屋を探して購入するのはなかなか大変だ。時間の余裕もないし、山岳ブルベではそもそも通り道に自転車屋が無い。宿泊先までは走れそうだが、そこで補充したいもの、例えばタイヤをサイドカットしてしまい応急処置で対応したため新品に換えたい、そんなときは宿泊先にお急ぎ便という方法で入手できる。これを見たときにはあまりの現代戦略っぷりにとても驚いた。別にＡｍａｚｏｎの回し者ではない。当日配達可能な自転車パーツを扱う通販なら、どれでも可能だ。

第7章 300km——峠、そして雨

200kmのゴールでスタッフに「次はどうするの？」と聞かれた。正直言ってもう自転車に乗ることなんて考えたくもなくて、帰ってから悩みますとやんわりと否定したつもりが、1週間後に300kmに申し込んでいた。

ブルベに参加してから知ったのだけど、会社の同僚でホビーレースに出ている自転車乗りがいる。かなり本気で自転車に取り組んでいるようだが、1度に300kmという距離を走ることはないらしい。彼に言わせればそんなのはまったく練習にならないし「やるのは距離感の壊れたちょっとヘンな人だけ」なんだとさ。

でも200kmを走ってみてしばらく、って1週間が経《た》ったら次の300kmに挑戦したくなってきたし、もっともっと先も見てみたい。職場の彼も言っていたように200kmまではスポーツ系自転車乗りがよく経験する距離でも、300kmは非日常だ。そこには何が待ち構えているんだろう。

心配なのは今回のコースにある峠だ。前回の平坦200kmがかなり特殊で、ブルベは峠が組み込まれたコースが多いらしい。坂は苦手なんだけど上手く走れるかな。

峠の登り

年明けの200kmが終わって春も近づくと気温が上がり、峠がコースに組み込まれだす。峠は誤魔化《ごまか》しが利かない。人の後ろについても楽はできず、どんどん遅れていく。登り始めてから1時間経ったのにまだ12kmしか進んでいない。ブルベの制限時間は平均15km/hをもとに計算してるんだっけ？　これじゃタイムオーバーだよ……。

慣れない人にとって峠は一番の障害だ。速度は出ないし、脚を止めると止まってしまう。さっきから膝が痛い、どうせ間に合わないし、もうこんなの走りたくない。

実は峠はそんなに嫌なものじゃない。まず信号や渋滞がない。これは走力以外に影響する要因が少ないってことで、所要時間が読みやすい。それから、登ったぶん下りがある。位置エネルギーで考えたら差し引きゼロ、合わせたら平地だ。（実際は下りのブレーキ熱や空気抵抗でかなり損なのだが）

第1章でPCの種類に「通過チェック」なるものがあると書いた。PC位置が峠の頂上といった場合、制限時間内の通過が難しくなりすぎるため、通過チェックとして時間は不問になる場合がある。ブルベは特別な練習を積んだアスリートのためのものではない。ほとんどの主催クラブが、こういった厳しい条件の際は通過チェックとしている。

登りは遅くてもいい。その後の下りで十分取り返せる。重要なのは無理をせずにマイペースで走ること。筋肉や関節にダメージを与えてはいけない。

そうそう、登りは速度が遅くなることから補給食を食べるのにも向いている。食べ物を口にして「オエッ」となるようなら、そもそも強度が高すぎる。ゆっくりと背中のポケットから補給食を取り出し、脱水にならないように水分もしっかりとろう。峠に入ってしまうとコンビニはおろか自販機すらも無いことが多いので、その前に十分な量を買っておくこと。

今回は前回不参加だった友人と一緒に走っている。彼は私よりもずっと速いのに、一緒に走ってくれるらしい。ちょっとありがた迷惑な、あ、いや、ありがたい。

坂を登る速度は本当は全然違うのだろうけど、ついてこいよとばかりに、こちらをチラチラ振り返りながら前を引いている。これじゃあ遅れられない、頑張って走るしかないじゃん。やっぱり迷惑かも……。

私と並んでゆっくり走っている彼、走る速度は同じでもペダリングの速度は全然違う。よく見ると一番軽いギアを使ってクルクル回しているし、その軽いギアも私の自転車より軽いようだ。

「そんなにクルクル回して疲れないの?」「このほうが筋肉への負担が少なくていい」ふーん、そんなものなのかね。でも後ろから見てると、なんだかハムスターみたいに思えてきた。笑える。

適切なギア比

ロードを買った10数年前は軽いギアを使う人はあまりいなくて、重いギアを踏むのが漢《おとこ》！　という主張が蔓延していた。自分に合った機材を使うべきと考えている私はプロと同じギア比で走れるとは到底思えずさっさとコンパクトに交換し（なんとその時代のDURA－ACEにはコンパクトが無かった）、それ以降ずっと前34×後27を愛用している。ブルベではもう少し軽いギアがあったほうがいいかなと、MTBのリアディレイラーへの交換も考えたが金銭的な問題でそのままだ。

コンパクトドライブを使うのは、ノーマルの39Tだと登れない坂があるからではない。34Tのほうが楽に登れ、結果的にも速く走れるからだ。サイクリングの話だけでなくて、ヒルクライムレースの年代別入賞者あたりでもコンパクトドライブを使っている人が多い。

フロントトリプルはQファクター（左右ペダル間の距離）が広くなる、変速フィーリングがやや悪くなるなどのデメリットはあるが、コンパクトより更に軽いギアは魅力だ。筆者のタンデムはトリプルがついているし、ブルベ知り合いでPBPの途中にモン・サン＝ミシェルに寄るような速い人もトリプルを使っている。最近はコンパクトドライブが主流になってきた代わりにフロントトリプルがほとんど無くなっていて、あまり勧められなくなってきてしまった。買ったツーリング向け完成車にこれがついている場合は使い倒せばいい。

低ギア比化はチェーンリングを小さくするだけでなく、MTB用リアディレイラー等を使い40Tを超えるスプロケを使う手もある。集団の中で最適なケイデンスになるように細かくギア比を変えるロードレースと違い、気ままな速度で走るサイクリングではフロントシングルのシクロクロス用コンポなんてのも面白い選択肢だと思う。

ブルベは下りを全力で踏むようなことはなく、通常重いギアより軽いギアが足りなくなる。自分に合ったギア比が得られる機材を検討して欲しい。

クルクル教寄りの私とは対立するゴリゴリ踏む教は「そんな軽いギアあっても使わないし進まないから要《い》らない」と唱える。重いギアで激坂をスイスイ登れる人もいるがそれは登れて初めて言えるのであって、押して歩くくらいなら軽いギアを導入したほうが大抵はいい結果になる。「ダンシングすれば登れる」というのは、自ら選択肢を狭《せば》めてしまっているのだ。軽いギアさえあればダンシングでもシッティングでも、そのときの脚の状態によって使い分けることができる。筋肉のダメージを減らすことは長い距離を走るうえで重要だ。


フラフラになりながら峠のピークへ。雨は降っていないが雲行きは怪しく、霧が出てきて寒さは一段と増してきた。防寒具を着込んでから下ろうと、バッグを開けて準備をしていると一緒に走っていた友人は「先に行ってるよ」とウインドブレーカーのみ羽織《はお》って下っていく。

どうも下りは自分の速度で走れということらしい。後ろにつくことで学べることもあるが、無理してついていこうと思うのは危険なんだと。だったらゆっくり走ってくれればいいじゃない、ここまで引っ張ってきて勝手だなあ、もう。

まあ確かに、登りが苦手な私は下りも苦手だ。途中他の参加者たちに抜かれるが、気にせずマイペースで下った。霧が濃くなって視界が悪い、ライトを点けたほうがいいかな、減速しようとしたところに横から黒い影が飛び出してきた、危ない、なんだ今の？　シカかな？

峠の下り

▼下りはゆっくり

登りで失ったタイムを取り戻さないと！　なんて焦ってはいけない。普通に下れば十分貯金はできる。速くて怖い、と少しでも感じたらそこはもう自分の出していい速度域じゃない。しっかりとハンドルを握って、前走者との車間は大きくとろう。

怖いのが山道での対向車。センターラインがある道でも稀に大きくはみ出してコーナーリングしてくる車がある。車線をはみ出さなければいいやと、アウトインアウトで走っていたらこんなときにアウトだ。公道では速度を落として左側キープが絶対、カーブミラーも参考にしながら慎重に。後ろに速度差がある車が来ていて抜きたそうだなと感じたら、道が広くなったところでパスさせるのがいい。前方の見通しがいい場所で後ろを振り返り、速度を落とし、手で流すように合図すれば大抵は「ここが抜きどころだな」と気づいてくれる。

▼スピード違反？

自転車は軽車両であるが、原付と違い30㎞／hの速度制限はない。道路の制限速度がそのまま適応される。とはいえ山道は制限速度が30㎞／h程度の所が多く、かっ飛ばして下ったらスピード違反になってしまうだろう。コーナーリングである程度ラインが選べ、軽くて減速しやすい自転車は、斜度のあるつづら折りは車より速く下れるかもしれない。しかし車を追い抜いたり、後ろにピッタリつけて煽るのは、やりすぎだ。

近年、ロードレースやヒルクライムの練習で峠を走るレーサーと地元住民との間のトラブルが増えてきている。「異常な速度で下ってきて危ない」と言われることのないように、安全マージンをとって下ろう。

20㎞の下りを30㎞／hで走ると40分、40㎞／hなら30分かかる。10分を得るために10㎞／h速度を上げるのは、見合ったリスクではないと思わないだろうか。10㎞／hで2時間かけて登った20㎞、これを11㎞／hに上げれば10分以上タイムを縮めることができる。下りは頑張る場所ではない。

▼峠の事故

下りでの事故は200㎞の章で挙げたようにオーバースピードでの自爆、これが一番多い。山道で気をつけなければいけないのはそれだけではない、シカだ。人気《ひとけ》のない夜になると車道によく出てくるヤツら、過去に下りカーブでよけきれずに衝突、骨折という事故があった。むろんこれもオーバースピードのうちではある。

シカだけでなく、猿やカモシカ、熊に遭遇することもある。とにかく野生動物には注意しよう。

▼下りの振動

ごく稀に、シミー現象と呼ばれる謎の振動が発生することがある。長い下りで路面の舗装状態が変わった瞬間にハンドルが小刻みに左右に振れ始める、数回／秒ほどで周期は一定、路面の振動を拾っているわけではなさそうで、なんだろうと思うも束の間、振幅はどんどん大きくなりコントロールできる状態ではなくなる。

対処方法としてはポジションの変更やフレームに体を接触させることでの固有振動数の変更が有効なようだが、どれだけ効果があるのかは不明だ。やはり振幅が大きくなる前にブレーキをかけて停車するのが安全だろう。

私は峠が好きでアップダウンの多いコースをよく走っているが、それでも過去に発生したのは20万㎞で1度。注意を払わねばならない頻度ではない。しかしコントロールが利かなくなるこの共振は、発生すると大惨事に陥ることがある。現象を知っていれば発生した際に対応が遅れることがなくなるのではと記載した。頭の片隅に入れておいて欲しい。

そしてこの現象が発生した自転車は、同じ場所を同じ速度で通った際にまた同現象を起こす可能性が高い。あるプロはこういった振動が発生した自転車は使わない、と言っていた。ホイールの変更や荷物の積み方の変更など、なんらかの変更は行ったほうがいいかもしれない。しかし自転車におけるシミー現象はあまり研究結果がなく、筆者は発生原因や確実な対応策などを見つけられていない。

下り終えた所で待っているのだと思ったら、なんと逆から登ってきた。私が遅いからヒマだったんだろうけどさ、なんか少しムカつく。
「さっきの見た？」「シカ？　危なかったよ、ぶつかるとこだった」「違うよカモシカだよ、カモシカはシカじゃなくてウシ科だよ」シカでもウシでも、ぶつかったら大変なことに変わりはない。どうでもいい。あっ、カモシカじっくり見たかったな。

さっきの登りで頑張りすぎたせいか、ちょっと膝が痛くなってきた。下りで冷えたのが原因だろうか。それから眠気、昨日睡眠は十分にとったはずなのに、なんだか眠くて頭がボーっとする。エネルギー不足かなと、急いでスポーツ羊羹を食べたが手遅れかもしれない。伝えると彼は、登りを頑張らせたことをバツが悪そうに謝り、次のＰＣまでは下り基調だからゆっくり行こうと言った。自転車乗りは現在地より目的地の標高が１ｍでも低ければ「下り基調」だと主張することは知っている。コースは予習してある、騙《だま》されない。

ブルベの走り方

▼息が切れる走りをしない

私はランドヌールとしては少数派で昔からパワーメーターを使って走っている。他人と一緒に走り、その数値を見ると少し気になることがある。短い登りでダッシュして、無酸素運動域に入れている人が多いのだ。また最後尾あたりを走っていると、速度が安定しない人もよく見かける。結構な速度差で追い抜いていき、そのまま行くのかなと思うと１㎞ほど先で失速している。こういった短時間高負荷を加えた速度幅の大きい走り方をすると、次のような問題が起きる。

・脚に疲労が溜まる
・眠くなりやすい
・グリコーゲン消費割合が増え、エネルギー切れになりやすい

息が絶え絶えになるような無酸素運動域に入れることなく淡々と走るのは体への負担も少ないし、最終的なタイムも速くなる。最後まで持たない、後半失速する、そんな人は所々で頑張って走りすぎていないだろうか。

参加したての頃は事前にコースを予習し「この区間はキツそうだから頑張らないとな」なんて思った。しかしブルベにおいては頑張らないのが一番速い。登りだろうが下りだろうが、やることは一緒だ。ある区間のみ頑張るのではなくて、最後まで一定出力で走るように心掛ける。一定速度ではなく一定出力、登りで遅くなるのは当然だ。

ＰＣでの休憩も休みすぎると脚が回らなくなる。調子良く走れている場合はＰＣは補給所と考え、20分以内で出発したほうがいい。休まない、しかし急がない。これが鉄則。

▼コースプロフィールを予習しておく

一定ペースで走るのが楽といってもそこは人間、ロボットのように淡々と漕ぎ続けることは難しい。初心者であればなおさらだ。いつまで続くかわからない峠の登り、休もうにも店はおろか自販機も無い、気がつけば周りには誰もいなくなっている、こんな速度で次のＰＣに辿り着けるんだろうか、もう疲れた……。

しかしあらかじめコースの起伏を頭の中に入れておくことで、心が折れることが少なくなる。登りに苦手意識がある人は特にそうだ。精神的な準備だけでなく、この区間は補給ポイントが少なそうだから事前にしっかり食べておこう、ドリンクは多めに持とう、長い下りの前に防寒具を着よう、そういった物理的な準備もしやすい。

予想通り、いくつかのアップダウンを越えてＰＣに到着した。と同時に、元気のいいオジサンが話しかけてくる「あれ、遅かったじゃない？　蕎麦《そば》はもう食べたの？」

どうやら友人とは知り合いで、この近くの蕎麦屋の話をしているようだ。なんでも山菜の天ぷらと蕎麦が有名な店で、丁度《ちょうど》店の開店時刻に到着してあまり並ばずに入れたとのことだ。「美味しかったから寄ればよかったのに」オジサンとの会話に、チラっとこちらを見る友人。えっ？　何？　私の遅さが原因で行けなかったとでも？

「あ、初めての参加なんだ。峠疲れたでしょ、はいこれ食べる？」オジサンは私に気づくと、背中から大きなお焼きを出した。蕎麦屋でお土産《みやげ》として買ってきたお焼き。断ろうとしたところを友人がさっと手を伸ばして受け取る。「じゃあまたね」ひとしきり喋った後、オジサンは颯爽《さっそう》とコースを走り去っていった。私より二回りくらい上に見えるけど、本当にエネルギッシュなオジサンだ。ブルベを走っているとこういう人に出会えて楽しい。

食事と休憩

多くのPCがコンビニということもあり、大抵の参加者はコンビニ飯を店舗前で食べる。だが折《せっ》角《かく》のロングサイクリング、グロスで20km/h近く出ているのなら多少の時間的余裕はあるだろう。地元の名物をゆっくり食べに行くのもいい。

中にはグルメポイントを念入りに事前調査している参加者もいる。こういった人は大抵フレンドリーだ。「ここの店が美味しいと評判で、途中寄るつもりなんだよ」一緒に走っていた人がそんなことを話していたら、乗っかって食事していくのも面白い。

先ほどはブルベの走り方で、PCでは長時間休まずにすぐ出発しろとあったが今度は名物をゆっくり食べろと言う。どちらが正解なのか？　というとどちらも正しい。調子良く走れているときに下手に数十分止まると、脚が回らなくなることがある。かといってコンビニごとに1時間以上の大休憩をしていてはゴールに間に合わない。要はメリハリだ、いくつかのPCは休憩場所ではなく補給場所と考え、よく回っていた脚を止めないようにしながら、大休憩できる場所でしっかり休む。時間に余裕が出てきたらそういう走り方もできる。

コンビニ飯ばかりで飽きてきた、そんなときはガッツリ寄り道できるのがブルベのいいところだ。

ギリギリ隊の私が蕎麦屋に寄る余裕などあるはずもなく、結局コンビニ前に座ってコンビニ飯を食べることになった。山菜蕎麦というチョイスが虚しさを増すが、頂いたお焼きで救われる。

後半に備えて少し長めの休憩をとっていると、ここまで最高に怪しかった雲からポツポツと雨。ついに来た、まだ残り200㎞近くあるのに。コンビニ軒下の隣では、いい大人が「この雨は誰々さんのせいだ」とやり合っている。

そうだ、ブルベのためにゴアテックスのカッパを新調したんだっけ。新しいカッパのテストは楽しいな、そう言い聞かせて雨の中を出発する。

雨

雨はブルベで一番厄介《やっかい》な敵だ。単体ではそれほど恐ろしくないものの、寒さと合わさることでどんなブルベでも超絶難易度となる。正直言って私も雨の中スタートするのは気が重い。スタートが雨だと参加者のDNS率もグッと上がる。

走らない、というのも1つの手ではあるが、距離が長くなると途中から降られることもある。ランドヌールの皆はどうやって雨と闘っているのだろう。

▼雨具の選択

雨対策は当然、まず雨具から。どんなに高機能なカッパでも汗で中は濡れる。ズボンはペダリングの妨げになる。股間《さまた》が蒸《む》れて酷い股ズレになることもあり、寒くなければ着ないという選択もあ

カッパ　我が家のカッパ姿。私はコンビニで入手した非常用。なんだかダサダサの格好だが……。

着こなし次第では、
こんなオシャレさんになることもできるはず。

り得《う》る。

選択肢としては「着ない」「コンビニカッパ」「防水性のあるウインドブレーカー」「ゴアテックス等の専用雨具」となる。通常のジャージの上から着る雨具ではなく雨用のジャージやタイツも販売されている。上だけカッパを着て下は穿《は》かないというのもアリだ。それぞれ順に見ていこう。

・着ない
気温が高く寒さを感じない場合、そのまま濡れて走るというのも悪くない。カッパ、特にズボンはゴワつくためできれば身につけたくない。それに気温が高くなるとどんなに高性能のカッパでも、汗の蒸発が間に合わずにベトベトになる。着ないで走れるならそのまま走るのが一番快適だ。

ただし雨で濡れた体は徐々に体力を消耗、風による気化熱が体温を奪い、最初は耐えられていた寒さも次第に厳しく感じられてくる。疲労度は晴天時と比べ大幅に上がるこの方法、使えるのは春先以降で、昼の間専用か。

・コンビニカッパ
コンビニカッパは意外とかさばるため、これをわざわざ持っていくという人は少ない。雨具を持たずに出発して、雨が降ったら現地で調達という場合はまずコレになる。降るか降らないかわからない場合は、余計な荷物を持っていかずにすむのが利点だ。晴れた場合は躊躇《ちゅうちょ》なく捨てられるという点もいい。

多くが水をまったく通さないビニール製で、防水性は高いが発汗透湿の機能がなく汗で濡れる。形状も自転車向きではないため、裾や襟から雨が入りやすく、風でバタバタしたり裾をチェーンに巻き込むこともある。通常の使い方とは逆、長袖ジャージの下にカッパを着てバタつきを押さえ、手首や襟からの雨の浸入を防ぐという方法もある。

これを着た場合濡れない（蒸れない）というのは諦めて、風を防げて寒さが緩和され着ないよりマシ、くらいに考えておこう。

・防水性のあるウインドブレーカー

薄手で背中のポケットに入るサイズのウインドブレーカー。その中にも一応防水をうたったものが存在する。残念ながらこの手の製品にはそこまでの防水効果はなく、本格的に降りだした雨の中では1時間もすればかなり濡れてしまう。

しかし風は大幅に防げるため、濡れてしまっても防寒効果は意外とある。これは防水性のないウインドブレーカーでも同じで、少しでも寒さを感じるのであれば着たほうがよい。

・雨用のジャージやタイツ

防水性のある雨用のウェア。カッパ系と比べると体にフィットし、風でバタつかないところがメリットだ。私はSportsfulのNoRainというタイツを持っている。ゴアカッパと比べると防水性能は低く雨を防いでくれるわけではないのだが、生地があまり吸水せずに濡れたときの重さを感じず、蒸れることもない（そりゃ濡れてるからね）。防水というよりは濡れても不快感が少ないというものだ。

・ゴアテックスなどの専用雨具

防水性はかなり高く、透湿機能もある。しかし高強度で走る場合、透湿が発汗に追いつかずに汗で濡れる。使い込んで表面の撥水《はっすい》が低下した場合、透湿機能は大幅に低下するので定期的にメンテナンスしたほうがいい。ゴアカッパを着て雨の中を走る秘訣は、汗をかかない強度で走ることだ。

購入当初は高性能だったゴアテックスのカッパも、使っていると撥水性能が落ちる。カッパの表面の水が流れていかないと、折角の透湿性が台無しで汗が外に抜けていかない。撥水性能は洗濯してスプレーや浸け置きタイプの撥水剤を使い、乾燥機にかけるといくらか復活する。

・手足の防水

グローブやシューズカバーは防水でも1〜2時間程度しか持たないため、濡れることはある程度諦めなければならない。足を完全防水にしたい場合、コンビニなどのビニール袋で靴を覆い、足首をテープでしっかり固定する手がある。

防水のシューズカバーやソックスを履《は》いていても中が水浸しになってしまう原因は、脚から伝わって入っていることが多い。ここをテープでガードし上から高性能のカッパズボンを穿けば、雨の浸入をかなりカットできる。しかしここまでやっても、200km以上雨だとまず濡れる。

ただ足もかなり汗をかいているようで、晴天時にこれをやると今度は汗でグショグショになる。結局のところ長時間濡れずにすむ方法はない。「カッパを着ない」のシューズバージョン、SPDサンダルで濡れても平気、という荒業《あらわざ》もある。夏の暑い日にそのまま川で水遊びできるという素晴らしい利点もあるが、指先の保護がないため落車時は危険だ。

▼濡れてしまったら？

では濡れたらどうするか。諦める、着替える、乾かす。300㎞の距離では着替えを持って走る人も少なく、コインランドリーで乾かす時間もない、仕方なく皆諦めて走っている。夜通し走るわけではないため寒さには比較的耐えやすい。それでもどうしようもなく寒くなってしまった場合は、コンビニで乾いたタオルとインナーを買ってよく拭き、ジャージを絞って新しいインナーに着替えよう。一時的にでも乾いた服を着られれば、雨による冷えは多少は回復する。コンビニではカッパ

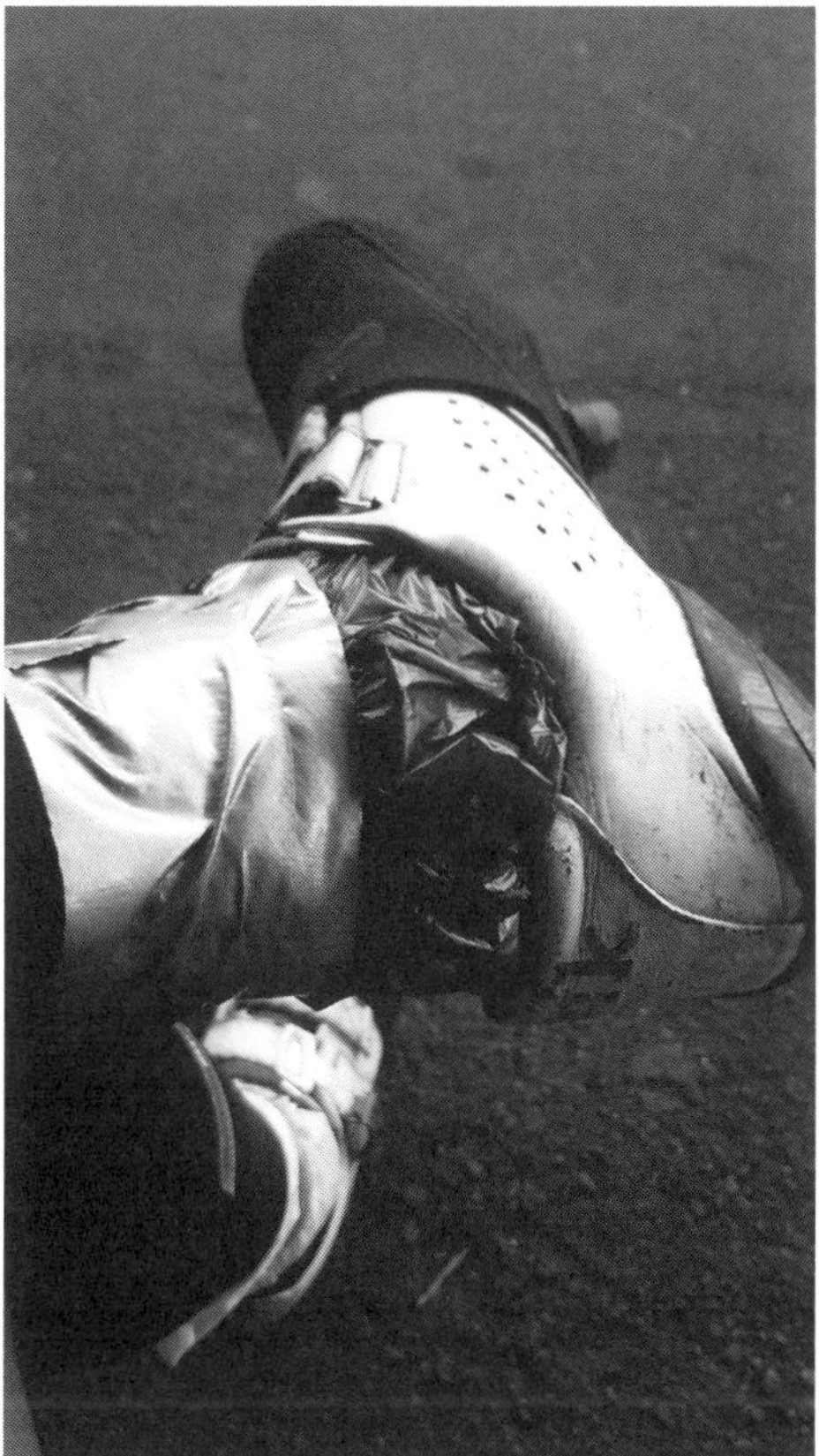

シューズカバー袋　コンビニ袋を靴下の上から被せた後、足首回りをテープでグルグル巻きにする。靴の中ではなく靴の外から行う方法もあるが、そちらは靴の中が濡れなくなる代わりに、クリートの着脱で破れやすくなる。

やインナーの他にも、ゴム手袋やストッキング等防寒の役に立つものが多い。

私は特に寒がりなため、長時間の雨が予想されるブルベでは長袖の温かいインナーを1着持って走ることが多い。

▼目が痛くなる

長時間雨の中を走っていると目が痛くなって開けられないときがある。周りの人に聞いてみてもあまり賛同は得られていないので、これは少数派かもしれない。

目が痛む場合は雨が目に入らないようにすれば抑えられ、それにはツバのある帽子を被るのが一番だった。タオルで拭きながら走るのと比べると痛くなるまでの時間の差は圧倒的で、最近は帽子が無いと雨の中を走れない。目が痛くなる人は、サイクルキャップを持ち物に入れておこう。

▼店に入るときの注意

びしょ濡れの体でコンビニに入るのは心苦しい。PCに指定されているから中で物を買わないといけないのだけれど、こんなビタビタした体で入店していいものだろうか？

そんなときに役立つのはタオルだ。乾いたタオルでなく濡れたものであっても、絞って体を一通り拭けば、歩いただけで水をまき散らして商品を濡らす事態は防げる。それでも床は濡れてしまうので申し訳ないことには変わりはないが、何もやらないよりはマシだろう。私の場合はコンビニで買ったタオルを首にかけて、雨の中、顔やメガネを拭うのに使っている。濡れたタオルの末路は自転車を拭いた後に捨てられ、コンビニでまた乾いたタオルが購入される。スポーツ用の吸水性が高いものを使うのもいい。

▼雨天時の走り方

雨、特に寒さを感じる場合はとにかく体を濡らさないこと。汗をかくと体が濡れる。ゴールまで全力で一気に走り切れる自信がないのであれば、いつもより少しペースを落とそう。

また雨は視界が悪い、これは自分だけでなく車からも同じだ。昼間であっても薄暗い場合は尾灯を点灯させたほうが安全だろう。グレーチングやマンホール等の金属は非常に滑りやすい。水溜まりの中の異物に気づかずに踏んでしまうこともあるし、水で濡れたゴムは切れやすいためパンクもしやすくなる。汗の問題だけでなく、雨のときはできる限り慎重に、余裕を持って走ろう。

▼雨＋峠

峠の雨はホント大変だ。視界も、ブレーキの効きも悪い。下りが怖いのはもちろんのこと、登りでかく汗も厄介な存在だ。平地は抑えて走ることができても、急斜面の登りでは知らず知らずのうちに汗をじんわりとかいてしまう。

そして登り後の下り。汗で濡れた体が風を受けめちゃくちゃ冷える。防寒具が十分でない場合は低体温症に気をつけなければならない。体が濡れていると、意外と高い温度でも陥ることがあるのだ。

登りは一番軽いギアで、とにかく遅くなってもいいから、できる限り汗をかかないように登るしかない。標高の高い峠では寒い下りが長時間続くことになる。頂上で着替えるなど一旦装備を整え直すのもいい。

▼雪

まだ寒いこの時期、雨ではなく雪になったら大変だ。パラつく程度なら雨よりいいが、前日夜降っての積雪は自転車で道路を走ること自体が困難になる。路面に雪が残っていて開催が危険と主催者が判断した場合、開催が中止、あるいは延期となる。もし開催された場合、走るかやめるか最終的に判断するのは自分自身だ。悪コンディションの中完走するのは称賛されるべき偉業だが、事故って非難されるのと隣り合わせでもある。

▼ブルベのシャーマンたち

学生の頃、いいオッサンたちが何故非科学的な「雨男がどうの」なんて話をしているんだろうかと不思議に思っていたときがあった。大人になるとわかる、知らない人と話をするのに天気ネタは鉄板だからだ。「今日暑いですねー」「寒いですねー」、相手の趣味がなんなのかわからなくてもこれだけでなんとかなる。

そしてブルベでやはり嫌なのは雨、雨の話は外せない。嫌なことは記憶に残りやすいから、雨のブルベは一際印象に残っている。そして、あの人が走っているときは決まって雨なんてのも、気のせいじゃなくてホントにあるように思えてくるんだよね。

ずっと晴れ予報だったのにブルベ参加者が通過している地域だけ雨だとか、季節外れの台風で1200㎞が中止だとか、そんな雨と共に生活するランドヌールは敬意（と一緒のブルベに参加しないでくれとの願い）を込めて「シャーマン」として崇《あが》められるのだ。

雨の中はゆっくり走った。こんな速度で間に合うのか不安だったが、友人は無理をして疲労で走れなくなるほうが怖いと考えていた。ここは信号の少ない山道、遅く感じても止まりさえしなければ意外と速度は出ているそうだ。

今はベテランの彼のペースメイクを信じるしかない。雨はペダルを漕ぐ音を、会話をも打ち消し、普段の憎まれ口が懐かしくさえ思える。去年の今頃は、こんな雨の中を自転車で走るようになるなんて思いもしなかった。見たことのない世界、そう考えながら周りを見渡すと、雨に濡れた木々はなんだか美しい。でも寒いからやっぱり早くやんでほしい。

天気予報では夜半まで雨の可能性ありだった。願いが通じたのか夕方には雨が上がり、雲の切れ間から夕日が顔をのぞかせた。綺麗だなあ、走って景色を見て、自然を感じて、サイクリングってなんて楽しいんだろう。ブルベは認定という意味だ。参加したのはチャレンジして、認定を貰って、達成感を味わって、そんなのが目的だった。

でももしかしたら、こうやって自転車を漕いで、見て、感じて、それこそがブルベの目的なのかもしれない。この夕焼けを前にしたら、20時間以内で走っただとか、認定がどうだとか、なんだかちっぽけな話じゃないか。

カエルの大合唱の中、水田が広がる郊外の道をひたすら漕ぎ続けてるうちに、気がつけば頭上には星空が広がっていた。スタートから250㎞、16時間が経過している。あれ？　思ったより速く走れているぞ。前を走る彼は自分のペースメイクが完璧だったとばかりに「残り50㎞は平地、これなら十分完走できる」と得意げだ。うるさいな、こういうときくらい黙ってろよ。

真夜中のゴール

星空の代わりにネオンや信号が見えだしたらゴールはすぐそこ、３００㎞の制限時間は20時間、明け方スタートした参加者たちの多くは日付が替わる夜中になって戻ってくる。初めて３００㎞を走ってみてどうだった？　２００㎞と比べると疲れた？　そりゃそうだ、１・5倍も走ってるんだから。20時間近く走り続けたアナタは眠い。車で来ているなら少し車内で仮眠したほうがいい。電車は……もう動いてない。始発まであと2時間、スタッフと話しながら時間を潰すか、それとも近くの健康ランドへ行こうか。

帰ってから次の４００㎞に申し込む気力は残っているだろうか？　４００㎞は今の疲れ切った状態からあと１００㎞。無理してすぐに進まなくてもいい、３００㎞を何本か走ると必要なものがわかってくる。それに実のところ、ブルベで楽しく走れるのは３００㎞まででな気がしないでも……。

column

故障や怪我との付き合い方

故障の種類と対処

３００kmからの帰還、膝や足首は無事だろうか。熱を持って腫れがあるなど炎症を起こしている段階では、温めたりマッサージしたりするのは良くない、すぐにお風呂場で冷水をかけて冷やそう。専用品であるアイシング用の氷嚢《ひょうのう》は使いやすく、これに氷を入れて患部にあてておくのがおすすめだ。

長距離を走ることでよく起きる怪我、痛みには次のようなものがある。

▼落車による怪我

ブルベ走行中に落車した後、痛みに耐えながらゴールまで辿り着けたという方もいるかもしれない。しかし骨折など、重大な怪我をしていた場合は時間と共に痛みが増していく。帰宅翌日、更に痛くなっているようならすぐに病院で診《み》て貰おう。あまりの痛さに受診したら鎖骨を骨折していた、なんて話が何件かある。

落車で多い怪我は打撲《だぼく》とすり傷だ。打撲や捻挫《ねんざ》はしっかり冷やすこと。すり傷は湿潤《しつじゅん》療法《りょうほう》で治すのが一般的になってきている。「キズパワーパッド」などハイドロコロイド素材の絆創膏《ばんそうこう》を貼るか、ラップで覆って回りをテーピングしよう。財布の中に絆創膏を入れておけば、転んだ直後に処置できる。その場合は水道が使える場所で、患部をしっかり洗い流してから貼ろう。

▼筋肉痛

酷くなると肉離れになるが、多少の痛みや重さであればそこまで深刻ではない。恐らく最初に痛むのは大腿四頭筋《だいたいしとうきん》（太もも前側）だ。ここはハムストリング（太もも後ろ）や大殿筋《だいでんきん》（オシリ）と比べて疲弊《ひへい》しやすく、踏み込み系のペダリングの人は特に痛めやすい。できる限り軽いギアをクルクル回して、筋肉への負担を減らそう。普段からハムストリングや大殿筋、腸腰金《ちょうようきん》（股関節）を意識したペダリングをするのがいい。

ただの筋肉痛の場合は、走り終わってから72時間程度で痛みは治まってくる。翌週まで痛むようであれば、肉離れや腱《けん》などを痛めてしまっているのかもしれない、痛みが続くようであれば医者に診て貰おう。

▼膝など関節の痛み

膝の痛みには様々な要因があり、素人判断で状況を知るのは難しい。靭帯《じんたい》に損傷を受けていた場合、走り続けると今後の自転車生活を棒に振ってしまうこともあり得《う》る。が、膝の痛みは多くのランドヌールが経験している定番の障害だ。どの程度なら走れるのか、どうすれば痛みが出ないか、クリート位置、クランク長、ポジション、いろいろ調整しながら自分なりに付き合っていくしかない。サポーターやテーピングで動きを制限することで、痛みが発生しにくくなることもある。

走行中の膝の痛みは冷えにより発生しやすい。峠の登りで酷使した後、下りで冷えた膝は痛みで動かなくなることがある。膝に問題を抱えている人はニーウォーマー等で冷やさないことが大事だ。

膝にいいといわれるグルコサミンやコンドロイチンは、経口摂取で効果があるというしっかりとしたエビデンスはない。これに限らないことだが、サプリメントは不足した栄養素を補助する程度のものと捉え、怪我を治す効果があるのかもと過信しないように。

▼オシリの痛み

オシリの痛みは大きく分けると2種類、圧迫による痛みと擦れによる痛みがある。擦れた部分から雑菌が入り、炎症を起こしてそれが圧迫されるという複合的なものもあるが、どちらもサドルの変更とレーパンの着用が効果的だ。

・圧痛

サドルで長時間圧迫されることで発生する痛み。オシリが痛いからとサドルを大きく前下がりにしてしまう人がいるがこれは逆効果。乗っているうちにオシリがサドル先端の細い部分にズリ落ちてしまい、接触面積が減ることでより圧迫される。

GEL入りサドルやパッド量の多いレーパンで緩和できるが、同じポジションで乗り続けた場合クッション材が底つきしてしまい効果が薄くなる。段差通過時は軽くオシリを浮かすなど、ライディング中に回復を交えながら長時間走行を目指そう。時折ダンシングを加えるのもいい。軽い痛みであればホテル等で一晩休むことによりかなり回復する。

中央部が圧迫されて痛い場合は穴あきサドルがおすすめだが、接触面積が減るため回りが痛む場合や、レーパンパッドとの相性もある。

・擦れ

サドルのエッジで皮膚が擦れることで痛む。サドル幅が骨盤と合っていないと起きやすい。レーパンのパッドにシャモア（シャーミ）クリームや摩擦防止の粉を塗ることで発生率を下げられる。他にもＲｅｓｋｉｎというオシリに貼るパッドが存在しているが、２０１７年現在日本での入手性は悪い。

雨天時、特にカッパを穿《は》いている場合は蒸れて皮膚が傷つきやすくなり、股ズレが格段に起きやすくなる。股ズレは細かな傷から細菌が入り込むことで悪化する。不衛生なレーパンを穿き続けないよう注意しよう。洗濯直後のレーパンであっても雑菌が残っていることが多く、除菌効果の高い洗剤、柄モノに使える漂白剤等でしっかり洗うと股ズレによるダメージが軽減されるというのが定説だ。

パッド用クリームにも抗菌剤が含まれているが、擦れや膿《うみ》が酷い場合は抗生物質入りの軟膏を併用するのがいい。ブルベ界では一時期「テラマイシン軟膏」が流行《はや》った、同様の軟膏であればなんでもいいだろう。

擦れてしまって痛い、デキモノのように膿が入って膨らんできた、傷から体液が出てきてレーパンに張り付いて痛い。これらのように酷くなった状態でも走り続けたい場合、キズパワーパッド等のハイドロコロイド素材の絆創膏を貼るのがおすすめだ（私がいくつかの製品を試した結果はキズパワーパッドが一番良かった。しかし年々モデルチェンジを重ねて薄くなっており、尻には合わなくなってきている。メーカーは是非尻専用モデルの開発を……）。

ハイドロコロイド系絆創膏は、通常の絆創膏と比べて全面に接着力があり剥がれにくく、傷部分を接着面が覆うことで擦れから守られ、体液の流出もない。クッション性がありデキモノ系の膨らみによる痛みも緩和される。しかし欠点もある、ペダリングで強く擦れることによって粘着剤がはみ出し、レーパンにくっついてしまうのだ。オシリとパッドがくっつくと脱ぐときに痛く、パッドについた接着剤は洗濯してもなかなかとれない。これは炎天下の気温が高いときに発生しやすい。このようにパッドを痛める可能性はあるが、痛みが酷い場合は、1度使ってみるとかなりの効果に感動できると思う。

初心者の大敵であるオシリの痛みは、長距離を頻繁に乗るようになると次第になくなってくる。自分に合うサドルとの出会い、それから要所要所でケツを浮かすなど自然と痛まない乗り方ができるようになっていくからだと思われるが、面白いことに夏に1000km超をケツトラブルなしで走るようなベテランであっても、冬の間乗らなければ春先200kmで痛い痛いと言いだすことがある。筋力が衰え、痛まない乗り方を忘れているからだろうか。痛む痛まないの差は、ほんの少しの違いで生まれていることを感じさせるエピソードである。

▼前立腺ダメージによる頻尿《ひんにょう》

ブルベで頻尿というと、脱水による低ナトリウム血症が疑われるが、サドルでの圧迫により前立腺がダメージを受けて起きる場合もある。尿意をもよおしてからの我慢がまったくできなくなり、走り続けることが難しくなる。穴あきサドルの使用で改善されることもあるが、長距離を走るランドヌールの場合なかなか解決策がない。

▼アキレス腱の痛み

長時間自転車に乗り続けると、アキレス腱が痛むことがある。疲労してペダリングが雑になってしまい、アンクリングをして足首を伸ばしてしまうのが主な原因だ。私の場合は、雨の中を走り続けた際に起きやすかった。1本のBRMでの発生例は高くないが、200km、300km、400km、600kmの連続ブルベ、あるいは2000km超のブルベなど距離が長いと、何人かが患《わずら》う。

クリート位置が浅い（前側）と足首に負担がかかりやすく発生しやすい。長距離走で不安がある場合はキネシオなどのスポーツ用テーピングで足首の動きを制御する。痛みが強い場合は伸縮性のないテープで固定してしまうのもいい。アキレス腱用サポーターなるものも存在する。

基本的に痛みが出てしまったら治すには休養するしかない。重症化した場合、少し乗り始めて温まると痛みが和らぐが100kmほどでまた痛みだす、と完治まで数カ月を要することもある。無理をさせたくない箇所だ。

▼足の痛み

脚ではなく足首から先の足、ここの痛みはほとんどがシューズとの圧迫で起きる。超ロングで代表的なのは爪先、特に親指の痛みだ。踵を上げたペダリングだと、踏み込み時に親指がより圧迫されて痛みやすい。巻き爪対策には足の爪はサイドまで切らずに四角く保ったほうがいいようだが、私の経験では自転車での足指の痛みに関しては丸く切ったほうがいい気がしている。

指以外にもペダリング圧による痛み、シューズの締めつけによる両サイドの痛み、足裏の攣《つ》りなどが足に起きる障害だ。コンビニやレストランで座って休むときは、ちょっと行儀が悪いけれど、靴を脱いで圧迫から解放させるとある程度回復する。

▼上半身、肩

上腕や肩が痛む原因は、力んでしまっていて変な力が入っていることが多い。私も自転車に乗り始めた頃は上体がガチガチでよく腕が痛くなった。ハンドルを押さえつけるような運転は腕が疲れる。バランスをとったり曲がったりするのは体の役目であり、腕や手はハンドルを無理にコントロールするのではなく、添える程度が望ましい。ある程度自転車に乗り続けて慣れてきてもまだ痛む場合は、ハンドル位置が低すぎるかもしれない。１㎝高くするだけで乗り心地はかなり変わる。

バックパックを背負っている場合は肩や腰が凝る。痛みを感じるようならフレームに取り付けるタイプのバッグに変更しよう。

▼手のひらの痛みや痺れ

手の親指の付け根にある手根管《しゅこんかん》は、指を動かす腱や神経を取り囲む管だ。手根管内の神経がハンドルによる圧迫や振動を受けることにより、指先に痺れが生じる。１０００㎞以上のブルベになると発症者が多くなるようで、指先の痺れは自転車を降りてから1カ月以上続くこともある。

ＧＥＬ入りグローブの着用や、クッション性の高いバーテープを巻くことでも緩和されるが、おすすめはバートップが平面になったカーボンハンドルだ。上面が平らなハンドルはリラックスポジションでバートップに手のひらを置いた際に、圧力が集中しづらい。根本的な対策としてはハンドルを持たなければ圧迫されることはなくなる。筆者は指先をハンドルに引っかける程度の握りで走ることが多く、薄いグローブ使用でも手のひらの痛みを感じることは少ない。

▼Shermer's Neck（シャーマーズネック）

こちらも１０００㎞超で起きる障害。痛みはないのに首に力がまったく入らなくなり、頭の向きを自力で保つことができなくなる。１０００㎞以上のロングライドがあまり行われない日本で話題になることは少ないが、海外のロングライド界ではたびたび取り上げられる厄介《やっかい》な症状だ。発生したシャーマーさんの名をとって、シャーマーズネックと呼ばれている。

２０１１年のＰＢＰでも当時のＡＪ会長が残り２００㎞でこの状態になり、自転車チューブでヘルメットの後ろから腰へと結び、強制的に上を向き続けるようにして完走した。シャーマーズネックの原因は首の筋肉の疲労。過去にむち打ち症を患った人のほうが発生しやすい。

対策はハンドル位置を上げ、走行中の首負担を減らすくらいしかない。発生した時点で首が保てなくなるため、ロードのポジションで走り続けるのは難しい。１度発生した人は再発しやすく、そういった人が超ロングを走るには外部器具で保持するなど、なんらかの対策を練る必要がある。

▼味覚障害

極度に疲労が蓄積されると、食べ物の味がよくわからなくなることがある。何を食べても味がしない、ブルベ後そんな障害に陥るランドヌールは少なくない。

この味覚障害、通常は１日～数日で回復する。味覚障害には亜鉛がいいとされるが、ご飯にも十分な量が含まれる。しっかり食事をとり、よく休んで体を回復させよう。

痛みと付き合う

痛みは自転車乗り始めに多い。私もブルベを走り始めて数年は、乗るたびにどこか痛い痛いと言っていた、妻は痛がることはまったくなかったから、きっと個人差があるのだろう。そんな体の弱い私もどんなときに痛みが発生するか、何が悪いのか、自分なりにポジションの歪みや問題点を考えていった結果、痛まずに走れる距離は少しずつ延びていった。例えば今でもよく痛む左膝は、寒いときにいきなりスタートして大腿四頭筋がガチガチに固まっていると発生しやすい。漕ぎ始めは無理に力をかけずに徐々にアップしていく、筋肉が冷えているときは温める等の対処をとることにより痛みは軽減するようになった。

走行中のサドルやシートポスト、クリートの緩みによるポジションの変化にも注意が必要だ。普段ならサドル1cmの後退を意識できる人でも、超ロングの疲労の中では変化に気がつかないことがある。結果おかしなポジションで走り続けて、どこかを痛めてしまう。何か違和感を覚えたら、ボルトの緩みも疑ってみよう。

痛みが出てしまったら休養するか、病院で受診して治療するしかないが、乗り続けるうちに次第に自分の体のことがわかってくる。早いうちに専門家によるポジションチェックを受けるのもいいのかもしれない。

もしブルベに正しいポジションがあるとしたら、それは速く走れるポジションではなく、どれだけ走ってもどこも痛まないポジションではないだろうか。自分で試行錯誤し、あるいは人の助けを借りてそれに近づけていこう。

第8章

400km——夜通し走るということ

300kmを完走してから400kmに申し込むまで少し時間がかかった。あの疲労の後にもう100km走れるとは思えなかったし、夜通し走るということも想像できなかった。400kmの前に300kmをもう2回、今度は単独で挑戦した。結果1本は完走、1本は膝痛でリタイア。

行けるかどうかわからないけど次は400kmに挑戦してみようと思う。スタート時刻は24時、夜スタートのブルベはそれだけで難易度が上がると聞いた。でも仕事の都合で参加できそうなのはここしかなかった。

400kmの制限時間は27時間、夜中にスタートして、日が昇って、沈んで、次の日になってようやくゴールする。丸1日以上サドルの上で過ごすなんて、よく考えてみたらバカな話。

300kmで何度か夜間走行を経験して、前照灯の光量不足を感じた。明るさの他にランタイムの問題もあった。レギュレーションで最低限必要な2灯だけだと、途中でバッテリーが切れたときに面倒なのだ。400kmは300kmより夜間走行が長い。今回それを踏まえて電池容量の大きなライトを3灯配置、ヘルメットにも取り付け、尾灯は念のため3つに増やした。
友人がすすめてきたのはハブダイナモ、私の脚で使えるかどうかわからなかったので今回は見送り。

夜間走行の準備

400㎞ブルベにかかる時間は速い人で16時間、ごく一部の例外を除いて夜中も走り続けることとなる。BRMのレギュレーションもここからはライト2灯、ヘルメットの尾灯が必要になる。本格的な夜間走行の準備はできているだろうか。

▼ライト

フロントライトは明るいものがいい。製品によってバッテリーが切れた際にいきなり消灯するものや、徐々に暗くなるものがある。夜間の峠下りでの急な消灯は危険なため、自分が使っているライトがバッテリー切れの際どのような挙動をとるのか把握しておこう。

数年前からハロゲン球は廃《すた》れていき、今はほとんどがLEDライトとなった。色の再現性（演色性）は劣っていても、球切れがなく寿命が長いというメリットはブルベにおいて圧倒的、その壊れる理由の多くが浸水や落下だ。LED自体の寿命は5万時間と非常に長いが、熱でリフレクターが曇ってきたり表面のレンズに傷がついたりと使っているうちに明るさは落ちていく。

参加者の主流は自転車用のライト。中にはいろいろ工夫して、明るく安価な懐中電灯を取り付けている人もいる。自転車用として売られているライトの利点は次の通り。

・自転車用ライト

利点：ハンドルに簡単に取り付けられたり、固定力が十分であったりと、ブラケットが使いやすいものが多い。全長が短くハンドル設置時に収まりがいい。対向車が眩しくないように上方への光がカットされた、独自の配光パターンを持つものもある。

・懐中電灯

利点：安い。
欠点：汎用ブラケットで使い勝手が悪い、長い、配光パターンが円形。

次に電源の方式によるメリット、デメリットを以下にまとめる。

・乾電池式

利点：電池（バッテリー）がなくなってもコンビニなどで入手が容易。コンビニで売っている単3電池は高く、経済性を考えるなら充電池を持ち歩くことになるが、GPSなど単3電池使用の機器は多いため、使い回しが利いて便利。
欠点：単3電池4本が主流であり、大きく重いものが多い。バッテリー式より安い。

- 専用バッテリー充電式（18650など汎用リチウムイオン電池使用のものも含む）

利点：小型で使い勝手のいいものが多い。
欠点：充電が切れたらただの錘《おもり》。途中でバッテリーを入手できない。

古くからブルベで使われていたのは乾電池式だ。やはり途中で電池を入手できるという安心感は大きい。

充電式はバッテリーが切れたらただの錘というのが最大の欠点であったが、最近はUSB充電の製品が多く、大容量のモバイルバッテリーの登場により「充電しながら使う」「スペアバッテリーをバッグ内で充電しておく」といった使い方ができるようになり、急激に使用者が増えた。

スマートフォンが電池食いになったことで、モバイルバッテリー所持率が上がったのがポイントだ。ライトのバッテリーからスマホに給電できるものもあり、スマホ充電とライト充電に使い回すことができる。1200kmを超えるロングで途中での給電がままならない状況でなければ充電式ライトでも事足りることが多い。

ハブダイナモで発電してのライト点灯は、日本では普及率が低くあまり見かけないが、海外ではそれなりに使用者が多いシステムだ。ホイールのハブの内部に発電機が組み込まれ、昔のママチャリでよく見かけたタイヤと接触するダイナモと比べて、抵抗による損失がほとんどない。

・ハブダイナモ

利点：電池交換せずにいつまでも光る、GPSなどに給電できる。
欠点：ただでさえ貧弱な人間エンジンの出力をライトに奪われる。

ハブダイナモを手で回すと磁力による抵抗があり、回転はすぐ止まってしまう。こんなハブでまともに走れるわけがない、そう考える人が多くて人気がないのだろうか。

しかし手で回して感じる抵抗は、ほとんど損失にはなっていない。筆者がパワーメーターと3本ローラーを用いてハブダイナモの損失を計測したところ、消灯時にはシマノ105ハブとで計測誤差程度（1〜2w）の差しか出なかった。磁石による「スムーズに回らず引っかかる感じ」は、熱など別のエネルギーになっているわけではない。

よく使われる充電式ライトと同程度の明るさのライトを点灯した際は、消灯時と比べて7wほどの差が生じた。健脚な成人男性が1時間漕ぎ続けられる出力は200w、妻がブルベを走る際は走行時100w以下。ここから7w引かれるというのをどう捉えるかだけど、私は使ってみてメリットのほうが遥かに大きいと感じた。夜通し走っても電池交換を考えなくていいというのは非常に楽だ。

機材で7wの違いというのは多くの人が気づけない値で、注油したチェーンと汚れたチェーンとではこれ以上の差が生まれる。ハブダイナモが重いと感じる人は、気のせいの可能性が高い。

ハブダイナモの使い勝手を検索すると、かなり昔のデータが載っているサイトがヒットすることがある。これを見て「回らなくて使い物にならない」と判断されてしまうのは少し不遇だ。私が計測し、実際に使ってみた体験からだとハブダイナモだからといって特別高負荷になるわけではなく、特に消灯時には損失はほとんどない。

日本と海外の普及率の違いは、24時間コンビニで簡単に乾電池を入手できるか否か、という点も大きいのかもしれない。


400kmのスタート地点にはこの前の300kmで知り合った人が何人かいた。走行速度も近いし夜の間は一緒に走らない？　と話をする。

これから朝までずっと1人で走るのは心細い、脚の合った人がいて安心した。一緒に走るといっても遅れたらハイさよなら、その程度の仲なんだけど。

夜の走り方

夜中は何人かの集団でまとまって走るほうがいい。1人だとのまれてしまう闇でも、何人かが一緒になると光量が増し、車から非常に目につきやすくなる。夜間は車のドライバーも注意力が落ちていることがある、事故に遭わないようにできる限り自分たちを目立たせることが大事だ。

数人集まって光量が増すという利点は、周りの見やすさにも繋がってくる。ただ極端に明るいライトを遠方に照射した場合、前を走る人は自分の影で前方が見にくくなってしまうことがある。他人の後ろ、特に真後ろを走る際は光量を控えめにして、少し下向きにするといい。

複数人で走る一番のメリットは、やはり眠くなりにくいという点だろう。周りが明るい、というのが眠くならない一因で、更に喋る相手がいるのが大きい。相手が聞いていなくてもいい、喋るだけで効果があるので、何か話をして眠気を吹き飛ばそう。また集団走行は1人で淡々と走るときと違ってメリハリがつき、集中力の低下も防げる。


今回の400㎞はできるだけ休まないで走る計画を立てた。たぶん27時間走り続けるのは無理で、どこかで仮眠をとらなきゃいけない。そのための時間を稼がないと。

大切なのは序盤、まだ疲れていないときにコンビニで余計な時間を過ごさないこと。一緒に走っている人たちもそう考えているようで、最初のＰＣは座って弁当を食べることもなく、補給食を背中に詰め込んでさっさと出発した。せっかく温まった体を、夜のコンビニで冷やしたくないという理由もあったかもしれない。

プリンを飲み物のように胃に流し込んでいる人もいたっけ。あれはちょっと真似したくないなあ。

時間の稼ぎ方

▼休憩を少なくする

ブルベ200㎞の制限時間は13時間半、11時間くらいでゴールできれば余裕を持って走れたと言っていいだろう。この速度でゴールできる人なら、400㎞以上の距離になったときに仮眠時間の確保が期待できる。しかし速い人は200㎞を8時間かからずにゴールする、3時間も差がつくなんてなんて速い！　バケモノか。

しかしブルベにおいて、ゴールタイムが速い人と遅い人で大きく違うのは走行速度ではない。差を生むのは停車時間だ。例えば2時間ごとに10分の休憩をとったとする、120分に対して10分、この休憩の時間を走りで取り返そうとしたら速度を1割近く上げなくてはならない。ある程度自転車に乗っている人なら、今より1割速く走るのがどんなに大変かわかるだろう。

信号待ちといった停車時の時間は変わらない、走行時の速度が32㎞／hが35㎞／h。いや、停車時間を考えると走行速度はもっと速くなくては1割も差がつかない。10分多く休憩しただけでこんなに頑張らなきゃいけないないなら、休憩せずに少し速度を落として走り続けたほうが楽、数字を見てそう感じられるはずだ。

もしアナタが200㎞を時間ギリギリでゴールしていたのなら、400㎞以上は毎回のPCでの停車時間を削って仮眠時間に充《あ》てるべきだ。PCは休むところではなく補給食の補充をする場所で、休憩や食事はすべて自転車の上、これができるようになればトータルの時間は大幅に短縮できる。

自転車に乗り始めた頃は休憩イコール停車することだったが、200㎞、300㎞を走り切った今なら「自転車に乗りながら休む」ということがなんとなく掴めてきているのではないだろうか。自転車に乗ることが日常、つまり普段の生活ならば、そもそも休むという感覚もなくなる。停車時間を減らして浮いた時間をしっかりとした睡眠に回せば、安全にブルベを走ることができる。

毎回のＰＣを10分で出発するのがツラいという人は、たまに長時間休憩するＰＣを交ぜるのがいい。スタートから50㎞のＰＣ１はすぐに通過、でも１００㎞地点のＰＣ２はその後に峠に備えてしっかり休憩。このように事前に計画を立てておくと、大休憩をとるＰＣが目標となって頑張りやすい。ただし大休憩といっても30分以上休むのは長すぎる。目先の休憩ではなく快適な長時間睡眠を夢みて走ろう。

▼コンビニ滞在時間の短縮

速度を上げて時間を稼ぐのは難しいことはわかった。となると、いかに停車時間を減らすかが重要になってくる。停車時間のうち多くを占《し》めるのはＰＣ。日本のブルベはほとんどのＰＣがコンビニで、参加者の間で「コンビニ巡り」と揶揄《やゆ》されることもある。コンビニを制す者がブルベを制すのだ。

少しの停車時間の積み重ねが最終的に数時間の差を生む。そんな細かいことが、とバカにしてはいけない。

・電子マネーの利用

「１０５円になります」。えーと財布から１０００円出して、あっ小銭あった、５円あります。そんな風に小銭をやりとりするのは手間だ。これを電子マネーで支払えば一瞬だ。とはいえたかが数秒、塵も積もればといってもそこまで効果はなく、電子マネーの使用は小銭をジャラジャラ持たなくていい、という部分のほうがメリットとして大きい。電子マネーの使えないコンビニがPCになると一気に小銭が増え、財布の重量に反比例して筆者のやる気はガタ落ちする。人によっては後から家計簿をつけやすいというメリットもある。

電子マネー使用で気をつけたいのが置き忘れ。これは特にローソンで発生しやすい。他のコンビニなら「iDで」と告げた後にカードをセンサにかざすのだが、ローソンはその後自分で決済方法をタッチ選択することが多い。このときにカードを置いて手を離してしまうのが危険なのだ。普段はそんなミスなんてしなくても、疲れが溜まるととんでもないポカが起きる。引き返して多くの時間をロスしてしまった、なんてことがないように気をつけよう。

・時間のかかるものは食べない

ブルベでいつも早く帰ってくる人が、あるとき時間ギリギリでゴールした。どうしたのかと尋ねると、ものすごい距離のミスコースをした模様。「もう遅くなったから、コンビニで弁当食べちゃいましたよ」の発言に周りは驚愕した。なんとこれまで何度も走ってきたブルベでは、コンビニで弁当を食べたことがなかったというのだ。立ったまま素早く胃に流し込めるものを平らげ、すぐにPCを出発する。速い人はこういうところが違うんだなあと皆に感じさせたエピソードであった。彼に言わせればプリンは飲み物らしい。

「温めますか?」「はい」でしばらく待った後、コンビニ脇で座ってパスタを食べる。もちろん毎回プリンじゃ人としておかしくなってしまうかもしれないけれど、弁当を食べるというのは結構時間がかかる。プリンとは言わないまでも、オニギリやサンドイッチなど立って食べられるものにするだけで、10分近く滞在時間を減らすことができる。

走り続けるには適度なカロリー摂取が必要であり、時間を削ろうと思った結果摂取カロリーが足りなくなるのでは本末転倒だ。コンビニではオニギリやパンを5つほど買ってその場で1つ食べ、残り4つは次のPCまでの間、信号待ちや登りなど低速走行時に食べる。1度に一気に食べるより少しずつ食べ続けるほうが運動時のカロリー摂取として望ましく、PCとPCの間で走りながら食べるのはその点で見てもいい方法だ。オニギリはちょっと……という人でも「ウイダーinゼリー」などのゼリー状飲料や、バー状の補給食ならば食べやすいし、途中ガス欠で走れなくなったときの非常食にもなる。片手で押すだけでパッケージから飛び出て食べやすい「スポーツ羊羹」といった商品もある。

・トイレ待ち時間を減らす

ブルベの参加者は皆、PCのコンビニに入る。そこで発生するのは長蛇《ちょうだ》のトイレ待ち行列だ。走行中に見かけた公衆トイレですませておけば、この長い行列に加わる必要はなくなる。参加者が集中している場合は、弁当類が食べ尽くされていることもあり、PCはガムでも買って一瞬で通過し、別の店に寄ったほうがトイレだけでなく食事の面でいい場合もある。

・あらかじめ買うものを決めておく

とても速い人たちの場合、コンビニに入る前から買うべきものをシミュレートしている。コンビニによって多少の違いはあれど、売り場構成はだいたい同じだ。ドリンクは店の奥、オニギリはレジの横、あらかじめ買うものを決めておいて頭の中で巡回ルートを作成、コンビニ内でウロウロすることなくレジを目指すのだ。ミッションは最後にレジの前、ここによく置かれている大福を掴んで完成する。

・PC以外のコンビニに寄らない

長距離のブルベになるとPC間の距離が100㎞を超える場合が出てくる。補給食が足りなくなったと途中でコンビニに寄ると、それだけで10分以上のロスとなる。次のPCまでが長い場合、食べ物を余分に買ってバッグに詰め込んでおけば、補給での停車時間を減らせる。

食べ物と違って飲み物は重く、真夏になると100㎞走るのに必要な量を持ち運ぶのは難しい。この場合は自販機が重要な補給所になる。コンビニでの支払いは電子マネーをすすめたが、財布の中にお札しかないと自販機での購入が厄介《やっかい》だ。150円を取り出しやすいところに用意しておけば、停車時間は最小限ですむ。公衆トイレに寄った際に水を汲むのもいい。

ここで挙げた時間を稼ぐいくつかの方法、これらはかなり上級向けであり、やれと言われてもなかなか実行できないものも多い。長距離に慣れていれば100㎞停車せずというのはそんなに難しいことではないのだが、最初のうちはどうしても止まって休みたくなってしまう。

ここまで時間が、時間がと囚《とら》われて走るのは、楽しくないだろうに。そう感じる人は少なくないだろう。我々は楽しいサイクリングをしているのだから、どこかでゆっくり食事をしたり、止まって写真を撮ったり、そんな時間も味わいたい。ここで時間を稼げと言っている目的は仮眠時間を増やすためだけではない。稼いだ時間はそれだけでなく、食事を豊かにしたり、名所を巡ったりするのにも使える。仮眠をとらずに一気にゴールを目指してもいい。無駄な時間を削ぎ落としていけば楽しめる範囲は広がる。途中で観覧車に乗るなんてのもありだ。

▼最終的には速度も必要

私の妻もブルベを始めた直後は６００㎞まで走ったが、その後は眠い中走るのは危険と考えて、４００㎞以上のブルベは滅多に参加しなくなった。眠くなるならないは人による差が大きく、誰かにとって安全であっても別の人はそうではない。ブルベに何度か参加するうちに私も妻も「寝ないと走れないタイプ」だということがわかってきた。しっかり寝ないと走れない我々が出した結論は「20㎞／ｈ以上で走れないと４００㎞以上のブルベは危ない」というものだった。

この20㎞／ｈというのはＰＣでの休憩時間を含み、仮眠時間は含まない。２００㎞を10時間で走る脚があれば、そしてそのペースをその後も続けられれば、眠気に弱い人でもブルベを安全に走ることができる。これには平地を30㎞／ｈ弱で走れる速度が欲しい。もっとゆっくり走る人でも完走できる人は沢山いるのだけれど、雨でも、坂でも、トラブルがあっても、それでも無理なくゴールできるようになるには、このくらいの速度を目指したい。

寒い。深夜とはいえ、スタート地点の宇都宮の気温はそこまで低くなかった。それが明け方が近づくにつれ、耐えがたい寒さになってきている。もちろん天気予報は見てきたし、スタートから山岳に向かうルートで覚悟はしてきた。それでももう4月なのにここまで寒くなるだなんて思っていなかった。

ボトルの水は凍りついて飲めないし、まあそもそも飲みたくもないが、気温が低いせいかGPSはすでにバッテリー残量わずかの警告が表示されている。天気が良くて路面が乾いているのが救いだ。これ、雨だったら路面凍結してたかも。

天気がいいというのも問題か、放射冷却で明け方は更に冷え込みそうだ。とにかく体が冷えて震えが止まらず、ブレーキがかけられない。何か温まるものを手に入れるため、集団から離れてコンビニに寄った。

ホットドリンクとそれから使い捨てカイロを買おうと探すも、カイロが見つからない。店のオバチャンにカイロはどこかと尋ねると「たしか先週売り場から外されちゃった」とあんまりな回答。寒そうな私を見かねてかオバチャン「ちょっと裏から探してくるね」と倉庫へ。

神はいた、そう思って喜んだ矢先の「ごめん、無かった」……地獄に送り返される。

そういえばスタート直後に一緒だった人が、体にラップを巻き付けて走ったことがある、って言ってたな。私はさすがにそこまでする気にはなれなくて、ストッキングを買ってタイツの下に穿《は》いた。寒いからコンビニから出たくないんだけど、前に進まないとタイムアウトしてしまう。

防寒対策

▼準備は万全に

ＧＷ前の４００㎞、そろそろ暖かくなってきた中のブルベは寒さを油断しがちだ。しかしこの時期のブルベは１０００ｍ超の本格的な峠が組み込まれ始め、想像以上に寒い中を走ることもある。筆者が参加した長野のブルベでは、４月末の４００㎞でマイナス５℃になった。峠通過が夜中になった人はマイナス８℃まで下がったらしい。

一般的に標高が１００ｍ上がると気温は０・６℃下がる。加えて山の天気は崩れやすく、また店など寒さをしのげる施設が無い。普段本州の平野部を走っている人が、もう春だからと峠を舐めてかかり、防寒装備をおろそかにすると大変なことになる。気温が読めないときは長袖インナーを１着バッグに追加するのがいい。

また、気温が低い場所では電池の持ちが悪くなる。ＧＰＳなどは普段より早くバッテリー切れになるため、それを考えて予備電池を用意しよう。気温が２℃以下となった場合、路面が凍結する可能性が出てくる。続行するかどうかは自己判断で。

▼防寒装備

・体幹部を温める

まずは体幹から熱が逃げないような装備を心掛けよう。自転車はかなり風を受ける乗り物だ、風により走行時の体感温度はグッと下がる。ジャージは防風素材のものを選ぼう。ネックウォーマーは首の回りからの風の侵入を防げ、絶大な効果がある。

自転車ジャージは前面は防風だが背面は風通しが良いなど、単純な保温よりも透湿に重きを置いているものが多い。寒がりの私の場合、コンビニでの休憩時や寒い中走れなくなったときに備えて、小さくまとまるダウンジャケットを持って走ることもある。停車時の温かさは数万円の高級自転車ジャージより量販店のダウンのほうが上だ。

ただしあまり着込みすぎると汗の乾きが悪くなり、余計に冷えることになる。濡れた服を着続けると体温がどんどん奪われていく、着替えがある場合は面倒がらずに交換して汗冷えを防ごう。峠の頂上では汗で濡れたインナーを着替えると、その後の下りの寒さは低減する。

元気があってしっかり漕げているときは発熱量が多いため寒さをあまり感じない。ブルベで怖いのは疲労で漕げなくなったときだ。出力が低くて体が温まらない↓寒さでますます走れない↓体が温まらない、のネガティブスパイラルに陥ってしまう。自分で発熱できなくなったら使い捨てカイロの力を借りるのがいい。ハクキンカイロのような火を使う本格的なカイロを、腰回りにつけるのはより効果的だ。カイロ使用時は着込んだときと同じく汗冷えに気をつけよう。

・末端を温める

走行中に最も冷たさを感じるのは手、それから足の指先だ。防風グローブやシューズカバーを使っていても徐々に冷えていき、冷たさで痛くなり、やがて感覚がなくなってくる。

指先の冷えはブレーキやシフトチェンジにも影響を及ぼすため早めに対策したい。ここでも有効なのは使い捨てカイロ、小さいサイズのものか靴用のものをグローブの中に入れよう。低温やけどが気になる場合は薄手のインナーグローブとグローブの間に入れるといい。指先が温まると寒さの感じ方もかなり変わってくる。

足指の冷たさにもカイロが効果的だが、通常の靴用カイロを靴下の裏に貼った場合、ペダリングに違和感が出ることがある。特に時間が経《た》ってカイロが冷えて固まってきた場合、指先が痛くなることもある。靴はグローブと違って脱ぐのが面倒なので、私の場合は足の底側ではなくて指の上に貼りつけている。それでも違和感がある場合、効果は薄れてしまうがシューズとシューズカバーの間に入れても効き目はある。

・カイロ合わない派

ここでは使い捨てカイロを強くおすすめしているが、同じ寒がりでもカイロが合わなくて使わないという人もいる。汗をかいてより冷えてしまうとのことだ。やはりこれにも個人差はあり、正解はない。そもそも寒がりでなければカイロを使う必要はまったくないかもしれない。

そういえば走行中コンビニで、カイロを購入する際に注意したいことがあった。4月下旬はコンビニの商品からカイロが回収されてしまう時期。途中で買えばいいやと考えていて、1度これで厳しい目に遭ったことがある。この季節はカイロの途中入手をあてにしないように。

・ストッキング

男性にはまるで馴染《なじみ》のないストッキング。これの防寒効果は高く、タイツではなく短レーパンで来てしまったが脚が寒くてツラい、といったときに途中入手できるアイテムでは相当高性能だ。通常のズボンではバタバタして裾をチェーンに巻き込んでしまうがストッキングは厚みの薄いタイツ、自転車にピッタリだ。

私は自転車を始めた頃、レース畑の友人にレース前の防寒具としてストッキングをすすめられた。

レースが始まる直前に破って脱げばいいと。

ブルベでももちろん使える。運良く高デニール（厚手）のストッキングを見つけられれば傍目には自転車用タイツに見えなくもない。薄手であっても大丈夫、高速でペダリングすればたぶん気づかれない。そしてこのストッキングは雨天時の防寒も意外といける。防水効果はまるでないがそれなりに保温されるし、水の染み込みが少ないのがいい。

ただ性別と年を考え、薄手の白ストッキングだけは自粛《じしゅく》してくれ……まあ五十歩百歩か。

▼休憩時の保温

ペダルを回し続けてそれなりに発熱する走行中と、停車時の防寒対策は異なる。停車時は汗をかかないため、とにかく体の熱が逃げないように心掛けなければならない。かさばるため持ち運ぶのはなかなか難しいが、ダウンジャケットはこういうときに暖かい。

深夜に寒い道端で仮眠する可能性がある場合は、持ち物にレスキューシートを入れておくと安心だ。1度も使っていない購入直後の状態ならば、小さくて場所をとらない。

地面、特にコンクリートの路面は朝方すごく冷える。仮眠するほどでもないが少し休みたいといった場合も、できる限り地面ではない場所、ベンチなどを探したほうが冷えずにすむ。どうしても地べたで休まねばならない場合は、キャンプ用のマットがあれば冷えをかなり防げる。足部分までカバーする必要はなく、半分ほどに切ったウレタンマットをリアバッグに括り付けておくというのがマット愛用者の技だ。空気を入れるタイプのマットはウレタンより小さくなるが、畳むのに時間がかかり重量もあるためブルベではおすすめしない。

日の出前の一番寒い時間帯は、ファミレスやファストフード店などの中で寒さをやり過ごすのもいい。この時間にどこを通過するのか、大まかなタイムスケジュールを立てておこう。


標高が下がってきて寒さのピークは去った。これで命の危険は……なんて書くと大げさか、でも実際ブルべで低体温症にかかった人がいると聞く。

今回たぶん、雨が降っていたらずっと危険だった。それに山道、たまたまコンビニがあったあの場所に何もなかったらと思うとゾッとする。後先考えずに峠に突入して、動けなくなって、電話が通じなかったらどうすればいいんだろう。

あいつに散々言われた「大事に至る前に判断するのが大事」というのが少しわかった気がした。ちょっとオヤジギャグっぽいね。

低体温症

寒さで一番怖いのは、低体温症に陥ることだ。実際、これによる救急搬送が過去のブルべで発生している。

単純な気温の低さよりも、気をつけなければいけないのは雨、特に雨の峠は要注意。雨で体が濡れた後、下りで風を受けて気化熱で更に冷える。どこかに退避しようにも休める場所はなく、温かい飲み物もない。

筆者も過去SR600日本アルプスで、未明の雨の中を峠に突っ込み、震えが止まらず動けなくなったことがある。雨、夜、疲労、そんな状態で避難場所のない峠へ突入するのは慎重になるべきだ。遊びに出かけて救急搬送なんて迷惑極まりないし、自己完結が大原則のブルベの精神からかけ離れた行いでもある。

▼低体温症の症状

低体温症の症状には以下のものがある。疲労時や脱水状態時にはより発症しやすくなる。
軽度：震え、疲労感、無気力
中度：震えが止まる、意識障害
重度：呼吸・心肺停止、昏睡《こんすい》

震えがあるうちはまだ軽度で、震えることができなくなったら自力回復は難しく、病院行きだろう。寒い中じっとしていたら死んでしまう。そうなる前になんとかしなければならない。

▼体が冷えたときには

もし低体温症になりかけていると思ったら、急いで乾いた服に着替え、脇の下などをホットの缶飲料で温めよう。濡れたものを着続けるのは良くない。新しく買ってでも乾いた服に着替えるべきだ。そして温かい飲み物を飲み、とにかく休むこと。たとえリタイアするつもりであっても、アルコールは厳禁だ。一時的に体が火照《ほて》っても、血管が拡張して体熱が奪われ、より体温が低くなってしまう。コーヒーなどカフェインを含むものも、利尿作用があるため適さない。


暑い！　日が昇ってきて震えが止まったときはホッとした。そこから数時間は快適で、寒さで遅れたぶんを取り返す走りができた。

だけどまだ12時にもなってないのに気温が20℃ってどういうこと？　なんで夜中に峠を走って昼間が盆地なの？　このコース作成者はド変態か。

明け方の気温は氷点下にまで下がったから、差は20℃以上。単純な気温というよりこの差にやられてる気がする。寒さのダメージも残っているのかな？　体がダルくて前に進まない。

困ったのが服、長袖と長タイツしか持ってきてなくて、タイツは汗の跡が白く浮いてきてしまっている。

あー暑い！　あついあついあついあつい！

暑さ対策

▼温度差
昼と夜、それから平地と山岳。４００㎞以上のブルベは寒暖で20℃以上の温度差があることも少なくない。気温の変動を考えた服装の選択が重要となってくる。

ほんともう暑いなあ。

「暑さを舐めてると危ない」と聞いたことがある。でもまだ4月、熱中症になるような時期じゃないか。それにしても前に進まない。

うぅ頭がぼんやりして吐き気がする。

熱中症

▼暑さの恐怖

寒さでは人は死ぬけれど、暑かったら動かなければいいだけだから大丈夫。そんな考えは大間違いだったことを、筆者は２０１５年に参加した長距離レースで知ることになった。


アメリカで行われた１４００㎞のレース、カリフォルニア州のオーシャンサイドからアリゾナの砂漠を抜けてデュランゴへ。スタート地点では肌寒かった気温も内陸部に入ると急上昇、39℃まで上がった。ここで補給に失敗し、軽い脱水症状を起こしてしまう。

この時点でしっかり休めば良かったものの、そのまま砂漠へ。気温は45℃。発表された気温でこれだから日陰がまったくないアスファルト上の温度はもっと高かったかもしれない。

頭痛、吐き気、強烈な足攣《あしつ》り、それでも無理して走りつづけた結果、平衡感覚《へいこうかんかく》が失われフラフラして真っ直ぐ走れなくなった。その後は意識障害。日本語が理解できず、自分で何を言っているのかわからない。そして走行中に意識を失い落車、全身痙攣《けいれん》。サポートカー付きのレースだったためすぐに救急搬送され、幸いにも命に別状はなくてすんだ。

病院に着いて意識は戻ったものの意識障害は続いており、入院から2日間は妻を認識することすらできなかった。熱射病による脱水と、横紋筋融解症《おうもんきんゆうかいしょう》と診断された。


暑さで人は死ぬ。毎年夏にニュースになるのは高齢で体力のない人に限ったことで、自分は関係ない話だと高を括っていた。熱中症は初期症状が軽く、自覚症状がないうちに重篤化《じゅうとくか》するのが恐ろしい。

ブルベは自己責任で、なんて散々書いている私はＰＢＰで事故に遭ったり、こうして熱中症で運ばれたり、まったくもってカッコイイサイクリストからかけ離れてて、本を書いて薀蓄《うんちく》を垂れ流すのに相応《ふさわ》しくないかもしれない。でも、だからこそ何が怖いかわかるし、それを伝えることもできる。

眠い中無理して走るのは怖い。寒いのも怖い。熱中症も怖い。

▼熱中症の症状

Ⅰ度：気分が悪い、手足の痺れや攣り・硬直、血圧低下、皮膚蒼白

II度：頭痛、吐き気、倦怠感《けんたいかん》、めまい
III度：意識障害、せん妄、意識喪失、腎臓・肝臓機能障害

炎天下の中200㎞も走れば熱によるなんらかの障害は起きて当然だ。日本では気温が40℃を超えることはほとんどないが、湿度が高いため発汗の気化熱による冷却が期待できずに熱中症の危険は同様に高い。

「今まで熱中症になったことある？」と聞かれると「ない」と答えていたが、正しくは「病院に行くほど酷い症状になったことはない」だったわけで、脚が攣ったり気分が悪かったり汗のかき方が異常だったり、それは全部脱水と熱による軽度の熱中症だったのだ。

そういった異変を感じたら、すぐに環境を変えないと取り返しのつかないことになる。熱中症は軽度の症状を介さずにいきなり重度の症状が出ることもあり、早め早めの対策をとる必要がある。

▼熱中症対策ですべきこと

・暑いときは運動を避ける

……ブルベの本で運動を避けろと言われても、これは現実的じゃない。

ただあまりに暑い場合は走るのを一時諦めエアコンの効いた店内で涼む、それはまったくもって正しい解決法だ。無理して走って体を壊したら元も子もない。時間があれば体が落ち着いてから走りだせばいいいし、そのままリタイアという選択も正解の1つだ。

・体温を下げる

定番はやはり氷だ。これをコンビニ袋やビニールのパックに入れて首筋や背中を冷やす。溶けて水になってきたら、ボトルに入れていけば飲み水としても使えて一石二鳥。キャメルバッグに氷を入れるというのも猛暑のときには素晴らしい手だ。

しかしキャメルバッグで背中を覆うと発汗した汗が蒸発しにくくなり、氷が入手できない場合はより暑くなる可能性がある。背負うのをやめたときにしまえるように、サドルバッグなどに空きスペースがない場合、使用は諸刃《もろは》の剣《つるぎ》だ。

また、コンビニでは冷たい水を買い、頭から被ると一気にシャキッとする。手や脚にもかけると体温を更に下げることができる。ジャージに垂れて濡れてもすぐに乾くので思い切って浴びてしまってもいい。峠の湧き水でこれをやるのも気持ちがいい。

走行中はボトルの水を頭や腕にかけながら走ろう。冷たい水で体温を下げるのではなくて水が蒸発するときの気化熱で体温を奪うのが目的のため、ぬるくなった水でも構わない。峠の下りなどより速度が出て風を受けるときにやると効果が高い。

それからこれは、あまりに汚いので妻から止められており人に見せたことのない技なのだが、口に水を含んで霧吹きのように腕や脚、そして顔（つまり何もない前方に飛ばす）にかけるという秘技がある。霧状になった水は蒸発が早く、その効果はてきめんだ。もちろん妻に見えないところではふんだんに使用している。皆さんも気に入ったら是非隠れてやってみて欲しい。最近は霧吹きがついたドリンクボトル、なんてものも発売されているんだけど。

そしてここでもストッキング。ツール・ド・フランスでは、暑さ対策のためにストッキングに氷を詰める作業が見られた。前述のアメリカのレースでも、氷を詰めたストッキングで首筋を冷やすのは定番だ。寒くて良し、暑くて良し、破っても被っても良しのストッキング、素晴らしい万能アイテムだ。

•しっかりと水分補給する。ナトリウムを不足させない。

少量の汗であれば水で事足りる。ボトル内が水だと体にかけるのにも使えて便利なため、水以外のスポーツドリンクなどを入れようという気にならないかもしれない。長時間のブルベで甘いドリンクをボトルに入れるとカビることがあるし、暑いときは甘いものは飲みたくなくなる。

しかし大量に発汗した場合、水だけをとるのは危険だ。血液のナトリウム濃度が下がり、それ以上濃度を下げないために喉の渇きが止まる。更に濃度を戻すために水分が尿として排出され、脱水がますます進むことになる。脱水を恐れて水を飲めば飲むほど脱水していく。夏の暑い日のロングライドで頻尿に陥り悩んでいたことがあったが、頻尿の原因は水分のとりすぎではなくナトリウム不足だったのだ。

そしてそんな状態になっても水をとり続けた場合、ナトリウム濃度は更に下がって低ナトリウム血症（水中毒）になる。症状はめまい、吐き気、頭痛や意識障害。アメリカでの脱水時もナトリウムが足りないことは自覚していた。体にかける水が欲しかったため、給水のほとんどを水にしたのが問題だった。

水だけをとらず補給食も一緒に食べればそちらから塩分は補給できる。熱中症対策の塩タブレットも各社から販売されており、そういったものを食べながら走れば大丈夫だ。

あまりに暑い場合は固形物を食べたくなくなることもあるため、ダブルボトルにして飲料用のボトルには塩分を含んだものを入れる。熱中症にかかってしまったときも、塩分を含んだ飲み物を飲むのがいい。塩分は多少とりすぎたくらいで即問題になることが少ないため、脱水を感じたら多めに摂取するのがいい。筆者は炎天下のブルベでは塩の小瓶を持ち歩くようにしている。

☆**経口補水液の作り方**

水1リットルに対し糖濃度2・5％程度のドリンクは運動時に水分の吸収がいい。これに0・2～0・3％の塩分やその他ミネラルを加えたものが経口補水液と呼ばれ、脱水対策ドリンクとして販売されている。経口補水液ではないが代表的なスポーツドリンクである「ポカリスエット」は糖分6・2％、塩分0・12％。「アクエリアス」は糖分4・7％、塩分0・09％（それぞれパッケージが違うと微妙に成分が異なる）。スポーツをやっている人ならアイソトニック、ハイポトニックという言葉を聞いたことがあるかもしれない。「ポカリスエット」と「アクエリアス」はどちらも体液と同程度の浸透圧を持つアイソトニック飲料であり、運動時に摂取する糖濃度としては高いため、2～3倍に水で薄めたい。すると塩分が足りなくなるので、1リットルに対し2gほどの食塩を加えれば、経口補水液と同じ糖度、ナトリウム濃度となる。もちろん水に砂糖やブドウ糖、食塩を加えて作ることもできる（砂糖25g、食塩3g）。

・前日の宴会はほどほどに

暑い日が続くとビールが美味《うま》い。しかし楽しい前日の飲酒が過ぎると、翌朝脱水状態になりやすい。数十㎞のヒルクライムならそれほど影響はないかもしれないが、400㎞走るブルベとなると状況は異なる。熱中症の危険がある猛暑が予想される場合は、前夜の飲酒は抑えるべきだ。本当は控えるべきと書きたいところだが、そこは自己責任だろう。

連続ブルベの福岡へブンウィークは、毎晩宴会で浴びるように飲んでいる、開催時期がGWと気温がそこまで高くないこともあって、皆なんとかなっているようだ。

・暑さに馴れておく

熱中症は急に気温が上昇したり、今まで涼しい所にいた人が暑い場所に出たりしたときに起きやすい。これは体が暑さに馴れていないからで、暑い中で発汗を促し徐々に体を馴らしていくことで熱中症へのリスクを下げることができる。これは「暑熱馴化《しょねつじゅんか》」と呼ばれている。

暑熱馴化により汗腺の働きは活発になり、発汗量が増えると共に、汗はナトリウム濃度が減ってサラサラになる。また心拍や代謝も低下する。毎日100分ほど暑い中で体を馴らしていれば、1〜2週間ほどで暑熱馴化は完了する。暑い時期のブルベにはいきなり参加せず、少しずつ体を暑さに馴らしてからにしよう。

・熱中症になってしまったら

それから、これは筆者の体感なのだが、一旦暑さにやられてしまうとそのシーズンはどうも暑さに弱くなってしまう。同じことを言っている人が周りに多くいるため、肉体的にはあまり根拠がなくても精神的な影響もあるのかもしれない。しばらくは暑い中走らずに、慎重に体を馴らしていったほうがいいだろう。

熱中症で危ない目に遭ったため、詳しく対策をまとめたが、一般のブルベ参加者でここまで意識して走る人は少ないだろう。しかし大量の発汗には水だけを摂取してもダメで、塩分をしっかりとらなければいけないことは頭のどこかに入れておいて欲しい。経口補水液のナトリウム分量も覚えておいて損はない。

あついわー、足攣るわー、スタッフ鬼だわー。ブツブツ呟きながら峠を登っていると、道の脇の蕎麦屋から真っ黒いオジサンが出てきた。あっ、いつだったかお焼きをくれた人だ。

「暑くなったねえ、あれ？　今日は1人なの」「はい、友人は仕事が忙しいみたいで」……私だってもう1人でブルベくらい走れる。

しかしこのオジサン、まだ4月なのになんでこんなに黒いのかな？　海外にでも行ってたのだろうか？

「よく焼けてますねえ、どれだけ乗ってるんですか？」聞くとオジサン、日焼けして変に痛くなる前に、日焼けサロンで万遍《まんべん》なく焼いてきたとのこと。

しまった、紫外線のことなんてすっかり忘れていた。長指グローブと長袖ジャージの隙間の皮膚には、腕時計でもしているかのように黒いリングが現れていた。

お肌の大敵、紫外線

▼肌のダメージ

日焼けでの肌ダメージも個人差が大きい。日差しの強い日に少し外を走っただけで真っ赤にただれてしまう人、黒くなりたくない女性にとって紫外線は大敵だ。日焼け止めクリームは汗で落ちてしまうため頻繁に塗り直さないといけない。腕や脚はＵＶアーム、レッグカバーで覆って走ることになる。はたから見ると暑くて邪魔そうなカバーだが、砂漠を走るのに使用した際は意外と快適であった。

私は焼け始めに風呂でヒーヒー言うくらいで、黒くなってしまえばそのシーズンはもう痛むこともなくなるためあまり気にしていない。しかし日焼けには皮膚癌のリスクがあり、何より体力を大きく消耗する。肌の影響云々《うんぬん》にかかわらず、可能な限りケアしたい項目だ。

▼サングラス

紫外線は目にもダメージを与える。角膜が紫外線で炎症を起こすと、メラニン生成が促され日焼けが進むという説がある。私も以前は肌と同じく無頓着《むとんちゃく》にしていたため、強い紫外線の中長時間走った後に目が開けられないほど痛むことがあった。紫外線による眼球へのダメージは白内障になることもある。サングラスで紫外線を防ごう。

なお、ＵＶカット性能と可視光の透過率は別モノで、透明のレンズでもＵＶカットできるサングラスはある。紫外線から目を守ることだけが目的の場合はサングラスに頼る必要はなく、ＵＶカット機能のあるメガネでも大丈夫。ただしスポーツサングラスには、自転車に乗ったときに見やすいように細かく位置調整できるものがあり、この点でメガネより優れている。

サングラスは透過率が物によって違うので、日光の状態によって使い分けるのが良い。といっても1日中走るブルベの場合、明るさは刻々と変わっていく。そこでおすすめなのは調光レンズ。紫外線量によって濃さが変わるレンズだ。

一見万能に見えるが、紫外線なし状態の透過率は優れた製品でも80％弱で、未装着と比べると夜間では視界が悪くなる。いくら調光といえ夜中もかけっぱなしというのは少し難しい。色が変わるまでは数十秒かかり、トンネルに入った瞬間は真っ暗になってしまう。

また高温時には着色が薄くなる。春先ではかなり黒くなっていたレンズが真夏ではそこまで濃くならない。長期使用して劣化すると紫外線がなくても色が薄くなりにくく、色が残ったままになる。と、いくつかの欠点はあるものの、使い勝手はすこぶるいい。

偏光レンズは車の金属部分で反射される強いギラっとした光をカットしてくれる。必須なものではないが、真夏は偏光レンズのほうが見やすさが上がる。

視力が悪く、メガネを着用している人がサングラスを使う方法はいくつかある。

・レーシック（角膜内レンズ等含む）で視力回復

利点：視力が悪いという前提をいきなり覆《くつがえ》す大技。
欠点：角膜の形など眼の形状によっては受けられない。高額であり術後の不安も残る。ブルベ中に目にトラブルが起きたらすぐに医者に行けるか心配。

これだけ見るとデメリットが大きそうだが、レーシックを受けてブルベを走っている何人かの知人によると、メリットのほうが遥かに大きいとのこと。

・コンタクトにする

利点：普通のサングラスが使える。
欠点：コンタクトはロングライドにあまり向いていない。目にゴミが入ったり、衛生的でなかったり、寝るときに周りに水すら無い場合もある。

・クリップオン：メガネにクリップするサングラス、汎用品

利点：今あるメガネに使えるため安い。普通のメガネとして使える。
欠点：ベースがメガネなため、位置の微調整や防風などでスポーツ用サングラスに劣る。

・跳ね上げ式：専用メガネ＋クリップオンセット含む

利点：トンネル進入時に跳ね上げて明るくすることができる。度付きサングラスより安い、跳ね上げ部分を外せば普通のメガネとして使えないこともない。
欠点：サングラスに合わせたレンズとなり、通常のメガネとは見え方が少し異なる。

・度付きサングラス

利点：普通のサングラスと同じ感覚で使える。
欠点：レンズがべらぼうに高い。強度の近視の場合作れないレンズが多い。サングラス表面に傷がついたらレンズごと交換。通常のメガネを使いたい場合はもう1本持ち歩かないといけない。

高価なものであるが使用者の評判は概《おお》ね良く、作って良かったという感想が多い。

筆者はＲＵＤＹの跳ね上げ式を使用している。使い方が荒いこともあり、桜島周遊の火山灰が降り注ぐ中を走ったら表面のコーティングがボロボロになってしまった。走っているときにジャージで拭っていたのがいけなかったのだろう。レンズとサングラスが別パーツなのでサングラス部分の１万円強の出費ですんだが、これが度付きサングラスであれば数万円がダメになってしまったところ。私には使えないなあと思った瞬間であった。

「坂ばかりのコースで足が攣って大変ですよ、なんだか吐き気もするし」オジサンに愚痴をこぼすと「脱水じゃない？」と心配された。確かに水分補給忘れてたかも。

速度はどんどん低下していて、夜中の貯金はもうほとんどなくなっている。このまま走り続けてもタイムアウトかもしれないけど、それでも走り続けないと。引きつった笑い顔に対してオジサンは真顔で「調子が悪いまま走り続けるよりも、思い切って休んでみたほうがいい」と言う。

これじゃ間に合わない。そう思って泣きそうになりながらペダルを回していたのが、休んだら？ と言われて少し落ち着いた。オジサンと入れ替わりで蕎麦屋に入る。もし回復しなかったら……そのときはまあ仕方ないか。

体調不良

４００㎞は長い。走る前は絶好調だった体調も、走っているうちに急変し、完走が危うくなることもある。２００㎞地点で異常を感じたとしても、まだあと２００㎞残っているのだ。痛みや苦しみを感じながらゴールまで走れるのだろうか。

▼ブルベで起きやすい症状と対処法

・風邪

少しくらいの風邪であれば、走り始めた直後は調子が良くなってきたように感じることがある。ああ気持ちいい、無理して参加して良かったな。しかしそんなのは最初だけ、４００㎞ともなると疲労と共に調子は悪化、鼻水は垂れ流し、喉も頭もガンガンし、無理して参加するんじゃなかったと後悔することになる。頭痛やめまいなど頭に影響が起きた場合は、安全な走行が困難になるため、無理はほどほどにしたい。

筆者は鼻炎持ちであり、鼻水垂れ流しがキツいときは鼻の穴にティッシュを詰めて走る。

・筋肉痛

４００㎞までのブルベであれば、走行中に脚の重さは感じることはあっても、痛みに発展することは少ない。コンビニや食事で長時間休憩した後や、仮眠した後は痛みを感じやすいタイミングだ。単なる筋肉痛であれば、軽いギアで流していればそのうちに脚は回りだしてくる。重いギアを踏まず無理をしないように。

・足の攣り

登りで足が痙攣して動けない、自転車乗りならそんな経験があるだろう。ロングライド中の足の攣りは、脱水が引き金となることが多い。筆者の経験では、体内のナトリウム濃度が下がった状態だと格段に発生しやすくなる。ミネラルバランスの乱れが原因と言われるが、水と共にしっかりと塩分を補給するだけで効果はある。

・オシリの痛み
オシリの痛みが慢性的な持病になるというのは聞かない。筋肉痛と同じく一過性のものと考えていいだろう。ただ痛みだすと、とても自転車に乗れないくらいに悪化することはある。擦れによる痛みや、そこからのデキモノであればキズパワーパッドなどで保護することでかなり和らぐ。圧痛はオシリを浮かす時間を増やすことで対応しよう。

気をつけたいのはオシリが痛い→ダンシング多用→膝やアキレス腱の痛み、と無理な漕ぎ方をして他の故障箇所を増やしてしまうことだ。痛みがあまりに酷い場合はサドル位置の変更も有効な手となるが、これも他の箇所の故障に繋がるのが怖い。

・足、肩、腕
靴の中の痛み、肩や腕の凝り、これらもあまり大事に発展することは少ない。耐えられる痛みか、残り距離が辛いだけにならないか、よく考えて続けるかどうかを決めよう。

・膝痛、腱炎、神経
アキレス腱など腱の痛みや、神経圧迫による指先の痺れは回復までに時間がかかる。なんとかこのブルベを走り切ったとしても治るまでに数カ月、その価値があるブルベだろうか。膝は慢性的に痛みを抱えている人が多い、筆者も多少の痛みには慣れっこになっているが、少し間違えれば大惨事となる。

筋肉痛やオシリの痛みと違い、これらの痛みは後に響くことが多い。発生した場合は「ゴールまで走れるか」だけでなく、その後のことも頭に入れて走り続けるかどうかの判断を。

・トイレの問題

ブルベの最中は多くの人は便秘気味になる。摂取カロリーに対して消費が多いからか、水分摂取が足りていないからか、健康な人であれば大の回数は普段より減ることが多いようだ。便秘は便秘で長距離になったときは苦しむことになるが、600㎞ブルべまでなら1回も出なくても大きな問題にはならない。困るのは下痢のほうだ。

市街地を抜けるとトイレの場所は少なくなる。自転車は速度が遅く、尿意や便意をもよおしてから移動できる距離が短い。トイレが少ない山の中では死活問題だ。筆者は男性なので女性よりまだマシであるが、前立腺ダメージによる頻尿時も辛かった。ブルべは制限時間があるため、1カ所のトイレで踏ん張り続けるわけにもいかない。お腹を壊しやすい人は薬を常備しておこう、くらいのありきたりのことしか言えない。

長時間のサドル上での振動が原因か、はたまた便秘や下痢での傷か、肛門付近が切れて出血することもある。こちらもコンビニのトイレで「あ、切れてる！」と気づいたところでできることは少ない。

・胃がやられる

ブルべで必要な能力は何か？　暑さ寒さに対する強さ？　故障しにくさ？　速さ？　外せないものの1つに「胃腸の強さ」がある。カロリーを摂取しなければ走れない。もっと短い距離ならこのときとばかりに体内に蓄えた立派な脂肪で誤魔化《ごまか》す手もあるが、400㎞となると食べられない＝リタイアの危機だ。

このロンググライド中の胃のダメージ、距離ではなくて強度に依存するところが大きい。筆者はゆっくり600km走ってもなんともないが、全力で走ると200kmでも胃が物を受け付けなくなる。体調が悪かったり慣れない海外で胃がやられたりを除いて、固形物が食べられないような状態は強度が高すぎる。

一旦大きく胃をやられてしまったら、そこから速度を落としてもすでに遅い。長距離を走るストレスによる急性胃腸炎の場合はH2ブロッカーのような胃酸の分泌を抑える薬が効果があることもある。ただし素人判断はほどほどに。

胃のダメージはかなりツラいし、大きな障害に繋がる恐れもあるので無理して走り続けることはあまりおすすめしない。少し肩の、それから脚の力を抜いてダメ元でゆっくり走ってみよう。それでタイムアウトしたならそれまで、まだこの距離を走る体ができていなかったと諦め、次回に繋げればいいじゃないか。

▼痛み止めを飲むか

ブルべの日記を読むと、「ロキソニンを飲んで」なんて文章を目にすることがある。痛み止めを飲んで走るのは一般的なのだろうか？

長くからブルべを走っているベテランで、今までどこも痛んだことがないという人は稀だろう。ここまでに書いているように私は肉体的に弱く、乗り始めは痛みとの闘いだった。走行中の軽い痛みは痛み止めを飲めば治まる。痛みを感じて走り続けるのはツラい、飲めば楽になるのはよくわかる。

しかし、痛み止めの使用は痛みを抑えるだけで原因が改善されるわけではない。即ち薬が効いている間に症状がどんどん悪化していく可能性もあることが問題なのだ。そもそも痛みは体からのギブアップ信号。それに大人しく従えばたいしたことのなかった怪我でも、薬を使って走り続けたせいで取り返しがつかなくなる恐れがある。また、強力な痛み止めは胃へのダメージが強いし、走行時の集中力にも影響が出る。

私も痛み止めは常備している、膝に痛みがありそれでも走りたい場合は飲むこともある。だから他人に使うなと言えた立場ではないが、痛み止め使用のリスクを十分に理解し、それに見合った利益を受けられるのかよく考えて使って欲しい。

「ひとときの快楽のために、その後を棒に振ってもいい？」、この魅力的な薬を使って走るというのはそういうことだ。

▼リタイアの判断

多くのランドヌールは体に何かしらの異常を感じたまま走り続けた経験があるだろう。不調を感じたときに走り続けるかどうかは自分次第。完走にかける意気込みも人それぞれ、初めての400kmか、すでに今年400kmを完走していて2回目なのか、これを落とすとPBP参加ができなくなるブルベなのか。状況によって完走への思いも違ってくる。「故障は後に響くから休むべき」と書いたところで本人の走る気が上回れば止められはしない。

ちなみに筆者の基準は「苦しさを楽しめなくなったら終わり」だ。目標がある、気力がある、そんなときは苦しさの向こうが見える。痛みに耐えて完走した後の喜ぶ自分の姿が見える。でもそんなものがちっとも見えずに、苦しさがただ苦しいだけになったらもう、走るのはツライ。

ブルベを走るチャンスはこの先何度もあるが、体は1つしかない。ロングライドを始めたばかりの、乗りたい意欲のある時期に怪我で数カ月乗れないというのは非常に勿体《もったい》ない。靭帯破損で一発退場などということにならないためにも、痛みとは慎重に付き合おう。

1時間ほど休憩したら体調はだいぶ回復した。前半部分に集中した峠はもうない、残りはあと100㎞ちょっと、もしかしたら完走できるかもしれない。

走り始めるとすぐに膝に痛みを感じて、痛み止めを飲んだ。日が沈んで気温が下がってきたのはいいけど、暗くなると同時に少し眠気も出てきた。このブルベでの、2度目の夜。

夜スタートのブルベは難しい、そう言われたときには、普段の生活と時間感覚が狂うから難しいのかな？と思った。私はスタート直前まで寝ることができたから、睡眠時間的には朝スタートと変わらないしきっと大丈夫、そんな風に考えていたのが、残り100㎞を想像して難しさに気づいた。

これまで何度かブルベを走ってわかったこと、ブルベの難しさは夜だ。開いている店は少なく休める場所が少ない、周りが見づらくて走行速度が落ちる、暗いと眠気が増す、昼と比べていいことなんてちっともない。

ひたすら暗闇の中を漕ぎ続けるだけで、周りの景色はぜんぜん変わらない。視界から入る情報量が減って退屈で、それで集中力が落ちるのかな？　そんなことを、気を抜くと闇に落ちそうな頭で、ボンヤリ考えながら走っていた。

これが朝スタートだったら、太陽を待ちわびながら夜を越えられる。最後の数時間は明るい中を走ることができる。だけどあと100㎞、今から状況は悪化していくばかり。午前3時、あの寒かったイヤな時間がゴール締め切り。もう休んでいる余裕はない。

だけど今回のブルベ、なんとしても完走したい。絶対完走してやる、そう呟くと眠気も収まり、このままゴールまで行けそうな気もしてくる。それにたぶん私は最後尾、周りに誰もいないので、お気に入りの主題歌を歌いながら走っても恥ずかしくない。さすがに踊るのは無理か。

眠気

▼睡魔との闘い

眠気は400km以上のブルベの一番の大敵だ。27時間連続で起きているというのは普通の人にとってギリギリのラインであり、集中力や判断力はかなり落ちる。一晩起き続けていると、飲酒時と同レベルにまで脳の状態は下がるそうだ。眠たいのを我慢して走り続けると、ほんの一瞬、睡眠状態となる「マイクロスリープ」と呼ばれる状態に陥ることがある。これは非常に危険なため、疲れていると感じたら軽く仮眠をとるのがいい。長距離を走り続けるブルベを語るうえで眠気は闇の部分であるが、避けて通れない話でもある。


健康ランドやホテル宿泊も可能な速い人は一握りで、平均的な参加者がそんな時間を確保するのはとても無理だ。かといって走り続けるのも危険だと言う、いったいどうしたらいいのだろうか？

ブルベ中の仮眠は、そんなに長時間とる必要はない。道路の脇で目を閉じて数分程度寝るだけで脳の疲れはかなり回復する。横になることもなく自転車にまたがったままハンドルに突っ伏すだけでも少しスッキリする。すぐに寝られない人は、耳栓やアイマスクを試してみるのもいい。100円均一の安いものではなく、しっかりした耳栓やマスクには価格に見合った品質を持つものがある。しかしこの「どこでもすぐに寝れる」能力は個人差があり、万人がこの方法で上手くいくとは限らない。疲れていても道端で立ったまま寝るなんて無理、そういう普通の人はどこか本格的な睡眠をとれる場所、インターネットカフェや健康ランドを探さなくてはならない。

雨の場合も仮眠は難しい問題だ。場合によっては眠くなる前に走り切らないといけない。何度か経験して自分に最適な仮眠のスタイルを探っていこう。

短い仮眠が上手くいっている場合、しばらくは眠気を感じずに走ることができる。フラフラして速度がまったく出ない、さっき仮眠したのに5分後にはまた仮眠、こんなときは思い切って長めに睡眠をとったほうがいい。眠くて速度が出ないというのが一番の問題で、速度が出ないから睡眠時間を稼げないというネガティブスパイラルに陥ってしまう。小刻みに停車して仮眠をとり続けるくらいなら、まとめて眠って速度の回復を狙おう。

眠気は明るさに大きく影響される。この章の最初に集団で走ると周りのライトで多少緩和されると書いたが、やはり一番大きいのは日の光だ。夜中はあんなに酷かった睡魔が、日が出てきたとたんにピタリと治まることもある。暗い間はファミレスなどでやり過ごすのも手だ。

あとは集中力と疲労。集中できているときはあまり眠さを感じない。疲労は上げ下げの大きい、加減速を繰り返すような走りをしていると溜まりやすい。300㎞の「ブルベの走り方」でも書いたように、一定ペースで淡々と走るのが眠気を感じないコツだ。

▼寝ないトレーニングは必要か？

自分がどのくらいで眠くなるのかを知っておくのは重要だが、その状態で走るのは危険なのでやるべきではない。眠気耐性には個人差があり、眠くなりやすい人は寝るしかないのだ。ただ一般的に走力が上がり、走行中の強度が相対的に低くなるほど眠くなりにくくなる。１０００㎞を超えるブルベをほとんど寝ずに走るのは素質がなければ難しい話であるが、そういった人に話を聞くと「平常時より少し高いくらいにしか心拍を上げない」と言う。

眠くなっても走れる、ではなく、１０００㎞走るのは日常生活と変わらないから特に疲れない。目指したい方向はこちらだ。

▼眠気対策

ブルベの参加者たちは、逃れられない眠気とどんな風に闘っているのだろうか。

・ドーピング

眠気に対しての定番はカフェイン。カフェインは常用していると効果が薄れるので、普段コーヒーなどをよく飲む人はブルベ前１週間ほどカフェイン断ちをすると効果が増すと言われている。

カフェインは大量に摂取すると死ぬ。致死量未満であっても、１時間に体重１kgあたり６・５mg以上の摂取で急性カフェイン中毒になる恐れがある。カフェイン錠剤などを使わなくても、ＰＣのたびに眠気防止飲料やコーラを飲み続けただけで摂取量はかなりのものになるし、お茶や風邪薬などにも含まれているため、気がつかないうちに想定している量を超えていたなんてこともある。どうしても眠いときは何を飲んでも効かない。効かない効かないと大量に飲んだ結果2度と目覚めなかった、なんてことにならないよう使用は適量に留《とど》めよう。

コンビニによく置かれているエナジードリンクの配合物はカプサイシンやアミノ酸程度であり、ドーピング禁止物質のような危険なものはほぼ無い。しかし脳の疲れを誤魔化すのか、単にカフェインを飲むのと比べて効き目を感じる人がいるようだ。

・刺激物を食べる

よく言われるこの手法、例えば練りワサビのチューブを吸うといった方法は個人的はあまりおすすめしない。長距離を走るにおいて最も気をつけなければいけないのは胃腸のトラブル、眠気を気にするあまり胃をヤラれてしまっては数時間のロスではすまなくなる。カフェインの過剰摂取も同様だ。

・歌を歌う

声を出していると眠気が覚める。1人でブツブツ呟き続けるのは難度が高く、ここはやはり歌がいいだろう。ブルべの装備に歌詞カードを用意しようかと本気で考えたことがあった。

元気になるには元気な歌でなくてはということはなく、あまりアップテンポな曲だと疲れてしまうし、バラードでもなんでもいいと思う。市街地や民家の近くで声を張り上げるのは迷惑なので、主に峠で歌われることになる。筆者は歌詞もよくわからない80年代のジャニーズなどをホニャホニャ歌っていると、急に後ろから参加者に抜かれてとても恥ずかしい思いをする。

・話す

他人と走ればお喋りできる。単独で走っていて眠くなったら道端で少し休み、後続のライトが見えたら合流して一緒に走らせて貰おう。相手が聞いてなくてもひたすら話しかければいい。

・冷やす

使い捨てカイロを使用してポカポカしているといった、停車していても暖かい状態のときは眠くなりやすい。気持ち寒いくらいのほうが目は覚めて走る気も増す。冷たい水で顔を洗ったり、スーッとする目薬を注《さ》したりするのも、持続時間は短いが多少の効果はある。

・噛む

ガムを噛むのは効果的だ。ミントの香りや含まれるカフェインの効果というよりは、口を動かすことが眠気抑止に繋がるのだ。眠気対策として「ペットボトルを噛む」なんて答えたベテランもいた。筆者もどうしようもなく眠かったときに、アイスの棒を噛み続けたことがある。顎を動かし続けているのは意外と眠気が覚める。

・歯を磨く

歯を磨くとスッキリすると歯ブラシを持ち歩く人も少なくない。噛む、と似たような効果かもしれない。ブルべは長い時間自転車を漕ぎ続ける。それはつまり「食べ続ける」ことであり、しっかりとケアをしないと虫歯で歯がボロボロになる。ブルべは歯に悪いのだ。歯ブラシを持ち歩くのは眠気対策だけでなく、口腔衛生の観点からもおすすめである。

・全力で走ってみる
短い登りを全力でアタックしてみると、気分が高揚して頭が少しシャキっとする。しかしこれは諸刃《もろは》の剣《つるぎ》だ。無酸素運動域でのアタックは、結果的により疲労を生んでしまう。70歳近いブルベ界ベテランの方がこの方法をよくとっていたのを思うと、向き不向きがあるのかもしれない。

・顔をバシバシ叩く
平手でバシバシ叩くのは個人的によくやるが、効果があるのかどうかは怪しい。メガネやサングラスが吹っ飛んでいきそうなのが問題だ。

・息を止める
会議中の眠気対策として「死にそうになるくらいにまで息を止める」という技があるが、これは自転車ではやらないほうがいい。ホントに死にそうになるし、その後漕ぐ気力もなくなる。

・リフレッシュ
途中で銭湯に入ったり、シャワーを浴びたりすることでリフレッシュできる。体を拭いて着替えるのもいい。一番の気分転換は他人と走ることだ。

▼眠気が引き起こす障害
・マイクロスリープ
睡眠不足で疲労が蓄積された中走り続けたとき、最初に起きる現象がこれ。1秒にも満たない一瞬の間だけ意識が飛ぶ。

自転車ではGPSやキューシートの確認、車の運転にしてもナビの確認といった具合に、一瞬だけ進行方向から目をそらすことはある。要するにこのマイクロスリープが怖いのは、発生している状態でも自転車に乗り続けてしまえることだ。しかし周りをよく見て今なら大丈夫とGPSをチラ見するのと異なり、意識が落ちるタイミングは選べない。この状況で走り続けると落車や事故の大惨事となる。一刻も早く自転車から降り、仮眠して頭を休めることが必要だ。

・幻覚を見る
疲労が極度に蓄積された場合、眠い眠くないにかかわらず幻覚を見ることがある。集中できていて眠気は感じていない、まだ走れるはず。しかしもう限界はとうに超え、頭は眠っている。幻覚は超危険だ。こんなになるまで脳を疲弊させるべきではない。

▼眠くないブルべも可能
ブルべ参加者の皆が眠い中フラフラ走っているとしたら、そんな危険な遊びはすぐにやめろ！　となってしまう。眠気の話はグレー、いや限りなく黒い。

筆者も参加したての頃は誤解していた。「私、眠くなったら走らないよ～危ないもの」と知人のベテラン女性が言っていたのを聞いて、そんなバカな、それで完走できるわけがないと思っていた。しかし何年か走った後ようやく私にもわかってきた、無理をして睡魔と闘いながら走るのがブルべでは決してない。ある程度の速度で走れるようになり、短時間の休憩方法を知り、そうやってロングライドに慣れていけば「走行中はまったく眠くないブルべ」も十分に可能だ。眠気に耐えながらフラフラと走り危険な目に遭う、それはその距離を走っていい体ではないのだ。

私が最終走者だと思っていたのに、ゴールが近づくとどこからともなく参加者が現れ、数人が一緒になって走っていた。皆休憩してどこかで美味《おい》しいものでも食べていたんだろうか。なんだかズルい。

会話はない。集団の雰囲気はスタート直後の元気なときとはずいぶん違って、まるで落武者。だけどやっぱり、こうして近くに人がいるだけで安心するし、力になる。話す言葉も、気力も、何も残ってなくても、信号で1人が遅れたときはお互い速度を緩めて合流を待った。

「ようやくゴールだよ」誰かが口を開いた。そうだ、ようやくゴールだ。せきを切ったように皆喋りだす。今回のブルベがいかに大変だったか、夜の寒さ、昼の暑さ、坂のキツさ、皆が同意していたスタッフへの悪態は、たぶん本心じゃない。

そのお喋りは、ゴールしてからもしばらく続いた。ゴールのクローズタイムが過ぎ、スタッフは撤収作業を始めだしたが、まだしばらくかかるから椅子に座ってゆっくり休んでていいよ、と言ってくれた。

400kmかぁ、完走できたんだな。話したいことはまだまだ一杯ある、あれ、気が抜けたのかなんだか急に眠気が……Zzzzzzzz……。

満身創痍《まんしんそうい》のゴール

長かった400㎞が終わった。体中が重く、気《け》だるい。脚はパンパンで、膝も、肩も、手のひらも痛い。ボロボロになりながらもなんとか力を振り絞り、ゴールに辿り着いた。

BRM400は600より厳しいと言われることがある。BRM600の400㎞地点はBRM400の制限と同じため、600㎞を完走するということは、400㎞を完走したうえで更に200㎞走るということになる。400㎞のほうが厳しいということはまったくないのだけれど、それでもそういった会話がよくなされるのは、しっかりとした睡眠なしでゴールするこの400㎞は「ゴール時点の疲労度」が高いため、振り返ったときに厳しいと思わせるのではないか。

とにかくゴール直後の今は、200㎞や300㎞より確実に疲れている。車で来ている場合はしばらく車内で仮眠するなど、家まで無事に帰るための最大限の注意を払おう。

もう自転車なんて見たくもない。ただ寝たい、ゆっくりと休みたい。しかし1週間もすれば次のブルベに申し込んでいるに違いない。ここまで来たら、あと600㎞走ればSRだ。ランドヌールは学習能力がなくて有名なのだ、辛かったことはすぐ忘れてしまう。ほら、キツかったけど楽しかったような気もしてきた。

普通のサイクリストから見た非日常、400㎞という距離を完走できたアナタには600㎞を走る力は十分にある。とはいえ600㎞は途中睡眠を挟まなければ厳しく、400㎞のゴールがギリギリだった場合は、時間を捻出する方法を考えなくてはならない。しっかり休んで準備を整えよう。

column

リタイアという選択

DNFと連絡

体調不良をおして参加してみたがやっぱり回復しない。痛めた足がどんどん悪化していく。そんなときは早めにDNFの判断をしたい。特に最初の頃は「どこまで無理できるのか？」がわからないことが多く、下手に人里離れた峠に突っ込んでしまうと撤退すら難しくなってしまう。

ブルベでの途中リタイアは大変だ。ホテルを探して宿泊するのか、駅から輪行で帰るのか。体調の悪い中なんとか駅まで辿り着きそこから輪行、走ってきた長い距離を乗り継いで帰るのは電車でも疲れる。折り返しからの輪行は新幹線で1万円超もかかった、と想定外の出費もかさむ。早めの撤退判断は体にも財布にも優しい。

途中リタイアするときは、スタッフに連絡をしなければならない。手段は電話かメール、ブリーフィングで指示があったはずだ。「ゴールまでまだ時間があるから家に着いてからでいいか」「ホテルで休んでからでいいか」そう考えて連絡が遅れた場合、スタッフはシークレットPCでなかなか来ないアナタを待ち続けることになるかもしれない。リタイアを決めてコースを外れた時点でスタッフに連絡を入れよう。

ヤセ我慢がブルベではない

睡眠の項でも書いたように、ブルベはその距離に見合った体力が備わっていなかったとしても、無理をし続ければ走れてしまう。実力がなければどうしようもない短距離系のレースと違い、ヤセ我慢で勝負できる。ブルベは自分との闘い、これは我慢比べ……そんな風に考えているといつか手痛いしっぺ返しを受ける。

2007年のPBPは妻と一緒に参加した。サイクリングの疲れ、慣れない海外ブルベ、睡眠不足、そんな中での夕方スタート。300km地点でかなり疲労が溜まっており、少し休んだほうがいいのではとの考えが過《よ》ぎった。しかし速度の遅い妻と一緒の走行、無理をしてでも予定していた400km地点ルディアックの仮眠所まで行こうと走行を続ける。フジェールを出発してすぐの交差点、疲労と眠気で注意力が散漫していた私は一時停止サインを見落とし減速もせずに進入、横から来た車にはねられた。

無理をせず少し休んでおけば妻と揃って完走できたかもしれない。たとえ完走が無理だったにせよ、救急車やスタートまでの移動手段を手配をしてくれた当時のAJ会長をリタイアに巻き込むことはせずにすんだだろう。ブルベなんてヤセ我慢大会、そう考えていた私は休憩の判断ができなかったばかりに多くの人に迷惑をかけた。

この事故以降ブルベに対する付き合い方が少し変わり、600kmは途中ホテルをとって2日間のサイクリングとすることが多くなった。短い距離であってもリタイアが増え、DNSやDNF率は格段に上がった。いいことなのかどうかはわからない。自分では以前より健全になったと思う。

個人の限界に挑む以上、多少無理することもあるだろう。何かに挑戦するというのは楽しい。「600㎞に挑むオレカッコイイ」「400㎞まで走り切れたオレすごい」オリンピック代表のような国をかけた闘いのステージにいなくても、ブルベへの挑戦は自分がすごいことをしている気分になれる。しかし「ただの我慢や無謀さ」をチャレンジと勘違いしてはならない。

ブルベでの無理は、事故といった具合に自分だけの問題で終わらず、周りを巻き込むことが多い。ビールに明け暮れた1年を無視した、たった1日のブルベでの「自称、努力」なんて、巻き込まれたほうはたまらない。

安全に家に辿り着いてこそのブルベ、それには撤退は不可欠だ。自分の限界を知り、時としてきっぱり諦め、次に繋げよう。

リタイアの後は

リタイア、特に初めてのリタイアは悔しい。輪行でトボトボと帰宅中にスマホを見ると、ゴールした人のツイートが溢れている。「キツかったー」と呟く友人は生き生きとしていて楽しそうだ。どうして自分はあそこで諦めてしまったんだろう？　もうちょっと頑張れなかったのかな？

体調が落ち着いてきて振り返ると「何故走らなかったのだ」となるけれど、その時点では悩んだ末でのリタイアだったはず。残念だけど今回のコンディション、天候や体調では完走する力は自分にはなかったということだ。足りなかったものはなんだろうか、単純に速度？　長く続く峠で痛まない膝？　雨での防寒具？　改善できるところは改善して、悔しさを次のブルベにぶつければいい。

簡単なブルベというものはない。どんなベテランであっても調子次第では苦しいブルベになるし、時にはリタイアに追いやられる。

リタイアの準備

あらかじめリタイアの準備をしておくというのはちょっと情けない感じがしても、山の中で身動きがとれなくなるのと比べたら、ずっと格好いい。

▼装備の準備

これはもう輪行袋に尽きる。装備の項でも書いたように専用の袋が無ければ輪行は認められず、この袋は都会以外ではあまり売られていない。新幹線がとまる駅であってもスポーツ系自転車店が無く、入手が絶望的な都市は結構多い。タクシーを使って移動する際も輪行袋は便利だ。完走に自信がない場合は持ち物に輪行袋を加えておこう。

保険証、それから身元を証明できる「緊急連絡先カード」といったものを財布に入れておくと、もしもの時に役に立つ。

▼事前のコースチェック

多くの参加者にとって、ブルベの峠は強敵だ。日も暮れようとしている今、この先に進んでしまったら峠を越えるまで何もない、今の調子だとギリギリまで先に進まずここで諦めたほうがいいかもしれない。コースを頭に入れておけばそんな早めの判断も可能になる。走っている区間の「撤退しやすさ度合い」を心に留《と》め、人里離れた場所で途方に暮れることがないようにしたい。

多くの高速バスは自転車の預け入れは不可となっている（客数と荷物量によって運転者がその場で「載

せていいよ」と言ってくれることもある）。しかし中には、事前予約で自転車を運べる路線もある。関東発のブルベで使えそうなのは新宿〜小諸や新宿〜草津。SR600日本アルプスくらいしか通るコースはないが、乗鞍岳からのバスも輪行できる。体調不良や怪我で疲れ切っている中、スマホでの情報収集はなかなか大変な作業で、高速バスのことまで頭が回らない。こういったバス路線を知っていれば、撤退時の選択肢に加えられる。

▼リタイア慣れ

最初は苦渋《くじゅう》の決断だったリタイアも、何度かやっているうちに慣れてきてしまう。雨の中走るのは苦しい、今回は諦めてまた次のブルベで走ればいいや、そういやこのあたりは安いビジネスホテルが多かったはず。リタイアを繰り返してでき上がるのはリタイアのプロだ。

主催者は、参加者が無理して体を壊してまで走って欲しいなんて思ってはいないが、皆のゴールする姿が見たくてこのコースを作ったはずだ。リタイアを決断する際はゴールで帰りを待ってくれているスタッフのことを少し思い出してみよう（リタイアの多い筆者はこれを書きながら自分に言い聞かせている）。

▼リタイアをしない

リタイアの準備はバッチリ、しかしできることならリタイアはしたくない。どう考えても体は限界、これ以上は走れなさそう。そんな状態から回復してブルベを完走するにはどうすればいいだろう？

・薬を使う

むやみに薬に頼ると症状を悪化させる危険がある。しかしそれでも走りたい場合もあるだろうし、適切な投薬で症状が改善することもある。体調が悪いときは精神的に参っているため、症状が少し緩和されただけで元気になって走れることがある。

・友人に話して後ろにつくのに専念する

腰が痛くて……風邪なのか頭が痛くて……体調不良を伝え、後ろにずっとつかせて貰おう。人の後ろを走るのは楽だ、友の背中だけに集中し、コースや痛みのことを忘れて一心不乱にペダルを漕ぐ。苦しいが少しずつ前に進んではいる、これならゴールできるかもしれない。

体調不良を聞いた友人は、恐らくアナタのことを気遣って走ってくれる。筆者も落車した後、前を友に引いて貰って走ったことがある。献身的に自分の前を引いてくれたら、痛みなど忘れて走らざるを得ない。

それでもダメだったら、アナタの失速に相手を巻き込むわけにはいかない。やっぱり無理だったとお礼を告げてお別れだ。

・ダメ元で大休憩する

調子悪くて速度が出ない↓少し休む↓やっぱり調子悪くて速度が出ない、これじゃあジリ貧だ。ここまでの貯金はどんどん食いつぶされ、やがてタイムアウトになってしまう。

ここは思い切って大休憩。それで回復しないようだったら仕方がない、そのときに諦めればいい。冷暖房の効いた飲食店、健康ランド、インターネットカフェ、どこかゆっくり休めるところでタイムアウトギリギリまで休もう。どうせ速度が戻らなければ完走は難しい、下手に時間に余裕を見て出発ではなく、とにかくギリギリまで休んでみよう。

第9章 600km——お泊まりブルベ

いよいよ600km、実は前回の400kmでどうしても完走したいと書いたのは、400を走る前にすでにこの600に申し込んでしまっていたから。リタイアしたらこれも諦めようと思ってた。

今年最後の開催の600km。友人によれば大きな峠もなく、600としてはかなりやさしいブルベだという。今回は彼と、何人かの仲間と一緒に走る。ここのところ1人で走るブルベが続いていたのでちょっと楽しみ。1人で走るのもブルベ、気の合った仲間と走るのもブルベ、どちらも楽しい。

しかしこれを完走すればSRかぁ。今年初めて200kmに参加したときには、まさか1年でこんなになるなんて思ってもいなかったな。友人は「最初の年でSRなんてすごいじゃん。オレは2年かかった」と言っていたっけ。完走どころか、まだ出走もしてないんだけどね。

いよいよＳＲ取得最後の関門、６００㎞だ。最初はハナから諦めていたＳＲも、あと１つとなったら走りたくなる人も多いのではないだろうか。これ以上の距離を走るＢＲＭも存在するが、それらの必要速度は６００㎞までとは異なる。スタートからゴールまでを平均15㎞／ｈで走らなければならない最長のＢＲＭ、それがこの６００㎞だ。

６００㎞完走はブルベを始めてからどのくらいの期間で達成する人が多いのだろうか？　ＳＲの知人にアンケートを行ってみた。

「ＳＲになったのはブルベ初参加から何年後？」

初参加の年にＳＲ	初参加の翌年	3年目以降
48％	32％	20％

（対象者ＳＲ、回答数１５９件）※６００㎞完走者が母集団であることに注意。ブルベに初参加した人が６００㎞完走までにかかった期間ではない（これだと「完走したことがない」が多数入る）

なんと半数近くが初参加の年に６００㎞まで走ってしまっている。2年目まで加えると80％だ。ブルベに参加しだして距離を走るようになると、だんだんと走る距離が延びていくのが面白く次へ次へとなる人が多い。やはり始めた頃の熱意、勢いで一気に６００㎞まで完走というケースの多さが、この結果に表れているのだろう。

質問の対象者がＳＲ、つまり選ばれた一握りの人だけでは、そういう人が参加してすぐに６００

km走ってしまうのは当たり前ではないのか？　凡人はそもそも600kmを完走できないからこのアンケートに答えていないのではないか？　そう思われるかもしれないので、2年目までにSRと回答した人に「SRになるまでかかった期間は予定通り？」という質問をしてみる。

「SRになるまでかかった期間は予定通り？」

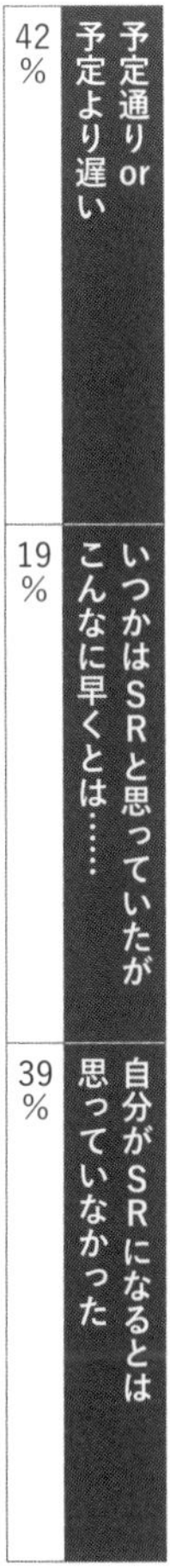

（対象者2年目以内のSR、回答数48件）

予定通りが40％強。前のアンケートで2年目と回答した人でこれを選んだのは、参加した初年度にすでに600kmの開催がなかった、あるいは都合で走れず次の年になった、というパターンが多い。リタイアを繰り返したのではなく、最初からSRまで連続して走り切ってしまった人だ。

20％弱が「こんなに早いと思わなかった」という感想。筆者もここに入る。インドア派で体力のない私は自転車に乗り始めた頃、600kmを走るような超人になるのには途方もない時間がかかるものだと思っていた。そう考えている初心者の人は結構いるのではないかと思う。

しかしこれには間違いが2つあった。1つは自転車で600km走るというのは、凡人でも達成可能だということ。それからもう1つ、よっぽど不健康な体でない限り600km走るのに必要なフィジカルは、そんなに長い時間をかけて手に入れるものではないこと。

３カ月で人はかなり変わる。自転車に乗ることを楽しいと感じ沢山乗るようになれば、更に長い距離を走れるようになっていく。それには５年も10年もかかるわけではなく「始めたての楽しさでグッと伸び、２年後くらいからは現状維持」な人が多い。確かに長く乗っていればそれだけ経験を積め、ブルベではその知識が活《い》きることもある。しかし体力は蓄積ではなく「乗り込んでいる間だけパワーアップ」する。少し飽きてきて自転車と向き合う量が減ったとき、経験は失われなくとも体力は落ちる。乗り始めで楽しめている時期はＳＲになれるチャンス期間なのだ。

２年以内でＳＲになった人のうちの40％弱が、「自分がＳＲになるとは思っていなかった」と回答している。だからこの本を読んで「私には無理かな」と考えている人も、きっと無理じゃない。

初の６００㎞完走に向け、今回は詳細な計画を立てることにした。

他人と走る予定とはいっても、ずっと一緒ではないかもしれないし、「腹痛いからリタイアする」なんて言われて私だけ完走することも十分あり得《う》る。途中に宿泊できそうな場所をいくつかピックアップしておこう。

しかしブルベの走行プランって、どうしたらいいのかよくわからない。速い人はホテルを予約しておくこともあると聞く。そういう人は予約した時間にホテルに辿り着ける自信があるんだろうか？　私はまだ、そこまで自分の走行時間が読めない。それにたぶん、ホテルでゆっくり眠る時間はない。

とりあえず、中間地点の３００㎞を中心に、インターネットカフェや健康ランドを調べてＧＰＳに登録した。

走行プランを立てる

600㎞の制限時間は40時間。ほぼ2日間というこの距離は、数分〜数十分の仮眠を繰り返すよりも、サイクリングを2日続けると捉えて間にしっかりとした睡眠を挟んだほうが体の負担は少ない。どこで、どのように睡眠をとるかが最重要項目となり、走行プランは仮眠場所を中心に立てることになる。

主催者によっては300㎞から400㎞地点に、仮眠におすすめな健康ランド付近を通るようなコースを作成してくれている。いずれにせよ参加者が眠くなるこの区間が超山岳で、店1つないというケースは稀だ。仮眠をとるのはこのあたり、ホテルやファミレスなど目ぼしい場所を探しておこう。300〜400㎞というのはこれまで走ったことのある距離、そこを1日目のゴールとするのは目標として丁度《ちょうど》いい。

この地点までは寄り道や休憩をせずにできる限り速く走り、たとえ2〜3時間しか貯金がなくてもホテルで休むというのがここ数年増えてきた手法であり、最も楽な走り方である。健康ランドでの仮眠ルームと比べ、個室ベッドでの睡眠は短時間で深く眠ることができる。

あれが楽、これが楽なんて言い出したら走らないのが一番楽なわけで、ブルベ中にホテルに泊まるのは邪道だとか、そんなお金をかけるのは勿体《もったい》ないとか、いろいろな意見があるだろう。走力に不安があり、財力に問題がない場合はとりあえずこの、ホテルで2〜3時間睡眠をおすすめしたい。

400㎞を完走しているアナタなら、これまでの経験からルートを見てどのくらいの時間で走れるか想像がつくようになっていると思う。走行中にホテルを探すのは意外と大変であり、それだけで時間がとられる。チェックイン可能時刻、予想到着時刻、未明のチェックアウトは可能か、そういったことを事前に調べて予約しておく。直前のキャンセル料が安いホテルだと嬉しい。ホテルに着替えの荷物やスペアバッテリー等を送っておく人もいる。これが最もブルジョアなスタイルだ。

宿泊場所はＰＣの直後に設定するのがいい。どうしても眠気がとれずに睡眠時間を30分延長、Ａｖｅ15㎞／ｈ計算での時刻をオーバーして借金生活に入っても次のＰＣまでの距離が長ければ取り戻すことができる。ＰＣの直前にホテルがある場合、いったんＰＣまで走ってから引き返してチェックインする参加者が多い。

健康ランドやファミレス、道の駅、公園などもよく使われる仮眠場所だ。ホテル利用者が増えてきたとはいえ、まだまだこれらに比べたら少数派。事前にチェックしておくホテルをこれらに変え、自分の計画を立てよう。しかし３５０㎞地点で2時間の貯金が読めない人は、事前のチェックも何も、走り続けて時間ができたときに少し仮眠という手法をとらざるを得ない。逆にグロス20㎞／ｈで走れる人は３５０㎞地点での貯金が6時間、これだけあればあらかじめ準備していなくても現場で様々なプランを考えられる。

バッチリ完璧な計画を立てても、そのタイムテーブル通りに走るのには見合った走力が必要だ。脚がない人ほどプラン通りに走れない、予定通りに走れる人はノープランでも完走できる余裕がある。「脚がないから事前に頭を使おうと思ったのに、脚がなければ有効な走行プランが立てられない」なんという矛盾。それではいったいどうすればいいのか。

すべてが予定通りいくとは限らない、そんなブルベの走行プランに必要なのは「いくつかの選択肢」だ。

できれば350kmの銭湯で休みたいけどここは25時まで、間に合わないかもしれないな、その手前の320kmの健康ランドは24時間営業か。もっと早く眠くなったときのために300km地点には何かないかな。休む時間が全然ない場合は、380kmあたりがそこそこ大きな町だからここの道の駅で少し休むか、天気予報は雨だから外で休むのは辛いかな、ここのネットカフェにシャワーがあるみたいだ。

数時間のズレを予想して、寝られそうな場所をいくつかピックアップしておく。何かのトラブルで遅れたときも安心だ。あれ？　さっきホテルを予約するのが一番楽って言ってなかった？

確かに到着してすぐに、ベッドでしっかり眠れるホテルは疲労回復度はダントツなのだが、宿泊予定地が基本ただ1つになってしまうのが気になるところ。もし私が妻と一緒に走り、PBP参加を目指しているなど2人とも絶対完走したい場合、ホテルを予約しつつ間に合わなかったときのためにいくつか仮眠できるところを探しておくだろう。

正解はないので、各自頭を悩ませて走行プランを考えよう。どうせプラン通りにいかないいんだからテキトーでもいいよ！

ブルベ600kmがスタートして早くも半分が過ぎた。途中パンクしたり、お腹を壊してコンビニのトイレから出られなくなったり、疲れて口喧嘩して何人かの仲間と分かれたり、まあいろいろあったけどここまで順調に走れていると思う。ちなみにパンクしたときは友人のホイールと交換し、彼が直している間、先行して走り続けた。なんというエース待遇。

順調に走れているといってもそこは私の脚（と財布）、やっぱりホテルに泊まる余裕はない。３００㎞を越えたところで少しフラフラしだしたのを見て、屋内で少しだけ仮眠をとることになった。友人は１人のときはラブホテルを利用することがあるそうだが、違う部屋とはいえ一緒に入るところを他の参加者に見られたらシャレにならないので遠慮しておく。

「近くにある健康ランドは24時までだから今からじゃちょっと間に合わない。一番近いインターネットカフェは３㎞、でも15㎞先にある店はシャワー付き、どうする？」

さすが、こういうときは頼りになる。私がＧＰＳに登録したデータは営業時間なんて書いてなかったから、健康ランドに向かって入口で泣くところだった。眠気はまだもう少し持ちそうで、シャワーを目指して15㎞先へ。

お泊まりブルベ

▼仮眠場所

24時間程度で走れる、あるいは40時間寝なくても大丈夫な一部の人を除き、ほとんどの人はどこかで仮眠をとることになる。仮眠場所は人それぞれ。代表的な仮眠場所は以下の通りだ。

・ホテル
最も回復でき、最も豪華なコース。仮眠程度の時間であってもベッドで寝るのと道端で寝るのとでは大違い、シャワーを浴びてスッキリすることもできる。チェックインの手続きや自転車の出し入れなどで貴重な時間を使うし、コースから外れて少し走らなければいけない場合もあり、滞在時間に対して睡眠時間は30分ほど短くなる。筆者の場合ホテルを使うかどうかの境目は3時間だ。貯金が3時間あるのなら、ホテルで寝るのが一番休まる。

グロス25㎞／ｈで走れる人ならば8時間ほど眠れ、こうなると1本のブルベというよりは３００㎞×２の２日間サイクリングになる。

・健康ランド
お風呂の種類が豊富で気分はリフレッシュするが、睡眠時間の確保にはあまり向いていない。フロントでの受け付け、入浴、仮眠室への移動と睡眠以外にとられる時間が多く、ザコ寝なので睡眠の質が低い。週末の健康ランド仮眠室は、およそ健康からかけ離れた体形のオジサンたちによる、イビキ大合唱が開催されている。耳栓があるといい。

24時間営業ではない場合もあるので、事前にチェックしよう。

・銭湯
健康ランドのような大型の施設ではなくとも、銭湯で汗を流してゆっくりするだけで少しは休まる。ただ銭湯の営業時間は夕方から夜までがほとんどで、何よりネットに載っていないところも多い。筆者は地元の人に「このあたりに銭湯はありませんか？」と聞いたことが何度かある。

・インターネットカフェ
椅子の個室だけでなく、横になれる部屋があると便利。シャワー付きのところもある。2時間程度の休憩の場合、ホテルでは割高感があるため、筆者はここですますこともある。横になれる席さえとれれば、周囲のイビキが酷い週末の健康ランドより睡眠に適している。

・道の駅
夜間は閉まるところが多い。しかし場所によっては開いている休憩所のテーブルで、突っ伏して寝ることができる。

・ファミレス
空調の効いた店内で、腰を下ろしてゆっくり休みながらの食事。体は休まるが、仮眠場所と考えると微妙だ。食べていてつい寝落ちしてしまったならまだ仕方なくとも、しっかり寝るというのはマナー的にちょっと……。

・コンビニ前
これも他の人から見てあまりいいものではない。せめて店の前ではなく、目立たない店の横や後ろで寝たいところだ。

・公園
マンション併設の小さな公園の場合は、不審人物扱いが怖い。

・道端
道端で倒れているようにも見えるので、事故と間違えられて通報される可能性がある。寒いときはレスキューシートにくるまる。地下横断路が暖かいのだが、それでは完全にホームレスだな……。

・バス停
深夜はバスが運行されていないため、罪悪感は低い。東北や北海道などにはドア付き個室もあり、寒い夜間の貴重な退避場所になる。

・コインランドリー
濡れた服を乾かしながら、その間に仮眠することができる。

・コイン精米機
もちろん精米が目的ではないので、道徳的に書こうかどうか悩んだ。山の中にポツンとあることがあり、緊急避難場所的に使ったと聞くこともあるが、できれば避けたい。四方を壁に囲まれていて一見暖かそうでも、コンクリートの地面はとても冷えるし。

・キャンプ
ウレタンマットを持ち運ぶと、屋外での睡眠は快適になる。これは荷物量とのトレードオフ。普段からアウトドアでキャンプを楽しむ知人は、マットだけでなく簡易テントを持ち運び、キャンプ場で寝たことがあった。荷物の増加だけでなく、睡眠準備にとられる時間も大きいため、ブルベでキャンプする人はほとんどいない。やるとしたら1000㎞を超えるブルベだろうか。

・ラブホテル

入室後すぐに睡眠が可能、休憩料金ですむ、自転車を車庫内にとめられ盗難の心配がない、24時間オープンなど、実はものすごくブルベ向きで、抵抗がなければおすすめだ。しかし週末は空いていないことも多く、そんな中、自転車で走っている自分に気づくと精神的にダメージを受ける。

ブルベに参加した頃、あるブルベのスタッフが「参加者が道端でゴロゴロする、そんなことがないようにしたいんだよね」と言っていたのを覚えている。自転車を始めたばかりの私は走るとすぐに眠くなっていまい、現在のように途中でホテル泊をする人なんていなかった中、「そんなこと言われても、どうすればいいのさ」と反発していた。

今ならその人の言っていたことがわかる。閉じた世界でなく公《おおやけ》の場所を使って遊んでいる以上、あまり他人に不快感を与えないようにしたいと思う。主催者としてはなおさらだろう。なので、どこで寝るにしてもあまり目立つ場所は避けよう。400㎞地点のコンビニ入口で横になって寝ている人をよく見かけるが、せめて店の裏や見えないところで寝るわけにはいかないだろうか？　地べたに座って食事しているだけでも引かれる光景なのに、オジサンたちが入口横で寝ているなんて、他のお客さんはいい気がしない。

寝不足で走ったり、道端で寝たりするのは、とにかくグレーゾーンな部分ではある。やるなとは言わない。そのあたりはブルベが世の中からつまはじきにされぬよう、上手くやって欲しい。

▼ホテル宿泊時の衣服の乾かし方

雨の中、ホテルに辿り着いた。コインランドリーを使う時間があればいいが、そんな余裕はなさそうだ。軽く寝た後も、またこのドロドロのジャージを着なければならないのか。

ホテルで替えのジャージも時間もない場合、ジャージを着たままシャワーを浴びよう。これでまずジャージを洗い流す手間が省ける。シャワーを浴びながら脱いで体を洗い、この後が肝心、人の体はすぐ乾くけど衣類は乾かない。だからホテルにあるすべてのタオルを、体ではなくジャージのために使う。

体はなるべく小さいタオルで拭き、よく絞ったジャージをバスタオル、フェイスタオル、バスマットといった乾いたもので挟む。この上から何度も何度も踏みつけるのだ。

ジャージから染み出た水がタオルに吸い取られ、普通に絞るだけよりも圧倒的に水分がなくなる。速乾性のジャージなら、乾くまであと一歩というくらい。レーパンのパッドは、この方法でもちょっと厳しい。

あとは干しておき、起きた後にドライヤーをかければ完璧だけど、たぶんそんな時間はない。少し湿っているジャージをまとって、再出発しよう。

▼盗難

ブルベでの宿泊時は、自転車の盗難が怖い。ホテルに泊まる場合は屋内で保管したい。高級ホテルであればフロントで預かってくれるが、安ビジネスホテルの場合は部屋に持ち込めるかどうかが勝負だ。
最近はホテルの人も自転車の価格をわかってくれることも多く、外に置いておくように言われることは少なくなった。それでもまだ駐輪場を案内されることはよくある。事前に予約する際に部屋持ち込み可かどうかを確認していない場合、フロントで交渉することになる。

筆者は昔これが下手で、部屋に持ち込めない率が非常に高かった。周りの人の話を聞くと、どうも頼み方に問題があるようで、私が「自転車を停める場所はありますか？」と聞いていたのに対し、成功率の高い人は「自転車、部屋に持ち込めますよね？」と、部屋に入れることがさも普通といった話し方をするのだ。ダメだと言われたら、こちらがものすごく譲歩している感じで「じゃあ安全な置き場はない？」と聞くのだそうだ。もちろんこの方法でダメなときもある。そんなときは輪行袋。とにかく袋に入っていさえすればいいので、無造作に突っ込んで部屋に持ち込む。

問題なのは、インターネットカフェや健康ランドで仮眠するときだ。「駿河《するが》健康ランド」など有料だが屋内で預かってくれる健康ランドもあるが、そうでないところはもう仕方ない。交渉して二重ドアの内側に置けたらラッキーくらいの感覚だ。筆者が行っている対策は、「手持ちの中で一番安い自転車で行く」というものすごく消極的なもの。ブルべにかかわらず、スポーツ自転車の盗難は頭を悩ませる問題である。できる限り目を離すなとしか言えない。

インターネットカフェは初めての経験だった。カフェというからには猫カフェのように、大きいテーブルの回りにインターネットが並んでいるかと思ったら、中はすべて細かいパーティションで区切られ、個室形状となっていた。

個室と言っても身長ほどの高さのついたてで区切られてるだけなんだけど、他の人から見えず、距離も離れていて快適に過ごせる。マッサージチェア付きや、ソファーがフラットに倒れる個室があり、思っていたよりずっとしっかり、1時間半ほど眠ることができた。

待ち合わせ時間に外に出ていくと、すでに友人は準備万端、携帯ポンプでタイヤに空気を補充し終わっていた。もしかして私の自転車も入れておいて……と期待したけど、そこまでの待遇ではないらしい。チッ。

空が明るくなってきている、これから2日目、あと250㎞。

メンテナンス

少量のチェーンオイルを持ち歩いていたとしても、雨のブルベ中に使うことはあまりない。わざわざ停車して注油しようとは思わないし、走り続けている限りはそうそう錆びないからだ。しかし前日降った雨が仮眠時に上がっている場合、チェーンはキュルキュルと不穏な音を立て始める。仮眠して再発進するときは、丁度いいメンテナンスポイント。出発前に注油したり空気を入れたり、軽く自転車を調整しよう。

本当は寝る前に濡れたチェーンをしっかり拭いて注油するのがいいのだが、疲れ切った仮眠直前には、なかなかそんなことはできない。

ちなみに筆者の経験では、ブルベにドライ系ルブはあまり合わない。すべてを試したわけではないため、商品によっては良いものもあるかもしれないが、長距離や雨で油が切れた際に音を立てやすいものが多かった。


仮眠後、最初のＰＣに着いた。すごい、昨日の朝に出発してからこんな大勢の参加者に会うのは久しぶりだ。

コンビニの壁に寄りかかってぐったりしている人は、口から魂が抜け出しそう。あの人、もしかして一睡もしていないのかしら。

逆に「おはようございまーす」と登場した若者は、めちゃくちゃ元気。ホテルで6時間寝たそうで、そりゃ元気だわ。とにかくいろんな人がいて面白い。ここからはまた何人かの集団で走れるといいな。

ま、とにかくみんな、無事にゴールまで辿り着きますように。

違う温度の人たち

ブルベにはいろんな走り方がある。600kmを24時間ちょっとで一気に走る人、速く走ってしっかり寝る人、あまり寝ずに走り続ける人、最初のパターンの人はスタート以降他と出会うことはないが、後者2つは夜明けのコンビニでよく遭遇する。

距離にして400km。時間がなくほとんど仮眠をとっていない人は、今にも崩れ落ちそうにコンビニの壁に寄りかかっている。タイムアウトギリギリまでホテルで寝た人は、新たな夜明けを迎え気分爽快で、表情も生き生きとしている。本当に同じイベントの参加者なの？　というくらい対照的で、面白い光景だ。ここには全然寝ていないのにグッスリ寝た人と変わらない、「寝なくても大丈夫な人」も交ざっている。

当たり前だけど600kmは長い。膝の痛みも、オシリの痛みももう限界に近いし、少しの時間仮眠できたとはいえ、道の脇の芝生を見ると「あそこで昼寝したらどんなに気持ちいいだろう」と誘惑に負けそうになる。こんなに自転車に乗って何になるんだろう？　なんで乗ってるんだろう？

あと本当のこと言うと、走るのにも少し飽きてきた。

ハンドルにつけたGPS、地図の縮尺を変えると見た目が変わって面白いことに気づいて、しばらく遊ぶ。ものすごい広域にして「あとゴールまで1cmだー」とか、詳細にして「1分で5cm進んだー」とか。

……やっぱり飽きた。

ブルベの楽しみ

▼飽きることも

600kmは200kmの3倍難しいわけではない。ダラダラと手を抜いて走れるようになると、そう感じるようになる。「布団から1日出ない」と「3日出ない」とで難易度に差はあるだろうか。そう、3日間布団の中にいるのは難しくはない、飽きるのだ。もちろん綺麗な景色を見たり、知人と会話したりすればそんなことはないはずなのだが。

私は、初めて走った600kmでは飽きる余裕なんてまったくなかった。しかし慣れてくるとヒマになって、自転車乗っててヒマってのも変な話だけど「どうやって飽きずに走るか」を考えながら走ったりもする。

▼自転車の楽しみ

600kmは長い。ゴールをガツガツと目指す走りに疲れたら気持ちを切り替え、走っている時間を目一杯楽しもう。

主催者やコース設計者は、日本の劣悪な交通事情の中で少しでも参加者が走りやすい道を選んでコースを作っている。そしてそのコースには、「ここからの眺めは最高だ」「是非皆さんにもこの風景を味わって欲しい」といった想いも含まれている。筆者は速く走るつもりのないときや妻と一緒に走るときは、カメラを背負って走ることが多い。自転車は風景写真を撮るのに向いているように思う。そこそこの速度でいろんな場所へ行けるし、素晴らしい景色を見たらすぐに止まることができる。

そうそう、色気より食い気。美味《おい》しいものも食べなくては。このあたりの名物は……主催者の試走レポートには何か書いてあったっけな？


ゴールした。

出発したのは昨日の朝なんだっけ？　なんだか今日の朝のように感じる。1日損した。

とても疲れた。よく頑張った。寝たい。

ゴール、ついにSR

600㎞の完走おめでとう！

通常のブルベで最長距離といったら600㎞。BRMにはもっと長い距離もある、しかし600㎞をゴールしたアナタには、どんなブルベでも走れる体力と経験が身についてきているはずだ。

同じ年に200㎞、300㎞、400㎞（600㎞までの長い距離で代用可能）を走っていれば、これで晴れてSRだ。秋口くらいからAudax JapanのサイトでSRメダル購入手続きが開始され、スーパー・ランドナーの証であるメダルを手にすることができる。

SRになるまで、初参加からどれだけかかっただろうか。それは予想していたより短かっただろうか、長かっただろうか？　この600㎞と同じく参加しだしてからゴールまで、思い返せば短い道のりだったような気もする。ＳＲで一息ついたとしてもＢＲＭはまだまだ終わらない。ＰＢＰを目指すのもいい、もう１度２００㎞から走るのもいい。短い距離であっても、走れば走っただけの経験ができるのが自転車。この先も、まだまだ長い道が続いている。


家に帰ってグッスリ寝て、朝起きたら嬉しさが込み上げてきた。

４枚溜まったメダルを眺めてニヤニヤしている。そうか、６００㎞走れたんだなあ。ついにＳＲか。

初めてブルベに出会ったのは、反射ベストを着た自転車乗りとすれ違ったとき。自転車乗りの友人に聞いてブルベの存在を知り、そのままなし崩し的に参加することになった。まさかあのちょっとヘンな集団の中に、私も入ることになるとは思わなかったな。

まだまだ自転車もブルベも続くけど、ひとまずこれで私の日記はおしまい。これまで参加したブルベを開催してくれたスタッフと、一緒に走ってくれた友人に感謝したい。ありがとう。

column

自転車は消耗品

大事に扱えばずっと乗れるから……恐らく多くの人がそう考えて最初の自転車を買うだろう。しかし、残念ながら自転車は消耗品だ。様々な天候のもと、長距離を走るブルベでは、自転車パーツの消耗は早い。どんなパーツがどのくらいの期間で傷むのか、筆者の例を挙げてみることにしよう。

パーツ交換までの距離は「経済力」「体重」「乗り方」「天気」などによって大きく異なる。筆者は「経済力：低→ギリギリまで乗り続ける」「体重：60kg強→軽量なため摩耗は少ない」「乗り方：重いギアを踏まない→ドライブ系の摩耗が少ない」「天気：雨天も多く走る→雨によるダメージ大」となっている。レビュー全体に言えることだが、これらの条件があまりにも異なる人の意見は参考にならない。筆者の詳細スペックは巻末に記しておく。

• タイヤ、チューブ

走行距離に応じてタイヤは摩耗する。タイヤ銘柄によって寿命はかなり異なり、一般的なクリンチャータイヤで3000〜5000㎞くらい。摩耗での寿命を迎えなくても、パンクで大きくカットした場合そのタイヤは終了だ。摩耗状況がわかる1㎜ほどの丸い凹みがあるタイヤもあり（ゴムが擦り減ってきてこのインジケータが見えなくなったら交換時期）、この手のタイヤはインジケータをバルブ位置にくるように装着すると摩耗に気づきやすい。

筆者の場合は摩耗してペラペラになってきたなと感じたら交換している。距離にして5000〜1万km、かなり長い間使い続けるほうだ。極端に摩耗するとパンクのリスクも高まるため、経済力があるのであればメーカー指定距離での交換をおすすめする。

タイヤは使い始めて紫外線にあたると、走っていなくても劣化していく。表面のゴムがガビガビにひび割れてきたらたとえ擦り減っていなくても交換しよう。長距離を走るランドヌールだとそういった事態はあまり起きないかもしれない。

意外と気にかけられないのが、チューブの摩耗だ。路面に直接接地するタイヤほどではないとはいえ、チューブもタイヤ内でわずかに摩耗していく。ゴムの劣化もあり、長期間同じチューブを使い続けるのは避けたい。筆者はパンクはパッチで直しているが、大きな穴の開いたチューブや穴が3回開いたチューブは捨てる。パンクは3000kmに1回ほど起きているので、チューブは1万km程度で交換していることになるだろうか。

• チェーン
元の長さから0・75％以上伸びたら交換。走行強度やメンテナンスによる差が大きく、2000〜5000kmで寿命となる。軽いギアでダラダラ走る筆者は5000〜6000kmで交換時期を迎えるが、タイヤと同じでギリギリまで粘り、その結果、伸びた状態で1万km近くまで走ることが多い。交換直後は変速が気持ち良く決まるようになり、何故ここまで交換しなかったのかといつも後悔する。

・スプロケット
大きく摩耗すると、力を加えたときに歯飛びするようになる。そうなる前、変速レスポンスが悪くなった時点で交換、2万kmくらい。

・クランク
主な摩耗箇所はアウターのチェーンリング。チェーンリングだけ交換してもいいが最近のアウターチェーンリングは単体でも高いため、クランクごと交換している。ブルベの最中に参加者のアルミクランクが折れたのを見たことがある、使い続けるとそれなりに金属疲労も蓄積していくようだ。チェーンリングのみなら4万km。

・ブレーキシュー
普段のサイクリングではそんなに減るものではなく、雨の山岳600kmなど特殊な状況下で一気に減る。交換は年1～2回、距離にして1万km強。

・ペダル
クリートとの接地面がだんだんと削れて緩くなっていく。ベアリングも摩耗やグリス抜けで回転がゴリゴリになっていくが、あまり気にせず使っている。過去、摩耗で交換した経験はなく、落車やキャッチ失敗でペダル先端が折れて交換した。5万kmくらいか。

・クリート
自転車での走行ではなく歩行した距離で摩耗していく。信号待ちで足をつくだけでかなり削られるようで、左足をつく筆者は右の3倍くらいの速さで左が摩耗する。悪いことにTIMEのクリートには左右があるため左が擦り減ったら両方ダメになる。7000～8000㎞。

・シューズ

爪先がボロボロになる、踵が割れるで終了。2年弱で1足。

・ヘルメット

紫外線による劣化もあるらしいが、大抵は落車して交換となる。これも2年くらい。

・ワイヤー

シフトワイヤーの交換推奨時期は2万㎞。シフトワイヤーは海外ブルベなどの大事なイベントの前に交換し、あとは切れた後や切れそうになったら（ワイヤーが数本切れてほつれてくるとRDのインデックスが頻繁にズレだす）交換している。シマノSTIはシフトワイヤーのタイコ付け根が切れやすく、2～3万㎞で交換している。ブレーキワイヤーやアウターも大抵一緒に交換する。

・バーテープ

1年、2万kmで交換。

・ヘッドベアリング

雨の中、長時間走るブルベではダメージを受けやすい。2年に1度ほどオーバーホールすると大抵錆《さ》びてきていて、そのとき交換している。3～4万㎞。

・ＢＢ
これも浸水しての錆び。クランクを外した際にグリスをモリモリ盛っているが、過去の実績では4万kmくらいでガタガタしだして交換しているだろうか。

・ホイール
まずハブのベアリング。シマノ製品などカップ&コーンで自分でグリスアップできるものは回転がゴリゴリしだしたらメンテナンス、シールドベアリングのものは外して交換している。ベアリングは雨の中を長時間走った後にメンテせずに放置しておくと一発でダメになることがあり、過去平均すると2万kmほどで交換している。スポークが切れるのは2~3万kmに1度くらいか。

まだまだ主流なリムブレーキホイールの場合、使用と共にリムが摩耗していく。テンションがかかり続けたニップル穴が割れることもある。ハブのメンテナンス、スポーク切れの修理を行ってもリムがダメになった頃には本格的な寿命を迎えていると考えてよく、物にもよるが筆者は4~5万kmがホイール寿命と見ている。

・フレーム
よく「長く乗ったフレームはヘタる」なんて話を聞くが、本当だろうか？

素材メーカーによると、人間が加えられる力程度では塑性変形《そせいへんけい》など起きないという。筆者も特にヘタりは感じたことがなく、もしヘタりというものがあるとすればフレームパイプ部分の変形よりは、ＢＢやヘッドなど圧入している部分やネジ部の緩みなのではないかと考えている。

最初に買ったロード、カーボンパイプをラグ接続したショップオリジナルモデルはＰＢＰで事故にあった後に異様な振動を感じて廃車、およそ10万kmの寿命となった。今現在ブルベや通勤に使っている自転車は、フルカーボンで走行距離は8万㎞。海外輪行での扱いが雑なためかリアエンドが曲がって交換、ＦＤの直付《じかづ》け台座がモゲてバンド式に交換とかなりボロボロになってきている。

落車や転倒で目に見えないダメージも多く被っているだろうし、10万㎞乗れれば御の字ではないだろうか。その頃には新車に浮気もしたくなってくるだろうし。

・その他コンポーネント

コンポーネントの破損のうち大抵は落車でのダメージ、多くはＲＤだ。チェーンが落ちた際に無理に変速しようとして、ＦＤのプレートが折れたことも何度かある。ＳＴＩ内のバネが折れて巻き取りが利かなくなったときはバラしてなんとかなったが、基本的このユニットは壊れたら交換。寿命を考えた場合、フレームと同じく10万㎞くらいが妥当だろうか。転倒や輪行ダメージなど外部からの衝撃を受けなければ、もっと長く持つ。

さて、ここまで筆者の自転車パーツ寿命実績を書いた。本題はここからだ。

完成車価格20万円のロードに乗り続けたときの費用、１㎞あたりにかかる金額は6円強となった。この表にはグローブやジャージなどの衣類、ライトやＧＰＳなどの装備は含まれていない。メンテナンスやオーバーホールをショップに任せた場合、更にこれに工賃が上乗せされる。

６００㎞ブルベの参加費は２０００円足らずであるが、６円／㎞というと機材費が３６００円かかる計算になる。フレーム、ホイール、コンポを除いたものが半分くらい、初期投資だけかと思いきや、自転車は意外と金食い虫である。

機材名	金額	寿命	1kmあたりの値段
タイヤ×2	8000	8000	1円
チューブ×2	1000	10000	0.1円
チェーン	2000	5000	0.4円
クリート	2000	8000	0.25円
バーテープ	1500	20000	0.075円
ワイヤー	5000	20000	0.25円
スプロケット	5000	20000	0.25円
BB&ヘッド	5000	40000	0.125円
チェーンリング	15000	40000	0.375円
シューズ	15000	40000	0.375円
ヘルメット	20000	40000	0.5円
ホイール	40000	40000	1円
ペダル	10000	50000	0.2円
フレーム	100000	100000	1円
コンポーネント	50000	100000	0.5円

自転車パーツの値段と寿命

第10章

1000km〜――超ロングライドの世界

1000km

▼1000kmの特色

1000kmを超えるBRMを開催するのは国内のクラブのうち数団体のみ、日本全体で年間数本しか行われない。ランドヌールの1つの目標であるSRからは外れるため、600までとは少し雰囲気が異なってくる。以下に特色を挙げてみよう。

・全国からの参加者

開催が少ない1000kmブルベに参加するため、スタート地点には各地からベテランランドヌールたちが集まる。600km以下では半数以上が地元からの参加者だが、そんないつもの顔ぶれと異なり、1000kmは普段見ない顔がずらり。他クラブ主催者の参加も多い。

普段見ない顔、といってもそれはいつも同じ顔であり、長距離ブルベに参加するたびに同じ人に会うようになる。「PBPぶり?」と全国各地の知り合いと会うのは楽しい。

・SRに組み込めない

ブルベを走る者の目標になることが多いシューペル・ランドヌール。通称SR（エスアール）。同じ年に200、300、400、600kmのBRMを完走した人がこう呼ばれる。長い距離で短い距離を代用できるため、例えば300、300、600、600kmの4本でもSRとなるのだが、1000kmはこれに組み込めない。1000km以上を何本走ろうとも600kmまでを完走しなければダメなのだ。

・カットオフ最低速度が途中で変わる

1000kmの制限時間は75時間、単純に割ると必要な速度は13・4km／hとなる。600kmまでの15km／hと比べて1割以上余裕がある。しかし最初からゆっくりペースで走っていいのかというと、そういうわけではない。

600kmを超えるブルベでは、距離を進むにつれ必要な速度が変化していく。600km地点での制限時間はこれまでと同じ40時間と必要速度は15km／h。中間地点をやや過ぎるまではBRM600とまったく同じ走り方が要求されるわけだ。ここから1000kmまでの400kmは35時間、必要速度は11・5km／hとなる。

実際600kmを超えれば時間が徐々に余り始め、これ以降タイムアウトでリタイアする人は少なくなる。参加者の間でも「600km超えれば楽になるからそこまで頑張ろう！」という雰囲気があり、そこまで走ってしまえばリタイアするのも勿体《もったい》ないと最後まで頑張れることが多い。グロス20km／hで走れる速い人は25時間の余裕があるわけで、途中ホテルでゆっくり睡眠したり、観光したりする時間すらある。

ただし関節、筋肉の痛みが出ていた場合は別だ。いくら制限速度が緩くなるといっても400㎞は痛みに耐えながら走れる距離ではない。体がダメージを受けないように慎重に走ろう。

慢性的な睡眠不足に陥っている場合も完走は危うい。道端で仮眠を繰り返しながら少しずつ進む走りでは、時間がいくらあっても足りない。600㎞を超えた時点でしっかりとした睡眠がとれればゴールはもう目前だ。

・長丁場で天気が不安

ブルベのスタッフはボランティア。大抵は普通の会社員であり、貴重な空き時間を割《さ》いて運営してくれている。1000㎞の制限時間は75時間、丸3日を超えるブルベを開催するのはなかなか難しく、5月のGWか9~10月の連休くらいしか目ぼしい期間はない。5月はまだ400㎞、600㎞といった各主催クラブのメインディッシュ真っ盛りであり、1000㎞超は600㎞までのBRMが一段落した秋口に行われることが多い。

暑かった夏が終わり、サイクリングには持ってこいの季節。しかしこの時期厄介《やっかい》なのが台風だ。台風直撃で予定していたコースが通行不可となった場合、開催が見送られることがあるが、単なる雨で中止になることは少ない。たとえ台風が来なくとも、天気の変わりやすい山間部が含まれるコースを走り3日間ずっといい天気というのは期待できない。1000㎞を完走するというのは距離だけの問題でなく、悪天候の中を走り続けられる地力が必要となる。濡れた衣類の乾かし方、雨のやり過ごし方、600㎞までで培《つちか》った経験を総動員して乗り切ろう。

▼ホテルの予約

数年前までは、ブルベの途中でホテルに宿泊するのは速度に余裕がある人だけだったが、最近600km以上の距離ではホテル利用者が多くなってきている。たとえ貯金が2〜3時間しかなくても静かなベッドでゆっくり休めるのは疲労回復に有効で、ホテルを予約しないというのは一気に走り切れる速い人や、道端で少し仮眠しただけで回復できるタフな人がとる戦法になってきた。

特に1000kmを風呂に入らずに走り続けるのはツラい。雨で濡れた後の生乾きの服は悪臭を放ち始め、コンビニのレジでは申し訳なさで一杯になる。600kmを超えたら時間に余裕も生まれるため、一旦屋内で着替えてリフレッシュしたい。健康ランドや銭湯、インターネットカフェ等でも体を洗うことはできるが、入店してから睡眠までの所要時間や静かな環境といった点でホテルに軍《ぐん》配《ばい》が上がる。

大型連休に行われることが多い1000km、この時期行楽地のホテルは満室が多く、飛び込みで泊まるのが難しい。途中でホテルを利用するつもりならば、あらかじめ予約しておくのが確実だ。予約することで、長い1000kmの中での目標ができる。今日中になんとか予約したホテルまで辿り着こう、そしたらシャワーを浴びてベッドで横になれる。1000kmという途方もない距離を目指して漠然と漕ぎ続けるのと比べ、近いところに目標とご褒美《ほうび》があるというのは励みになる。

が、しかし。

600kmまで走った上でこのページを読んでいる人ならば身をもって体験しているように、ブルベの最中にホテルでグッスリ眠るなんてのは夢のまた夢。25時チェックイン、28時チェックアウトあたりが多くの人がとれるギリギリのラインだ。24時までに辿り着くつもりだったのが少し遅れてフロントが閉まっていた……。そんな悲劇にならないよう、予約する際は深夜のチェックインが可能なホテルを選ぼう。直前まで無料キャンセルできる宿ならばトラブルで辿り着けそうにない場合も散財せずにすむ。

▼ドロップバッグ

着替えを持たずに走った場合、同じ服を着続けるかホテルやコインランドリーで洗濯して着ることになる。洗濯は貴重な睡眠時間を削ることになるため、着替えたいのであれば替えのウェアを持って走ったほうがいい。予期せぬ雨で冷えた際にも着替えがあると役立つ。

レーパンやジャージ程度ならサドルバッグに突っ込むことができるが、冬用の装備はどうしたらいいだろう。特に片道ブルベ、スタートの東京とゴールの青森じゃ気温はまったく違う。スタート地点から、青森で使う防寒ウェアも持って走らなければならないのだろうか。

そんなときに有効なのは「ドロップバッグ」、着替えや防寒着、予備のライトやモバイルバッテリー等を予約したホテルにあらかじめ送っておくという手法だ。わざわざ重い荷物を持ち運ぶことなくホテルで着替えをピックアップし、今まで着ていた服は箱に詰めて家に送り返せばいい。往復宅配便を利用すれば、家に送り返すときの伝票記入や重量計測といった煩わしい作業から解放される。

ホテルに宿泊しない、あるいはホテルまで辿り着けない可能性がある、そんなときは郵便局留《ど》めや宅配便の営業所受け取りが使える。郵便局留めは10日、宅配便の多くは7日、受け取りがなかったら返送されるのも便利だ。ただこの方法、夜間開いている営業所は限られるため使いどころが難しい。ホテル到着が予定から1日以上ズレる可能性がある日本縦断2400kmブルベでは利用している人もいたが、1000kmという距離での使用はやや中途半端かもしれない。

ホテル予約にしろドロップバッグにしろ、上手く使いこなせばブルベ完走への難易度は下がる。しかし使わなくてはいけない手法ではないし、速い遅いにかかわらずそういったことをせずに完走している人は沢山いる。

デメリットは事前に準備が必要なこと、余計な出費がかかること、そして何より「一気に長距離を走る」という感覚が薄れてしまうこと。400km走って新しい服に着替えて400km、また泊まって残り300km。これじゃあまるでサイクリングを3日続けただけだ。ホテルには泊まらない、ドロップバッグはしない。そうやって楽しむのもまたブルベである。

1200km〜

かつてはPBPが行われる年（4年に1度）はその他の1200km以上のBRMは開催できなかったが、増え続ける参加者に対応するため、2007年以降この決まりは廃止された。

1200km以上は管轄がACPからRMになる。管轄が替わるといっても主催クラブに申し込むだけの参加者からしたら何も違いはない。しかしこの1200km、1000kmまでのブルベとは大きく異なる点がある。

▼1200㎞の特色

・人気がある

最長距離のブルベとなるため、参加には仕事や家庭の調整といった走力以外でのハードルも高いが人気も高い。というより、少ない開催数に対して需要が大きいのだろう。募集開始直後に、あっという間に定員が埋まってしまう大会が多い。2016年の北海道1200㎞は、申し込み開始から数十分で定員が埋まってしまった。

各PCでの有人チェックでは他のクラブ主催者や、地元のサイクリング協会が応援でスタッフの手伝いをしてくれる。そうやってすべてのスタッフがボランティアとして無償で働いてくれているのだが、これだけ準備が必要なブルベは開催にお金がかかる。そのため参加費は2万円を超えることも珍しくない。申し込みがすぐ埋まるというのは、その金額に見合った経験ができると考える参加者が多いからこそだ。

単に距離が長いという理由だけでなく、手厚いサポート体制や海外参加者との交流、オリジナルジャージの販売といった他のブルベで味わえないものが、1200㎞にはある。

・海外参加者の増加

1000㎞ブルベは開催数が少ないことから全国から、参加者が集まると書いた。1200㎞はこれが全世界になる。日本を含め世の中には1200㎞ハンターが存在しているようで、世界中の1200㎞超ブルベの開催を聞きつけ申し込んでくる。英語が通じない日本であっても、なんの躊《ちゅう》躇《ちょ》もない。彼らの言語はキューシート、意思伝達はペダルを踏むことで行われるからだ。

主催側もこうした海外からの参加者のことは考えており、できる限りのサポートを行っている。岡山1200kmでは日本語と英語で2カ所に分かれて開始前ブリーフィングが行われ、北海道1200kmは国内居住者とは異なるエントリー枠が設けられた。スタート以降はノースタッフ、枠組みだけ用意するからあとは自主性で頑張れという1200km超にしては珍しかった日本縦断埼玉2400kmであっても、案内のWebサイトには英語ページが用意された。

ブルベが始まってしまえば、道中でのサポートは禁止。しかし参加者同士であればこれはOKなため、日本語の通じない参加者には英語が堪能《たんのう》な人が一緒について走ることも多い。

• 充実のサポート

体育館などに簡易ベッドやマットを敷き、参加者が軽く眠れるようにした仮眠所が用意される。スタート地点で預かった荷物を途中のPCまで運んでくれたり、搬送すべき体育館の住所があらかじめ指示されたりと、公式でドロップバッグが行われることが多いのも便利だ。

パンやカレーといった軽食がPCで振る舞われることもある。仮眠所での睡眠はホテルと比べたら快適性に欠けるものの、安くすむ、いつ到着しても問題ない、ルート上にあり時間のロスがまったくない、といったメリットがある。

岡山1200kmでは途中、野点《のだて》で抹茶を楽しむという、およそブルベとは思えないシークレットポイントがあった。特に海外からの参加者に楽しんで貰えるようにという、主催者の計らいだろう。

BRM200～1000のような、4年ごとにデザインが一新されるメダルは1200km超には無い。完走者が購入できるRMメダルは距離や年が刻印されておらず、やや味気ないものになっている。このためかオリジナルの完走メダルが用意されることが多い。また、開催を記念したオリジナルジャージが作られることもある。

仮眠所の用意やドロップバッグ、海外参加者への情報公開はすべての１２００㎞で保証されているものではない。しかしこれまで世界各地で行われてきた１２００㎞がそういった大規模でサポートが手厚いものであり、開催すれば世界のランドヌールから注目を集める以上、日本ローカルで小ぢんまりやりますというのはなかなか難しい。主催クラブは本当に大変そうだ。

▼海外１２００㎞への参加

日本国外のブルベに参加しようと思ったら、１２００㎞超のブルベに申し込むのが一番簡単だ。仮眠所が充実しているし、日本から申し込みできるものも多い。メジャーなものは毎回何人かの日本人が参加しており、情報も探しやすい。

何もブルベに参加しなくても、１日１００㎞程度であれば自分でプランを立てて海外を走るのは楽しいものだ。しかし夜もひたすら走りたいとなると話は変わってくる。日本は車社会で、自転車は常に肩身の狭い思いをしているけれど、実のところ夜間走り続けるといったブルベ的な走行には向いている部分が多い。海外を１人で走ると、日本とは大きく違う環境に戸惑ってしまうだろう。

もし夜間もひたすら走りたいのであれば、次のような理由で、１２００㎞ブルベを走ったほうが楽なのである。

・PCまで走れば補給に困らない

日本にはコンビニがある。これのおかげで数十kmも走ればいつでも補給ができる、日曜でも夜中でも開いているのは大きい。更にコンビニは安全にトイレが使える。特に女性にとってこれは嬉しい。

海外では夜中はもちろん、国によって土日は多くの店が閉まる。PBPのスタート地点となるサンカンタンも、出走前日の日曜日はカルフールといった大型スーパーが営業していない。平日にも昼休みが設けられている店もある。

筆者は深く考えずに土曜日に200km以上走るプランを立ててしまい、途中の補給で死にそうな思いをした。マクドナルドの看板を発見したときは神に見えた。翌日の日曜日は、水3リットルをパニアバッグに入れて走った。

ブルベのPCは24時間営業、PCまで辿り着くことができれば飲み物や食べ物が入手できる。タイヤや工具が売っているなど自転車の機材トラブルにも対応できることもある。

・仮眠所が用意される

飲食店と同じく、ホテルも大都市でなければ24時間開いているのは珍しい。チェックイン19時、チェックアウト8時なんて宿もザラだ。こういったホテルはブルベでは使えない。ブルベの最中に使える宿を探すのにも一苦労である。

「宿が無いなら、その辺で寝ればいいよ」日本のブルベに慣れたランドヌールはそう考えるかもしれない。ヨーロッパやアメリカであればそこまで危険ではないとはいえ、まず治安の問題がある。それから野生動物、事前ブリーフィングで「熊に食われるから道端で寝ないように」とアナウンスされるブルベもある。人里離れたＰＣに仮眠所があるのは本当に助かる。

・主催者により走りやすいコースが用意される

これは日本が海外が、ではなく土地勘の問題だ。自分で用意したコースが自転車通行禁止だったという悲劇は、地図だけでコース作成するとしばしば起こる。本やＷｅｂでのおすすめコースの使用、ＳＴＲＡＶＡのヒートマップなどで自転車がよく通る道を繋ぐという技は（よく通られている道は人気のある道であり、自転車で走るのにも適しているはず）、直前になっての工事や災害で封鎖には対応できない。

そんなとき、慣れていない海外だと大変だ。ブルベであれば仮にコースが通行止めになった場合も迂回路が指定される。

海外を走るということは、これらすべてを自分でマネジメントしなければならない。「海外で１２００㎞ブルベなんてハードルが高くて初心者にはとてもとても」と感じるかもしれないが、これは「１２００㎞お任せ安心パック」なのである。団体ツアーで旅行に出かけるようなものだ。気後れせずに、興味があったらどんどん申し込んでみよう。ロシア１２００㎞に参加した日本人は、言葉が通じず大変そうであったが……。

▼パリ・ブレスト・パリ

通称ＰＢＰ（ピービーピー）。最高峰のＢＲＭであり、4年に1度のお祭りでもある。２０１５年の参加人数は５０００人を超え、日本からも２００人以上が参加した。仮眠所が用意されているＰＣが多く、治安もいい。制限時間は80時間、84時間、90時間とカテゴリー分けされていて、どれを選んでも完走に違いはない。前身がレースだった所以《ゆえん》か、80時間クラスの先頭ではレースさながらの激しい争いも行われている（ただし争っているのは、白髪交じりのいい年したオッサン）。

獲得標高は大きな峠なしでの1万ｍ、だだっ広い草原の中をひたすらアップダウンが続く。峠がないと安心しているとこのアップダウンにやられるようで、２００３年、日本のブルベ黎明期《れいめいき》に参加した今の各クラブ代表たちは「これを完走するにはもっと普段から登坂《とうはん》に取り組む必要がある」と考え、今のブルベの基準である１０００ｍ／１０００㎞のコースが作られるようになったという話も聞く。

コースは決して簡単ではないが、それでも１２００㎞ＢＲＭの中では難易度は高くない。日本人参加者の完走率があまり高くないのは、環境の差によるものが大きいだろう。２０１５年、初参加のタイチームは多くが寒さにやられていた。「タイに長袖ジャージなんて無いよ」とのリタイア者の嘆きは冗談だろうか。普段走り慣れていない環境を走るというのは難しいもので、食べ物の違いで胃を壊し走れなくなる人が何人もいた。

このＰＢＰ、コース自体に特別抜きんでた魅力があるわけではなく、参加した日本人の中には「アップダウンを延々と走るだけだし、もう出なくていいかな」と言う人もいる。しかし全世界から５０００人を超えるロングライド愛好家たちが集まること、街道では地元住民たちがひっきりなしに声援を送ってくれること、これらはＰＢＰでなくては味わえないもので、筆者はこれを楽しみに毎回参加したいと思う。

▼その他の海外1200km〜

他にも世界の1200km超ブルベには
イギリス：ロンドン―エジンバラ―ロンドン（LEL）1400km
イタリア：1001Miglia 1600km
アメリカ：カスケード1200km
カナダ　：ロッキー1200km
等、メジャーで日本人参加者がいる大会がある。LELの2017年向けWebは日本語ページまで用意されている。

https://jp.londonedinburghlondon.com/

海外のブルベは日本では見られない広大な景色が味わえる。予算や日程に余裕があれば、海外遠征を考えてみるのもいい。様々なコストは高くとも、それに見合った経験ができるだろう。

2000km〜

世の中には2000kmを超えるブルベも存在する。2007年に開催されたカナダの2000kmブルベは参加者が日本からの1人とスタッフの1人、合わせて2人だけだったという話を聞いた。数年前まではそんなかなり珍しい存在だったのに、最近は世界各国でRM認定の1200km超ブルベが行われるようになってきた。

２０１６年はロシア１万１３８４km、オーストラリア４０００kmをはじめ、日本でも鹿児島から北海道まで日本を縦断する２３５７kmブルベ、Bike Across Japanが開催され筆者もこれに参加した。この距離になるともう完全に旅。毎日の行動をルーチンワーク化し、故障なく乗り続けられるかが完走のポイントとなる。

column

機材による速度差

機材を換えれば速くなる?

自転車業界は新製品を売らねばならない、雑誌やWebには「○○を買ったら巡航速度が○○km/h上がった」という記事が溢れ返っている。ホイールを換えたら速く走れるようになったって？　自分も買ってみようかな。

しかしそこそこ長く自転車に乗っていると、エンジンの前には機材の差など微々たるものと感じるようになる。筆者はここ数年パワーメーターを使っており、パーツの差による速度の差を感覚ではなくて数値として見てきた。残念なことに機材では、高い金額を出して投資するほどの差は生まれない。

例えばディープリムのホイールに換えたら、平地の速度はどのくらい上がるのか？　各メーカーや雑誌の資料によると、平地を40km走った際のアドバンテージは1分くらい。確かに機材を換えるだけで速くなれるし、レースでは大きな差だけれど、ブルベにおいて40kmで1分の差というのをどう捉えるか。ちなみにシューズカバー着用による効果は30秒。高級なホイールは10万円以上するが、それでシューズカバーの倍程度の効果だ。

自転車走行時の抵抗

▼機械抵抗

かなり大雑把《おおざっぱ》な値となるが筆者があちこちで読んだ記事によると、30㎞／h走行時にホイールのベアリングが1w以下、チェーン回りでの損失が5wほどになる。注油切れで汚いチェーンの場合、これに10w上乗せされる。「すごい回転がいい！」なんて言われるハブのホイールに換えることで、このたった1wの損失をもう少し抑えられるぞ。

▼空気抵抗

空気抵抗は速度の2乗に比例するため、速くなればなるほど全体に占《し》める割合が大きくなる。筆者がドロップハンドルのブラケットを持った場合、30㎞／hで140w、35㎞／hで220w、40㎞／h時には330wが空気抵抗だ。ロードがMTBと比べて速いのは、前傾姿勢による空気抵抗の小ささによるものが大きい。

▼転がり抵抗

一般的なロード用タイヤで30㎞／h走行時に20〜30wほど、銘柄によって10w以上の差が生じる。同じ空気圧、材質であればタイヤ幅は太いほうが転がるため、最近はプロでも25Cの使用が増えてきた。速度域の低いブルベではなおさら太めがいい。空気圧を上げるとより転がるようになるが、振動を拾って疲労度が増すためほどほどに。

▼**登坂抵抗**（勾配抵抗）

ｓｉｎ（傾斜角度）×重量に比例。ホイール外周部の重さは影響しない。体重65kg＋自転車10kgの人が自転車を1・5kg軽量化すると、登坂抵抗が2％減る。這うような速度で激坂を登っているときは、登坂抵抗の割合が非常に大きくなるため速度は2％弱速くなる。

▼**加速抵抗**

（重量＋ホイールの慣性モーメント）×加速度に比例。700Cのホイールで外周部を軽くした場合、全体重量換算で倍くらいの効果が得られる。100g軽いタイヤに換えること≒200g軽いフレームに換えること。

「○○のハブは転がるからいいってよく聞くよ」「ホイール外周部軽くしても登りの速度変わらないってそんなバカな」「加速にしてもタイヤ100gがフレーム200gと同じ？」

いろいろ腑に落ちない点もあるだろうが、実際出力計を使って走ってみるとベアリングやホイール重量差が計算通りにしか影響を及ぼさないことがわかる。人間は面白いもので、本当に小さな差を認識することができる一方で、小麦粉を飲んで病が治ったりもする。機材投資の目的が速さの場合は、金額に見合った速さを得られるのかをよく考えよう。

おすすめの機材投資

ここまでを踏まえたうえで、速く走るための機材投資をするなら、筆者のおすすめはタイヤだ。交換しても劇的な速度アップは感じられないかもしれないが、その差は確かにある。

転がり抵抗だけでなくグリップの差も大きく、いいタイヤを履《は》いていれば、前の人と同じラインで走ったときにスリップしないという安心感を得られる。

ただTTやレース用のモデルには、パンク性能や寿命が極端に落ちるものがあるので、これは避けよう。グリップ力を落とすことなく耐久性も高めた製品、1本5000円くらいの各メーカートップレンジの製品は、耐パンク性能も安タイヤより優れており満足いくものが多い。フレームが対応していれば23Cよりも25Cのほうがおすすめだ。太めのちょっといいタイヤを指定空気圧内低めで使えば、高価なフレームを買うよりも乗り味はずっとマイルドになる。

もちろん2000円のタイヤでもブルベは問題なく完走できる。無理して高価な機材を使うことはない。しかし高速走行時のパンクは大惨事に繋がる恐れがある。安タイヤでも問題はないが、劣化してひび割れたまま使い続けるといったことは避けよう。

速さを機材でなんとかするという願いに諦めがついたら、投資したいのは体に触れているパーツになる。サドル、ハンドル、ペダル、これらは快適性に直結する機材だ。サドルの重要さは距離を走れば嫌でも気づくことになるが、ハンドル形状やポジションも上腕の疲れに大きく影響する。バーテープも厚みや素材が違うと握った感触はかなり異なる。膝が痛くなる場合は、違うシステムのビンディングペダルを試してみるのもいい。

問題は、これらのパーツは長距離走ってみなければ具合がわからないことだ。似たような形状のサドルに見えても、高グレードはクッションやベースのしなり差で乗り味がぜんぜん違うといったこともある（SMP社製など）。この場合、安いサドルでまず試すといった手法が使えない。近くにレンタルできるショップがあったり、知人に試させて貰えたりするといいのだが。

そして荷物を運搬するシステム。ベテランになるほど荷物はコンパクトになるとはいえ、距離が長くなれば持っていくものは増える。数十℃の気温差に対応できるウェア、雨具、輪行袋……これらをしっかり自転車にマウントできる製品はブルベには不可欠だ。

固定力の甘いサドルバッグに重い荷物を積んだ場合、重心が高くなると共に荷物が左右に振られ、自転車の挙動が不安定になる。特にダンシング時に、荷物に自転車を持っていかれる感覚が出る。しっかりとしたシートポストキャリア、あるいはブルベでは利用者が少ないがパニアバッグが固定できるようなキャリアを使うのもいい。揺れが少ないというメリットは、人によっては重いというデメリットを大きく上回る。

フレームの素材の項で書いたように、「キャリアはクロモリ」といった素材信仰で高価な製品を買う必要はない。固定方法がしっかりとしていれば、アルミでも十分実用的だ。

機材交換で変わるもの

数値として出すことが難しい感覚的なもの、そんな違いは確かに存在する。例えばフレームが「しなる」感じは自転車によって異なるし、クランクを踏み込んだときの音なんてのも違いあるように思う。

学歴や年収は簡単に表記できる、しかし笑い顔のキュートさや会話の「間」などを文字で説明するのは難しい。筆者はすぐに数値で表されたものを比較してしまうが、好みの自転車を探すというのはきっとそういうことなのだろう。

第11章 いろいろなブルベ

フレッシュ

3～5台で構成された各チームが、24時間かけて決められた目的地に集結するのが「フレッシュ」。チームの各メンバーは常に一緒に行動しなければならない。フレッシュは個人で認定を受けるBRMとは違い、チームが一丸となってゴールを目指すブルベなのだ。

ちなみにフレッシュ（Fleche）とはフランス語で矢のこと。シクロツーリズムの父と呼ばれるポール・ド・ヴィヴィが復活祭に里帰りしていたのにちなみ、年に1度この時期に皆で1カ所に集まる走行会、Fleche Velocio（フレッシュ・ベロシオ）がフランスで行われている。日本ではこれに基づきルールを策定したFleche Japonが開催され、結果はACPが認定する。イースターに馴染がないためか、Fleche Japonには開催日に関する規定はない。

チームはあらかじめ360km以上のコースを作成し主催者に提出、ショートカットできるなどの問題がないかチェックを受ける。目的地はブルベカードを提出する場所、ナイスプレイスの近くであることが望ましい。当日は各々のチームが自ら作ったコースを走り、各地のスタート地点から的に向かって射られた矢のように、ゴールに集結していく。フレッシュ完走に必要な速度は６００kmまでのＢＲＭと同じ15km／h、速度は同じでもチームならでの難しさ、面白さがある。

フレッシュの難しさは自分のペースで走れない点にある。ＢＲＭを友人と一緒に走る場合は少し先に行っていて貰うことができるが、フレッシュではチームは常に一緒に走らなければならない。登りが苦手な人、疲れて速度が出なくなった人、チームの速度は必然的に遅い人に合わせることになる。

一番の難しさは睡眠。フレッシュのルールは３６０km以上走ることではなく、24時間走り続けること。どんなに速く走っても24時間経《た》たずに終わったら失格だ。24時間、ゴールが近づくにつれチームの誰かが眠くなる。全員がそのタイミングで仮眠をとることになるだろう。速度を落としてペースを合わせるのは速く余裕のある人にとって難しいことではないが、睡眠のペースを他人と合わせるのは大変だ。

自分たちでコースを作り、助け合い、時には罵《のの》り合いながらチームでゴールする楽しさは、個人で走るＢＲＭでは味わえないものがある。人気と共に開催数も増え、最近は各地の主催クラブにより年に２～３回ほど開催されている。

SR600

シュペール・ランドネ６００km、通称「ＳＲ６００」。６００kmで獲得標高が1万ｍ以上となるハードな山岳ブルベだ。

コースは通常のＢＲＭと同じくあらかじめ各主催者が作成し、掲示されている。大きな違いはパーマネントであるということ。日を決めて開催されるBRMと異なり、参加者は都合のいいスタート日時を決めて各々独自に出走する。好きなスタート日時を選べるということは主催者による直前の試走がないということで、通行止めや交通規制がないかは自分で調べなくてはならない。

▼ツーリストとランドヌール

SR600には厳しい制限時間のないツーリスト部門と、挑戦しがいのある制限時間が設けられたランドヌール部門がある。ツーリスト部門は平均1日75㎞以上を連続して走れば認定、ランドヌール部門は制限時間の60時間以内で完走すれば認定となる。

ランドヌール部門は、前もって主催に出走日時を宣言しなくてはならない。出走1週間前まで変更はできるが、直前になってずらすことはできない。1週間前というとまだ天気予報もあてにならない。時間制限に間に合う走力だけでなく、悪天候でも走れる力や、しっかりとした計画が必要になってくる。

ツーリスト部門は厳しいタイム制限がない、スタート日時はいつでも可、と、ランドヌール部門と比べると完走はかなりやさしい。周回コースの場合、どこからスタートしてもいいのもポイントだ。自宅近くや交通の便がいい場所をスタート地点に選ぶことができる。

ツーリスト部門でもランドヌール部門でも認定には変わりない。どちらを走るかは、自分の脚力と相談のうえ決めよう。なおランドヌール部門で走ってタイムアウトした場合、ツーリスト部門の認定条件を満たしていればツーリスト部門に切り替えて申請できる。

▼PC

ＳＲ６００は常設コース、参加者が好きにスタート日時を選べるゆえにスタッフがコントロールチェックを行うことはほとんどない（後述するシークレットの可能性はあるが）。

スタートやＰＣは無人で、ＢＲＭと違いオープン、クローズタイムはなく、写真チェックが多い。フレームバッジと呼ばれるＳＲ６００のプレートを自転車につけ、指定された目標物と一緒に撮影を行い後日提出する。深夜にＰＣを通過する場合は、暗闇の中写真を撮る工夫が必要なこともある。

ＳＲ６００ではＰＣにおいても他者からのサポートは認められていない。スタッフによるシークレットコントロールが設けられることもあるため、リタイアする場合は通常のＢＲＭと同じく主催に連絡しよう。

▼コース

２０１７年、現在日本で開催されているＳＲ６００は４本。どれも特徴的で走り応えがあるコースだ。どのコースも２０００ｍ超の峠を含むため、当然冬季は通行止め、解除されている期間以外は走れない。シーズンは春先から秋口まで、乗鞍に至っては走行可能な期間は半年もない。

・Super Randonnée Fuji（SR600 富士）

主催：オダックス埼玉、獲得標高：1万1105m

日本といったら富士山、その富士の名のついたコースがこのＳＲ６００だ。出発地点は東京都高尾駅、碓氷峠《うすいとうげ》、渋峠《しぶとうげ》、菅平《すがだいら》、美ケ原《うつくしがはら》のビーナスラインを走り麦草峠《むぎくさとうげ》、清里を越え韮崎《にらさき》から本栖《もとす》みち、最終ＰＣ山中湖で富士山をバックに写真を撮る。

SR600フレームバッジ　サドル下の札がフレームバッジ。これとチェックポイントの（写真の場合は正面のめがね橋）が両方入るように写真を撮る。

夜間の撮影。自転車が写るようにヘルメットライトで光をあてながらで苦労した。

獲得標高は１万１１０５ｍと、３本のＳＲ６００の中では最も少ない。都心から近い高尾駅が出発地点であり、めがね橋、国道最高地点の渋峠、ＪＲ鉄道最高地点、道の駅最高地点の美ヶ原高原美術館と見どころも多く、初心者にもおすすめのＳＲ６００だ。２０１７年現在、渋峠は火山活動の影響で夜間通行止めとなっている、深夜に出発して日が暮れる前に通過したい。中間地点の上田はビジネスホテルが多く宿泊に困ることはない。条例で夜間営業が禁止されている軽井沢と、山道が続くビーナスラインを除き、比較的補給ポイントも多い。

• Super Randonnée Nihon Alps（ＳＲ６００日本アルプス）

主催：オダックス埼玉、獲得標高：１万２４１１ｍ

このコースの売りは舗装路の最高地点、乗鞍岳２７０２ｍへの登りだ。夏の間は濃霧発生で突発的に通行止めになることが少なくなく、多くのランドヌールが泣かされた峠である。小渕沢《こぶちざわ》駅を出発し、富士見峠、杖突峠《つえつきとうげ》、ここから道幅は徐々に狭くなり、分杭峠《ぶんぐいとうげ》、地蔵峠、しらびそ峠、飯田までアップダウンが続いた後は大平峠を通過、下呂、高山へ。２７００ｍを超えるメインディッシュの乗鞍では息苦しさを感じる人もいるだろう。下って松本に着いてからも霧ヶ峰、大河原峠と厳しい区間が続く。大河原峠前のビーナスラインは一部ＳＲ６００富士と同じ区間を走る。

名だたる峠が続く難コース。急斜面のしらびそ峠、交通量の多い乗鞍下りトンネルと厳しい下りも多い。短い登りでも斜度がキツい箇所もあり、脚も削られる。天候により当日通行止めの恐れがある乗鞍岳以外の難点は、補給と睡眠。分杭峠から飯田までの１００㎞超にコンビニは無く、自販機もほぼ無い。しらびそハイランドなど要所での補給を逃すと脱水の危機となる。乗鞍は日中しか開通しておらず通過時間が限られるため、睡眠場所の選択も難しい。

・Super Randonnée Kanto Nord（SR600 北関東）

主催：AJ宇都宮、獲得標高：1万2591m

獲得標高は１万２５９１ｍ、３本中最もハードな山岳コースがこのＳＲ６００北関東だ。宇都宮森林公園をスタート後、滝ヶ原峠、金精峠《こんせいとうげ》、坤六峠《こんろくとうげ》と急な峠を越えて水上《みなかみ》、三国峠《みくにとうげ》の長いトンネルを抜けると雪国の越後湯沢、北上し日本海、上越へ。日が替わって関田峠《せきたとうげ》、渋峠はＳＲ６００富士の逆から登坂、榛名山のヤセオネ峠、横根高原を越えてゴールへ向かう。

コースプロフィールを見ると、日本アルプスのほうが厳しい峠が多く見える。それなのに１０００ｍもこちらのほうが登るのはどういうことだろうか。この北関東、峠以外でアップダウンが続く箇所が結構ある。越後湯沢から日本海まで、榛名山の後のからっかぜ街道、見落としがちなこれらのアップダウンは、大きな峠と同様に体力を消耗する部分だ。日本アルプスとどちらが厳しいと感じるかは人それぞれだろう。一点楽な部分は宿泊。中間地点の上越前後に大きな峠がなく、ここで宿泊すれば深夜の峠通過を避けられる。

・Super Randonnée Shikoku Mountains（SR600 四国山脈）

主催：AJ岡山、獲得標高：1万4827m

２０１７年４月に公開された日本４番目のＳＲ６００。登坂の多い岡山主催らしくハードなコースが予想されるが、執筆時点ではまだ誰も走っておらず謎に包まれている。

▼挑戦するにあたって

ＳＲ６００の難しさは峠での温度差、気候の変化にある。春や秋では峠頂上は氷点下になり、真夏は頂上が涼しくとも下った先で30℃を超える。どの時期を選んでも大きな温度差は避けられない。また雨による難易度の増加は普通のＢＲＭとは桁違いだ。真夏でも峠では低体温症になる危険まであり、しかもそんな峠が何本も続く。

筆者がこれまでに走った中で一番大変だったブルベは、雨のＳＲ６００。１本だけなら耐えられる峠も、下りで体が冷え切った後にまた次の峠に向かうのは精神的にもキツい。長距離、ハードなコースゆえに機材トラブルも起きやすい。

脚力はどの程度ならばランドヌール部門を完走できるのか。トレーニングを積んだ一部の人だけが走れるのではないか？　ＢＲＭ６００で平均的な獲得標高６０００ｍに対し、４０００ｍ登りが増えて制限時間は20時間増。60時間という制限時間は実はそこまで厳しいものではない。山道が多く信号が少ないため脚力以外での失速ポイントもなく、ある程度登れる人であれば余裕を持って走れる時間設定となっている。

ＳＲ６００富士を例にとって考えてみると、体重60㎏＋車重15㎏の私の場合、通常のＢＲＭの約20％増しの時間がかかっている。６００×１・２＝７２０㎞を60時間、そう考えるとあまり身構えなくてもよさそうだ。

もしＳＲ６００をキツいと感じる場合、原因は恐らくこんなところにある。

・漕ぎ続けることに慣れていない

長距離を走っていて疲れてくると、連続的にトルクをかけ続けられなくなる。少し漕ぐ↓滑走する→速度が落ちたら漕ぐ、の繰り返し。平地ならこの走りで大幅な速度低下は起きなくても登りでは大失速。疲れてきて脚が止まってしまう人は、回し続ける練習をしよう。出力は低くてもいい、漕ぎ続けることが大事だ。

・短い坂で出力を上げすぎ、ギア重すぎ

登りでも平地と同じ感覚で走れれば、時間がかかるだけですむ。ギアが足りずにケイデンスが低くなった場合、筋肉や関節は大きなダメージを受ける。もちろんそれで最後まで持てばいいのだが、筋肉や心肺にダメージが残るようでは走りに失敗している。

・自分の走力がよくわかっておらずプランニングができていない

ある程度厳しいサイクリングをする場合に重要なのは、コースを見て所要時間がわかるかどうかだ。SR600の楽しみ、スタート時刻や途中の休憩ポイントを自分ですべて決めること、は時間が見積もれてこそ。走力がわかればゴールに時間を合わせ、途中でギリギリまで休憩することができる。ノートラブルで走れた場合はこれだけかかって、疲労度はこのくらいで……そこまでわかれば自分にベストの走行計画を立てて、あとはトラブルが起きないことを祈るのみだ。

SR600は気候による難易度ブレが大きく、適した装備の選択が重要になる。夜間や山道でのトラブルはショップなど他者の助けを借りるのが困難で、独力解決できる能力が必須だ。補給や睡眠のプランニングを含め、長距離を走ることに慣れていなければならない。これは単に脚力だけが必要なブルベではない、総合力が試されるブルベなのだ。自分に合った時期を選び、走行プランを立て、チャレンジするSR600。完走の先にはその労力に見合った喜びがきっとある。

ランドネきたかん

2015年に宇都宮市、水戸市、前橋市、高崎市が企画し、AJ宇都宮協力のもとで行われた4市を巡る走行会「ランドネきたかん」。2016年にはACP公認のBRMとなり、AJ宇都宮主催で開催された。通常のBRMであるが、行政主導というのが面白い。

連続ブルベ

海外で行われていた1週間で200km、300km、400km、600kmを走りSRとなる強化週間、通称「ヘルウィーク」。2012年以降、オダックス埼玉の東北1700をはじめ日本でもGWなどの長期休暇にこれを行う主催クラブが現れた。AJ福岡では「ヘブンウィーク」、AJ北海道では「パラダイスウィーク」と呼ばれている。

4本、あるいはそれ以上のブルベを繋いだ大きなコースとなるこの連続ブルベ。制限時間ギリギリでゴールしても次のブルベスタートまではゆっくり寝られる時間が設けられていることが多く、各ブルベ繋ぎの宿泊地では皆で宴会が行われるなど、走行以外で他の参加者と交流できるのが楽しい。ブルベの合間に休養時間が設けられているとはいえ、連続での1週間走行。これまで経験していなかったトラブルに泣く人が出てくる。特にこの連続ブルベが開催されるようになって見かけるようになったのはアキレス腱炎。他にも膝痛やオシリの痛みなど、少しずつ積み重なる無理が大きな障害となるようだ。

体だけでなく機材のトラブルもある。簡単なトラブルであれば自転車屋を探し翌日までになんとか復旧できるかもしれないが、大きな故障だとそうはいかない。何件か見たのは電動コンポの故障。自分ではどうすることもできず、自転車屋でも基本メーカー送りとなるため、こういった連続ブルベ最中での故障は厳しい。

GWのすべてを自転車に費やす変態ランドヌールなんて少数派と思いきや、これが意外と多く、人気のイベントである。筆者も走ることよりも間の宴会が楽しみで、よく遠征している。

海外ブルベ

1200km の項で1200km超は海外サポートが手厚く、海外ブルベを走るならおすすめと書いた。もちろん1200km以外のブルベは無数に行われているわけで、チャンスがあればそれらに参加してみるのも楽しい。筆者はPBPを3回と、2008年の台湾200kmブルベを走った程度で、海外ブルベ経験は少ないのだが、それでも感じたことをいくつか挙げてみたい。

・スポンサーがつくことがある

国によっては企業や政府とタイアップすることもあるようだ。もちろんブルベを商業イベントとして行うことは禁じられている。

・キューシートの精度が違う

日本ではどこの主催クラブも、曲がり角ごとに記載された細かなキューシートを用意している。中にはコマ図を作ってくれているところもある。ところが台湾ブルベで渡されたキューシートは

新宿	右折
渋谷	左折

といったものすごくザックリとしたものだった。わかるか、こんなの！

土地勘のない日本からの参加者のためにバイクで先導がつくという、ブルベとは思えない待遇と合わせて貴重な経験をした。

・交通ルールが違う

海外のブルベを走るうえで気をつけねばならないこと、それはその国の交通法規に従って走ることだ。ヨーロッパやアメリカなどとは異なる日本の特殊なルールとして、軽車両の2段階右折と、踏切前での一時停止がある。どちらも日本のほうがより安全に思えるが、踏切前で誰も止まろうとしない中、自分だけ停車したら後続に追突される恐れがある。

最近日本でも見かけるようになってきたラウンドアバウト、これは環道内の車両が優先となる。日本では優先道路の概念があまり浸透していない。自転車だから車に対して譲る、ではなく、こちらが優先であったら止まらずに走ることが重要だ。

・交通ルールを守らない

自転車は、意外と信号無視が多いなというのが2007年の最初のPBP参加での感想だ。珍しく律儀《りちぎ》に守っている人がいる、と確認するとそれは大抵日本人。他にも最近他国のブルベに参加した人からは、コースを無視して幹線道路をショートカットしてガンガン走っていた人がちらほらいた、なんて話も聞いた。

更に多いのが飲酒運転。ヨーロッパ人は、1～2杯は飲酒のうちに入らないと本気で思っているのかもしれない。

・車と自転車の挙動

フランスも市街地は、これといって自転車が走りやすい道路ではない。しかし違うのが車の動き。抜くときは自転車から大きく間を空けて追い抜いてくれる。

集団走行について「1列棒状よりも2列縦隊のほうが、全長がコンパクトになるため車が追い越しやすい」と主張されることがある。実際PBPでもある程度の集団のときは2列で走っていた。車道の密度の問題もあり、日本ではまず受け入れられない話だ。

ブルベに限らず、海外(ヨーロッパ)を自転車で走ると日本は自転車後進国だなと思う。帰国してしばらくは、車道が怖くて走るのが嫌になる。そんな状況だからこそ自転車の地位を上げるために交通ルールを守り、車両として正しい走り方をしなくてはならない。

column

ブルベ実測出力データ

どうも、久々に登場の「私」です。

あれから何度かブルベに参加して自信もついてきました。今日の200㎞コースは完全折り返し、中間地点まではあと1時間かからないかな、このペースだと10時間ちょっとで完走できそう。

速くなってきたなぁ、なんて成長を噛みしめながら走っていると、前から来る自転車、手を振りながら「おつかれー」ってもう折り返してきたの?? 私の成長って一体……。

歯を食いしばりながら走っている自分と比べると、にこやかにすれ違っていく先頭付近の人たちはまったく別のスピード、別次元の人に見える。ゴールタイムを聞くと8時間弱、200㎞で3時間も差がつくのか。でも待てよ、200㎞を8時間というと25㎞/h、ツール・ド・フランスとは比べるまでもないとしても、数字だけ見るとあんまり速くないのかな。ブログで「今日の平均速度は30㎞/h」って書いてる人よく見るぞ?

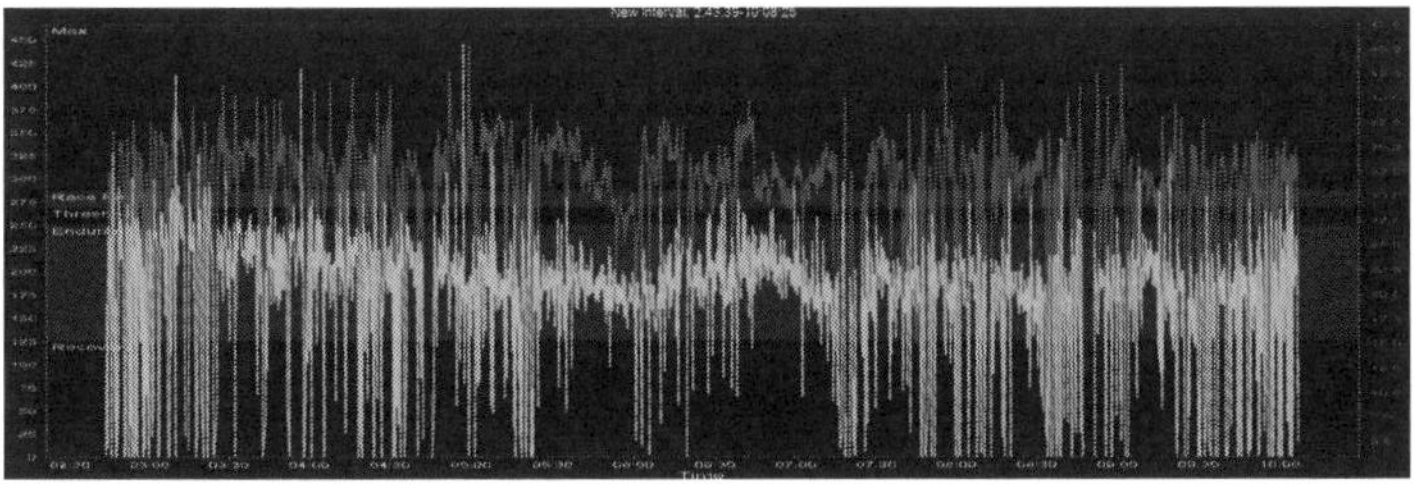

2015/1/25 埼玉200km

ブルベは公道を走るサイクリング。どんなに速く走ろうとも信号待ちは等しく存在する。過去実業団レースを走っていたようなとんでもなく速い人も参加しているが、日本のコースではグロス25㎞／hを超えるあたりがやっとになる。

実際のブルベ走行データからコースによる違い、ゴールタイムによる違いを見てみよう。

横軸は時間で縦軸は薄いグレーラインが出力、濃いグレーラインが速度である。

▼2015／1／25 埼玉200㎞

埼玉県川口市よりスタートし、茨城県土浦市へ。霞ヶ浦の湖岸を走り引き返す往復コース。コース内の標高差は40ｍしかない超フラットな高速コースだ。

コース：207㎞
獲得標高：700ｍ
所要時間：7時間23分
走行時間：6時間46分
走行時平均出力：176watts
消費エネルギー：4315kj, 4315/4.184/0.25 = 4125kcal
※自転車の効率を25％とする

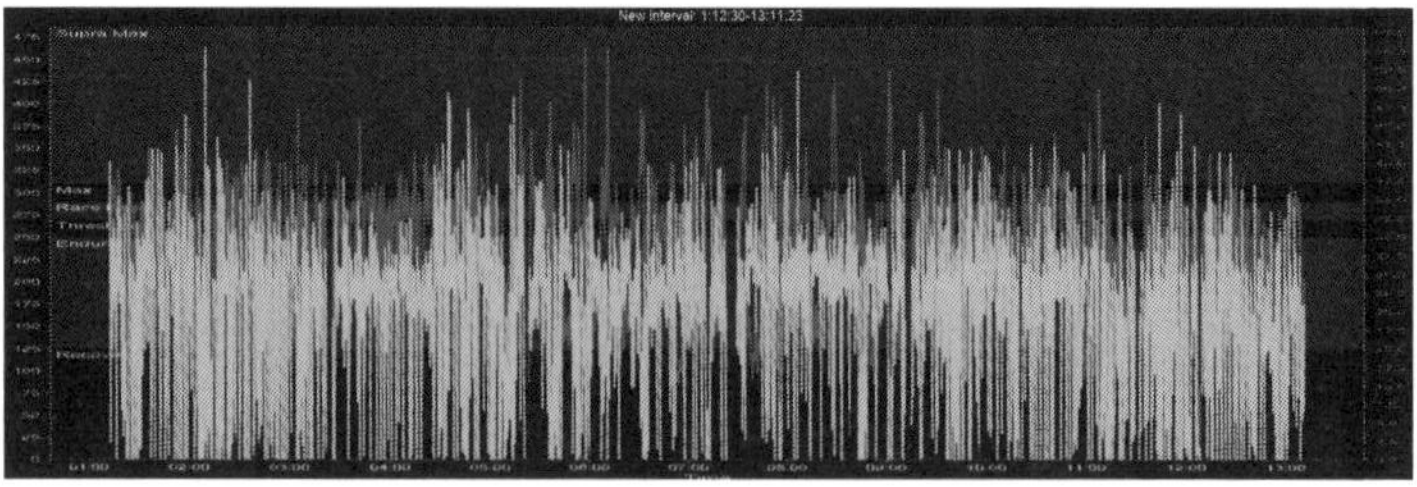
2015/2/7 たまがわ300km

コース中盤の湖岸は信号もなく見通しがいい道路、人とすれ違う際以外は減速や停車がなくペダルを踏み続けられている。風が強く、走る方向で速度がかなり変わった。

こういった信号のない平坦コースは楽であるが、初心者など人によっては「信号で脚を止められないため登りと同じようにキツい」と感じる人もいるようだ。

- ペダル停止：11・4％
- リカバリー：3・7％
- エンデュランス：78・9％
- 無酸素運動域：6・0％

▼2015／2／7 たまがわ300km

東京都狛江市《こまえし》スタート。信号の多い横浜市街を抜けて茅ヶ崎《ちがさき》、そこから海岸線を小田原へ。伊豆半島海岸線を伊東まで走って折り返し。伊豆半島は関東地域の冬ブルベ定番コースである。大きな峠こそ無いが細かなアップダウンが続き、300kmで獲得標高3000mと標準的な難易度のブルベ。

コース：301km

獲得標高：２９８０ｍ
所要時間：11時間58分
走行時間：10時間27分
走行時平均出力：173watts
消費エネルギー：6546kj, 6546/4.184/0.25 = 6258kcal

序盤、終盤は停車だらけ。ＰＣの滞在時間は5分以内にもかかわらず、信号待ちで停車時間は１時間半を超えている。信号の増加は単純な停止時間増だけでなく加減速でのロスも生まれ、グロスの平均速度が上回る埼玉２００より恐ろしく疲れた。

- ペダル停止：16・５％
- リカバリー：10・１％
- エンデュランス：62・０％
- 無酸素運動域：11・４％

前方の信号が赤の場合は脚を止めて滑走するため、ペダル停止やリカバリーレベルの出力割合が多い。

信号からのゼロ発進や海岸線のアップダウンで無酸素運動域の割合も多くなっているが、これは冬の間の鈍った体を叩き直そうと意図してそういう走りをしているからで、ブルべの走り方としてはあまり適切ではない。実際完走後は脚がパンパンになった。

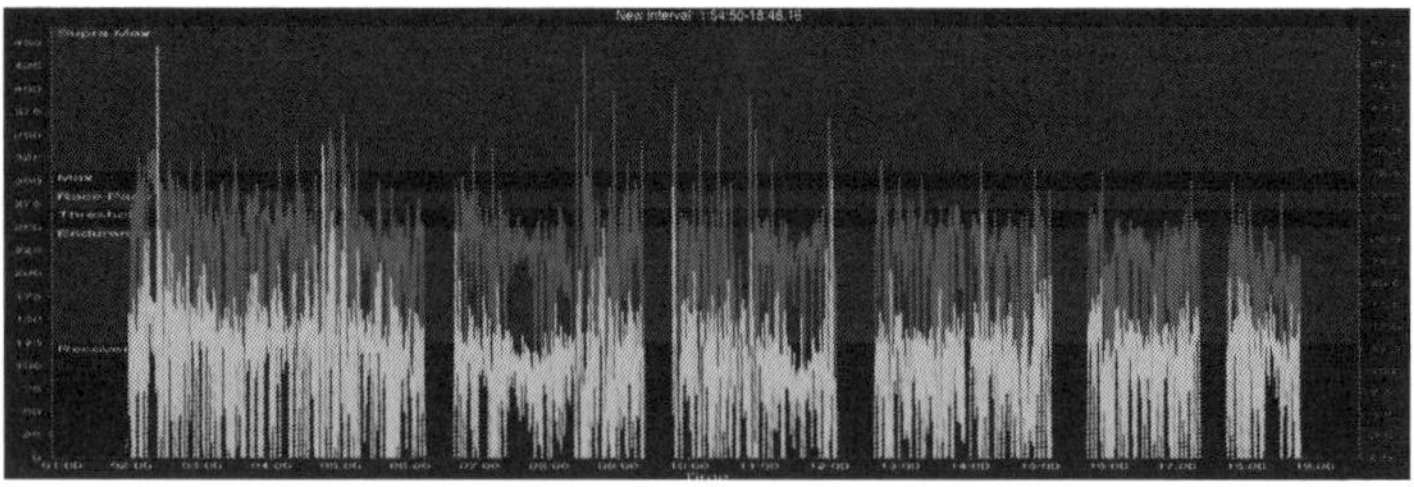

2015/3/14 埼玉300km

以上2つの走行データは、グロス25km/hの走り方とはどういうものなのかを参考にして貰うために載せた。PCの滞在時間がどこなのかわからないくらい、連続した停車時間がない。次に妻と一緒に走った300km、もう少し一般的な場合のデータを見てみよう。

▼2015/3/14 埼玉300km

埼玉県狭山市よりスタートし栃木県、宇都宮の東を通過して那珂川《なかがわ》町《まち》までの往復コース。那珂川沿いはややアップダウンがあるが信号が少なくて景色が良く走りやすい道路である。那珂川町は「日本で最も美しい村」連合への50番目の加盟地区だ。最も美しい……いったいいくつ……。

コース：301km
獲得標高：1890m
所要時間：16時間53分
走行時間：13時間3分
走行時平均出力：102watts
消費エネルギー：4812kj, 4812/4.184/0.25 = 4600kcal

多くの人のブルベ走行ログといったらこんな感じだろう。どこがPCだったのか一目瞭然、各PCでは25~30分ほど休憩している。20時間の制限時間に対して17時間ゴールは、妻にしては頑張ったほう。ゴール直前は、疲労と、時間的に十分間に合うという安心感から25km／hに届かないところまで速度が落ちている。

PC1を越えた次の区間、脚が止まらずに走り続けている部分は登り区間だ。誰かの前を走る場合、千切る気がないのであれば登りではこのように出力を落とそう。速度が低下しドラフティングの効果が薄れるため、平地と同じ出力で走ってしまうと後ろはついてこれなくなる。

- ペダル停止：16・8％
- リカバリー：46・6％
- エンデュランス：36・1％
- 無酸素運動域：0・5％

妻の速度に合わせると、走行時の多くがアクティブリカバリーレベルに収まる。無酸素運動域0.5％は途中で友達を追いかけたとき。このくらいの強度であれば、300km走っても疲れはあまり残らない。ただしペダルにかかる力が少なくなるため、普段よりケツは痛くなる。

たまがわ300kmと比べて埼玉300kmは獲得標高、信号数共にかなり少なく単純に比較はできない。たまがわ300kmの出力で埼玉300kmを走った場合、所要時間は11時間半弱になると思われるが、並べるとこのようになった。

	たまがわ300km	埼玉300km（妻と）	割合
所要時間	11時間58分	16時間53分	71%（141%）
走行時間	10時間27分	13時間3分	80%（125%）
走行時平均出力	173watts	102watts	170%（59%）
消費カロリー	6258kcal	4600kcal	136%（74%）

ゴールタイムは12時間と17時間、5時間差、約7割の所要時間で帰ってきている。走行時間を比べてみると2時間半、なんと5時間の差のうち半分の2時間半は休憩で生まれているのだ。ウチの妻も停車時間を4時間から1時間半に減らせば、埼玉300は14時間半程度で走れることになる。300km地点でグロス20km／hは、この先距離が延び途中睡眠を考えた場合でも十分な速度といえる。

注目して欲しいのは出力。走行時間で2時間半、約2割速く走るためには出力を7割もアップさせる必要がある。いや逆に見て、60%の出力で走っても走行時間は25%増えるだけ、というのがポイントか。消費カロリーは出力×時間となるため、その比は1・7×0・8＝136%となる。

トレーニングをしていない男性の1時間持続可能な出力は、2・4w／kgほどといわれている。体重60kgの筆者を例にとると144watts、102wattsはこれの70%。ブルベでの出力は1時間出力の60%台になることが多いので、まったくの未トレーニングの人が走り続けるのは少しキツい値ではあるが……それでもこうやって数値で見ると、ブルベは意外と低い出力で完走できるということがわかる。これは全域単独走での値であり、集団で走れば必要な出力は更に少なくてすむ。

まとめると
- 信号待ちによる停車時間や加減速が大きいため、走行速度を上げてもグロス速度を一定以上（25㎞／h）上げるのは難しい。
- 速い人と遅い人の大きな差は休憩時間で生まれる。
- 走行速度を上げることは、必要な出力の増加量と見合っていない。

速度が上がれば空気抵抗は2乗で増加していく。300㎞のコースで11時間台前半と後半では走力の差はものすごくあるのだけれど、信号運や安全マージンのとり方で30分なんてコロっと変わるし、レースではないブルベではその域での差は意識されることはない。

そしてここから先の長距離で更に速くゴールしようと思ったら、これは私が知らない世界なのでデータも何もないのであるが、どこまでも停車しない即ち眠らずに走り続けることになる。実際ブルベで速い人というのはほとんど眠らない。こちらが600㎞で4時間仮眠している間に彼らは30分の仮眠で走り続ける。速く走る、なんてのは停車しないことに比べたらちっぽけな差なのである。

何度か書いているように、必要な睡眠時間は個人差が大きい。停車時間を削るため無理して睡眠を削るといったことがないようにしよう。

第12章

ブルベのためのトレーニング

ブルベのためのトレーニングというのはあまり聞かない。レースに参加するようなトレーニングをしなくても、走り続けていれば長い距離を走れるようになる。無駄な力が抜けて故障しにくくなり、疲労を抑える、あるいは、疲労の中ダラダラと走ることができるようになってくる。

あまり練習だと考えずにとにかくひたすら乗る。ブルベを走るランドヌールは、そうやって走る距離を伸ばしていった人が多い。ブルベを走ることが次のブルベのトレーニングとなる。

とはいえ、ブルベ以外でも練習している人は速くタフなのは確かだ。目標としていたブルベをリタイアし、もう少し練習したほうがいいかな？　と感じたら以下のことを心掛けてみよう。

ボリュームを確保する

トレーニングは量×質。量がなければ始まらない。

▼週4日乗る

ブルべで重要なのは有酸素運動能力。いくつかの研究結果によると、これを高めるには週4日のトレーニングがいいとある。週末のブルべで一気に距離を稼ぐのに加え、平日に週2日乗ることができれば有酸素運動能力は更に向上する。平日1日1時間を2日、週末はロング、これだけ乗れれば、ブルべ完走にはまったく問題ない体ができ上がるだろう。そうはいっても平日に自転車なんて乗れない、そんな人は朝練、ローラー、自転車通勤でなんとか自転車に乗る時間を作り出すしかない。

▼量を稼ぐには

・朝と夜

渋滞が起こる前、交通量の少ない朝に家の周りを軽く走る。家に戻ってシャワーを浴び、朝食をとって出社。しかしこの健やかな生活の前には、大抵布団峠が立ちはだかる。そんな場合は夜練しかない。夜は朝と比べて交通量が増え、何より暗い。ブルべで使う反射グッズを利用するなど事故には十分注意しよう。

・ローラー台

朝練、夜練を外を走る実走ではなく、ローラー台での練習に切り替える。都会に住んでいて自宅周辺の道路環境が悪い場合、雪国で冬の間外を走れない場合は屋内で練習するしかない。

このローラー、サイクリストにはかなり苦痛が伴う。爽快感が好きで自転車に乗っているのに、何故室内で汗の海を作りながらハムスターのようにタイヤを回し続けなければならないのか……ブルべ完走のためにはここまでする必要はない。しかし効率的に時間を使えるローラーは、トレーニングとして非常に効果が高い。

・自転車通勤

一番のおすすめはこれ。筆者は片道24㎞、都心を通過するコースを1時間半ほどかけて自転車通勤している。ドアtoドアの時間は電車とそれほど変わらず、満員電車のストレスもなくていい。

毎日続けることが体力的に難しければ週1～2回、あるいは行きのみ自転車で、翌日は帰りのみと1日に片道だけ自転車にする。距離が短すぎるようなら、時間のあるときはちょっと遠回りするのがいい。

通勤時間帯は道路が混んでおり、トレーニングとして満足な強度では走れない。しかしこれは通勤という毎日ある時間を利用して、質ではなく量を稼ぐのが目的だ。ブルベでも自転車通勤をしている人はシーズンオフといった落ち込みが少なく、年間を通じて安定して速い。

難点は安全な自転車置き場の確保、汗、それから会社の規則だ。就業時間から外れている通勤手段は、業務に支障をきたすのでなければ会社は口出しできないと、以前法律系番組で見たことがある。しかし実際問題として自転車通勤を禁止している会社は多く、これを覆《くつがえ》すのは大変である。オランダのように、自転車通勤が優遇される社会になってくれればいいのだが。

▼月間走行距離の目標を決める

質を伴わずに時間を費やしただけではいい練習とはいえない。それでもブルベは長時間自転車に乗る遊び、距離を走ってこそ得られるものはあるし、何より走行距離は目標にしやすい。目指したいところは月1000㎞か、4桁になって達成感も出る。これを3カ月続けられれば、走りは見違えるほど変わる。

1000㎞なんて言われても普通の社会人には無理……最初はそう考えていてもブルベに参加しだすと距離感は変わってくる。春先のブルベシーズンに月2回、300㎞と400㎞に参加すればこれだけでもう700㎞だ。あと残りの休日と平日で300㎞走るだけで1000㎞、なんだ、意外にできそうじゃないか。

まだ200㎞ブルベに挑戦するような段階であればいきなり無理はせず、楽しみながら少しずつ乗る時間を増やしていこう。

▼乗り続ける

ブルベに参加し、自転車の上の時間を増やしていくことで、600㎞を軽々走ることができる体を手に入れた。冬のシーズンオフを抜け、正月太りの重い体で挑む新年初めてのブルベ。あれ？　全然走れなくなっている、こんなはずでは……。

走って走って、やっと手に入れた「走れる体」は永遠に続くわけではない。永遠どころか2カ月乗らないだけですっかり元通りになってしまう。乗り続けている間は乗れるが、乗るのをやめた途端に乗れなくなる。乗ったら最後、維持するには乗り続けなければならないなんて、これではまるで赤い靴、トレーニングの呪いではないか。

あまりの走れなさにガックリしても、2カ月も乗ればまた走れる体に戻る。休養明けは皆そんなものだ、心配することはない。ただ目標とする海外ブルベがあるなど、ピークを保ちたいのであれば長期休養はご法度《はっと》だ。

トレーニングの質

量を増やすだけでなく質を高めようとした場合、どのようなことを意識すればいいのだろうか。

▼有酸素運動域で漕ぐ

練習として自転車に乗るのであれば、1時間漕ぎ続けることができる出力のほんのちょっと下、このくらいの強度で漕ぐのが有酸素運動能力向上に向いている。これは1時間かかる峠を一定ペースのほぼ全力で登る感じで、普段のロングライドと比べたらかなりキツい。重要なのは1時間続けられる強度から上げないこと、5分で息が上がってしまう走りをしてはいけない。心拍計を使っているのであればAT（無酸素性作業閾値）、パワーメーターならFTPの90％くらいになる。

ブルベ本番でも、序盤や登りで突っ込む走りでは体にダメージを与え、長く走り続けられない、眠くなりやすいという問題が起こる。つい周りにつられてダッシュすることなきよう、有酸素運動域で走り続ける感覚を掴んでおこう。

信号待ちや交通量の多い都市部では一定ペースを維持するのは難しい。近場の10分の登りを繰り返すといった無酸素運動域のトレーニングでも、ブルベにおいてまったく無駄ということはない。HIITと呼ばれる高強度インターバルトレーニングは、有酸素運動能力が向上するという研究結果もある。

しかし高強度のトレーニングはしっかりとした休養が必要であるし、故障や燃え尽き症候群にも陥りやすいため、目標が「ブルベでもう少し余裕を持って走れるようになりたい」のであれば、まずは有酸素運動域での練習にコストを注《っ》ぎ込むのがいいと筆者は考えている。

本格的に速くなる練習をしたくなった場合は、この本ではなくもっと専門的なガイドを読み、きっちりスケジュールを立ててみっちりトレーニングして欲しい。

▼ローラー台での練習

ローラー台には、天候に左右されない、限られた時間を有効に使える、目標とする強度で練習することができる、といったメリットがある。ターゲット強度での練習は心拍計やパワーメーターがあると行いやすい。閾値で20分漕ぎ、5～10分レストしてまた20分といったような有酸素運動能力を高めるメニューが基本になるだろう。そこまで深く考えずに朝起きて出社するまでの間、寝る前、少しの時間を見つけて乗るだけでも効果はある。

•ローラーブルベ

ランドヌール札幌では、降雪で走れない春先のイベントとして、ローラーブルベなるものを開催している。もちろん公認のＢＲＭではなく、各自勝手に自宅でローラーに乗り続けるだけの苦行だ。筆者もFacebookでAJZwiftというオンラインローラーソフトを用いたブルベの真似事グループを作り、２００～６００㎞までネットワーク上で何人かと一緒に走っている。

ローラーは時間を効率よく使えるところが魅力であり、１日に10時間も乗り続けるなんて行為は、速くなるためのトレーニング法として聞いたことがない。しかしこれ、やってみると意外と気づくことが多い。

まずローラーは公道走行と違い、脚を回し続ける。これがキツく、慣れていない人は４時間あたりで脚がガクガクになる。脚を止めないということは時間あたりのエネルギー消費も大きく、走りながらの摂取では補給が間に合わなくなる。加えて熱がこもるため胃へのダメージが大きい。

他にもオシリや膝の痛みが実走より出やすく、自分の乗り方を見直すいい機会になる。トレーニングというより酔狂《すいきょう》な遊びなのだが……興味がある人は是非チャレンジして欲しい。

▼パワーメーターや心拍計は必要か？

この本でもパワーメーターの話は何度か出てきた。トレーニングにパワーメーターは必要なのだろうか？

筆者はそうは思わない。数値と睨めっこして走るより、景色を見ながら走ったほうがずっと楽しい。でももしアナタが、今よりももう少し速くなりたい、そのためには効率的な練習をしたい、と考えているのなら、高価なパーツに投資するよりもずっと価値がある。

トレーニングでなくブルベ本番においても、走行中、特に序盤や短い坂でオーバーペースで走らないようにセーブするのに活用できる。ここ数年で価格がかなり下がり、使用者も増えてきた。興味がある人は導入しても面白いだろう。調子や練習量が数値でわかるようになるため、走行距離をExcel等でマメに管理してニヤニヤ眺めるのが好き、といった人にもおすすめだ。

▼適正な体重に

ブルベで大きなタイム差が生まれるのは登り。登りが人と比べて苦手だと感じたら、体重を落とすのが対策として最も手軽だ。斜度がキツくなり空気抵抗の割合が少なくなるほど、絶対的な出力よりもパワーウェイトレシオが重要になってくる。まったくの初心者を除き、出力を1割アップさせるのは相当な努力が必要になる、標準体重を何kgも上回っているのであれば体重を落とすほうがずっと楽だ。

体重を軽くすることは他にも、オシリや関節への負担が少なくなる、摂取しなければならないエネルギーが減る、といったメリットがある。反面、寒さに弱くなるというブルベを走る上での大きな弱点も生まれる。

周りを見てみると、ヒョロっとしたクライマー体形よりもガッシリとした人のほうがタフでリタイアしない人が多く感じる。体重を落とすことは有効ではあるが、あまりそこに囚われずに自分の特性を生かした走りを心掛けたほうが良い場合もあるだろう。

回復の大切さ

▼休養も練習のうち

ダメージを受けた体は、休養することで回復し、以前よりも強くなる。トレーニングは休養がセット、回復をおろそかにしては強くなるどころかどんどん衰弱していってしまう。ハードな練習やブルベの後はしっかりとした食事と睡眠をとり、体を回復させよう。

睡眠不足は肉体面だけでなく、精神面にも影響を与える。筆者は仕事が忙しかった時期、それでも自転車に乗りたくて睡眠時間を削って深夜に走っていたことがある。その結果、体調を大きく崩してしまった。時間のない社会人にとって必要なのはまず睡眠時間の確保、そのうえでのトレーニングだ。睡眠がとれないような状況であればキッパリ諦める。無理に乗っても、いい結果に繋がらない。

回復には栄養も重要だ、バランスの良い食事を心掛けよう。食事といえば欠かせないのはアルコール。しかし過度な摂取は筋肉の回復を遅らせてしまう。ブルベを完走した後に一杯やりたい気持ちはわかるが、筋肉のためを考えると、できることなら適量に抑えておくほうが得策だ。筆者はできない。

▼オーバートレーニングの恐怖

トレーニングのしすぎはプロだけの問題ではない。むしろ体ができておらず、スケジュールを組んで練習しないアマチュアこそ気にすべき問題だ。

まず気をつけたいのが、使いすぎによる故障。単なる筋肉痛ではなくいつもと違った痛みがある場合は、医師の診察を受けるか、しばらく練習をやめるほうがいい。無理して乗り続けた結果、肉離れ、アキレス腱周囲炎、膝靭帯の損傷など、故障が長期にわたって続くことがある。

それから、慢性的な疲労が体に与える影響。超長距離のブルベで起こるオーバートレーニングは、短距離系と比べて心拍数の上昇、体温の上昇、食欲不振といったわかりやすい症状は少なく、気がつかないうちに抑うつなど重篤《じゅうとく》な障害に陥ることがある。重度なオーバートレーニングはパフォーマンスが大きく低下し、回復までに数カ月以上の休養が必要になる。こうなる前に適度に休養を挟んでいこう。よく言われるのが、3週間練習して1週レスト（軽く乗る）のパターン。しっかりとした休養日を考えるのは平日も練習する場合であって、週末ブルベを走るのみであれば、そこまで気にしなくていい。

ブルベ専用の練習

ブルベで重要なのは速く走ることだけではない。ブルベに向けた練習というのはどんなものがあるのだろう。

▼下りの練習はするな

ブルベに参加したての頃、周りの皆は下りが速いなあと必死についていった。下りが遅い人は下りの練習をしたほうがいいのだろうか？

筆者の意見は「ノー」。まず一般人にとって下りを練習する場所が無い。速度オーバーで対向車線にはみ出るなんて走りは自分だけの問題で終わらないし、こちらが左車線を走っていても対向車がはみ出てくることもある。公道で下りの練習をするというのはリスクが高すぎる。少しでも怖さを感じるような速度で走ってはいけない。

ただしこの「下りの練習をするな」には大きな語弊《ごへい》がある。ここで言う「練習」とは、オーバースピードでカーブに突っ込むだけの、いわば自己流練習だ。しっかりとした技術を持つ人に指導して貰える、一般道ではなくクローズドなサーキットで練習できる、そんな環境があるならば当然練習したほうがいい。重心の移動方法、ブレーキのかけ方、適切な指導を受ければ下りのスキルは目に見えて上達する。そういった点ではむしろ「ちゃんとした下りの練習をしろ」になる。

ただレースと大きく違うところ、数分のタイム差が重要ではないブルベでは下りが遅くても致命傷にならない。無理をせず危なくない速度でゆっくりと下ればいい。そうして長い間乗り続けていれば、気がつくと以前より速く下れるようになっている。

▼スキル

ブルベ参加にあたって最低限欲しいスキルは、ふらつかずに走れること。激坂で前から来る車に呼び止められ、「アナタのお仲間が対向車線にはみ出してフラフラ走って危ない」と注意されたことがある。登りで低速になり真っ直ぐ走れない場合は、押して歩くことも考えたほうがいい。

走りながらドリンクを飲むためには、片手運転でふらつかないことも必要になる。交通量の激しい街中では停車中に飲めばいいが、信号のない峠道で毎回止まって飲むのはタイムロスが大きく、補給を怠って脱水へと繋がりやすい。どうしても上手く飲めない人はキャメルバッグやボトルに差すストローといった製品を使い、走行中に給水できるように準備しておこう。

ビンディングペダルを使う場合は、下を見ずにはめられるようにしたい。これは必須項目ではないが、信号のたびにいちいち下を向くのはストレスが溜まる。立ちゴケすることがないよう、咄嗟《とっさ》のときにすぐ外せるようにもしておきたい。

また集団走行だが、公道を走るブルベでは2列以上の集団となることがないためロードレースレベルでのスキルは必要ない。ただ200㎞の項で述べたように、集団走行に関する知識はあったほうがいい。好む好まないにかかわらず序盤は密集状態で走ることが多いし、前の人が発したハンドサインを理解できないのも勿体《もったい》ない。

1列になって走る際、前走者の後輪ばかりに目がいくようではスキルに対し車間が狭すぎる。慣れてきたら、相手の体から自然と距離が掴めるようになる。車間を詰めたほうがドラフティングで得られる恩恵は大きいとはいえ、ブルベの場合安全性の面からピッタリと前につくことは少ない。混雑した道では車に追い抜きをかけやすくするよう、集団を分断することも大切だ。自分と前走者のスキル、交通状況から適切な走り方を身につけていこう。

バイクコントロールに関するスキルはあればあるだけいい。急な段差にハンドルをとられたり、下りカーブで落ち葉を踏んでスリップしたりした際に落車せず立て直せるようになる。ＰＢＰの先頭集団では走りながらオシッコしたり、リアバッグを開けて補給食を取り出す人を何人も見かけた。危険度が増す行為のため、それからサイズ的に国内では見かけることはないが、多くのベテランは走りながらウインドブレーカー着脱程度であればできるはずだ。

ウインドブレーカーは安全に停車して着ればいい。手放しで走れることは、手放しで走るためではなく、ハンドルを力任せに操作せず自転車を操れるようになると、手のひらや上体の疲れが軽減するから重要なのだ。

▼経験を積む

知り合いのベテランランドヌールたちはレースに出るような人ではないけれど、６００㎞程度ならそう不安なく走れる人が揃っている。長年走り続けてきた経験が為《な》せる業だろう。経験を積むことで得られるものは多い。ブルベは持って生まれた才能よりも経験がものを言う遊びだ。

●トラブル対応

長距離を走るブルベではパンクといった定番の他、予想もしなかったトラブルに遭遇することがある。戸惑い、リタイアを余儀なくされたトラブルも、対策を練ったり工具を持って走るようにしたりと、2回目からはすんなりと対応できるようになる。

・気候

ブルベの大敵は気候の変化、夜通し走る長距離では温度差は20℃以上にも及ぶ。この時期夜間の峠は何℃くらいになるのか、雨が降った際の体感温度はどうか。昼の暑さはボトル1本で足りるのか。コース、季節、天気予報、事前情報から適した衣類を用意する。

・荷物の最適化

各種トラブルへの対応工具、防寒具や雨具、経験からコースに合わせて必要なものがわかってくる。使用確率が低くてかさばるものや、いざとなればコンビニで買えるものは持って走らなくてもいいという判断ができるようになる。そのような経験を積めば積むほど荷物が最適化されていく。ベテランの荷物が少ないのはこれゆえだ。一見少なく見える荷物の中にもタイラップなど汎用性の高いグッズが入っているなど、各自工夫を凝らしている。

・睡眠パターンの確立

眠気への対策、これは本人が経験してみなければわからない。道端での5分の仮眠でスッキリする人もいれば、まとまった睡眠時間を確保しなければ走行が困難になる人もいる。睡眠に関する問題は個人差が大きい。何時間走り続けたら眠くなるのか、どれだけ仮眠すれば回復するのか、ベンチや道端で横になり回復できるか。自分の特性を知っていればそれに合わせたプランが立てられる。

筆者は寒さに滅法《めっぽう》弱く、少しでも寒気を感じる屋外では仮眠してもあまり回復しない。そのためホテルでの宿泊が基本となる。ただ集中できていれば眠さを感じずに走ることができ、350km地点にホテルを予約しておくのは少し勿体ない。そこでホテルがありそうな都市をピックアップしておき、調子に合わせて途中でスマホ予約という手をよく使う。

・食事

消費したぶんは摂取しなくては、やがて蓄えられたエネルギーも尽きる。長距離ブルベ、特に海外ブルベで走力のある人の予想外のリタイアは、胃腸のトラブルが原因であることが多い。食べ続けられなければ、走り続けられないのだ。

疲れた胃はどんなものなら受け付けてくれるのか、どういうペースで食べればいいか。これもすべて個人の経験だ。海外ブルベでは食生活の違いから胃がやられやすいと聞いた知人は、ドロップバッグに大量のアルファ米を詰め込んでいた。

・自分

ここまで書いた経験を積むということは「自分を知ること」に他ならない。気候の変化、眠気、ハンガーノック、それらを自分がどう感じるか、どの程度苦しいのか、個人が受ける感覚は文字を読んだだけでは理解できない。特に重要なのは限界を知ること。寒さの限界、眠気の限界、胃腸の限界、まずは越えてはいけないラインを知る。その上で走りながら弱点や問題点を克服していき、徐々にラインを上げ高みを目指していけばいい。

今の体調でこのコースを走って完走確率は何%くらいなのか。リタイアするならどこがいいのか。

慣れないうちはまったく見当がつかないことも、コースを知り、自分を知ることで予測の精度はだんだんと上がっていく。

「頭の中ですべて完結できるから、達人はもう走る意味がない」そう冗談めかして言った知人がいた。達人に程遠い我々には予期しない事態はいつも起こり、走っても走っても未熟さを感じることができるのはブルベの1つの魅力である。

トレーニングの項もこれで終わり。これを見て「うへぇ、やっぱりブルベなんて走る人は普通の練習じゃないな」と勘違いしないように。これはあくまで「ブルベ用のトレーニングはどうやったらいいか」「1000㎞を超えるブルベをしっかり完走できる走力を手に入れるには」の参考であって、ブルベ参加に必須なことではない。特別な練習をせずにブルベを完走している人は少なくないのだから。

column

ロングを走るのに必要なものとは

消耗と回復のバランス

1200㎞を超えるロングライドに必要なものはなんだろうか?

こういった超ロングは、ヘロヘロになりながらでも1日頑張れば終わるようなサイクリングとは異なる。走行中のダメージをできる限り減らし、休養できる場所でしっかり回復する。走っている最中、1日単位、1本のブルベ、ある期間を切り取ったときに消耗と回復を上手くバランスさせる、これができるかどうかが重要になってくる。

2010年の北海道1200㎞は関東から自走で参加した。何を血迷ったか直前に新品のサドルに交換、1200㎞走ってスタート地点に到着したときには、すでに股ズレが発生し痛みに耐えながら走っている状況だった。

1200㎞という時間的余裕があるブルベであり、また平地が続く北海道というコースの平易さもあって、途中のホテルでしっかり睡眠をとれる時間ができた。不衛生だったオシリを綺麗に洗い、抗生物質入りの軟膏を塗り、ベッドでゆっくり寝た。次のPCまでで取り返せるだろうと1時間以上借金して休んだ結果、オシリのダメージはかなり回復していた。

これまでブルベで股ズレになったらもうそのブルベ中は治ることはないと諦めていたのが、途中で回復できたことにビックリした。ブルベの最中に受けたダメージをブルベ中に回復させることは可能なのだ。

1200kmを完走して家に向かう際、1週間以上走り続けた慢性疲労から体がまったく動かなくなり途中で丸1日休養、これも消耗と回復を考えさせられるいい経験となった。


消耗しながら走り続ける場合、1200kmというのはかなり厳しい距離だ。2015年のPBPでも完走後に手や指の痺れが残り、約1カ月の休養を余儀なくされた人を何人か見た。

ブルベのダメージは、できる限りそのブルベ内で回復させる、これができないと結局はどこかの距離で頭打ちになってしまう。そしてそれが可能なように、ブルベの認定時間は1200km以上も距離が延びるほどに緩くなっていく。


理想はどこも痛まず疲れず走り続けられること。だがこれは無理な話で、走っていれば疲労は溜まる。その疲労をできるだけ短い期間で回復させることが、どこまでも走り続けるコツではないか。走行中の疲労は走行中に回復、無理ならPCで、それも無理ならホテルで。取り切れなかった疲労は長いスパンで見たときに回復が追いつくように調整する。

- ハンドルを強く握りしめていたら神経が圧迫されて痺れが生じてしまう、これをなくすべく強く持たないといった根本的な対応（微小時間）での回復

・ハンドルを持つ位置を変える、オシリの圧迫を減らすために時折サドルから腰を浮かすなどの数分～数十分単位での回復
・PCごとに自転車から降りる、数時間単位での回復
・ホテル宿泊での疲労回復といった1日単位での回復
・1週間近い慢性疲労への対応

前日食べ過ぎたから今日は控えめにしよう。体重調整時のカロリー消費と摂取バランスのように、1日の疲労が回復速度をオーバーしてしまったら次の日取り返す、そんな風に疲労との付き合い方を考えれば、どこまでも走り続けられる。

リスクを避ける

2010年の埼玉600kmは酷い猛暑の中で行われた。PCのコンビニを出て峠に差しかかる。周りに木はなく、照りつける直射日光。瞬く間になくなるボトルの水。何人かは峠の途中で向きを変え、コンビニへと下っていった。

走り続けるのが困難な状況でルートの先がまったく読めないとき、休憩場所があるだろうと前に進むのは賭けだ。峠の途中に自販機があるかもしれない、そんな中引き返すのは勿体ない……。
引き返した場合の損失は確定している。今ならまだ体はダメージを受けていない、往復の時間を失うだけだ。賭けに勝負して前に進み自販機が現れなかったとき、脱水で消耗した体力でそこから

引き返すのだろうか？　それともまだ前に進むのだろうか？

2011年PBP、このときの天気予報は晴れ時々サンダーストーム。仮眠所のあるPCまで雨は降らなかったものの、通過した後に激しい雨。多くの参加者はPCへと引き返していく。

一見遠回りに見えても、堅実なプレイのほうがいい結果を招くことが多い。イチかバチかの賭けに出た場合、読みが外れたら大ダメージを受ける。走る距離が延びれば延びるほど、こういった賭けは避けるべきだ。ロングライドで大ダメージは致命的。賭けはいつか負けるし、負けた時点でその先が終わる。

エピローグ　ロングライドの先に

チャレンジという感覚

２００３年ＰＢＰ日記でブルべという言葉を知り、２００㎞を超える世界に憧れ、気がついたら自分も１０００㎞、２０００㎞を走るようになってしまっている。何に惹かれて、こんなにもブルべの世界にハマったのだろう。

思い起こせば、それはたしか挑戦からだった。あの峠の向こうを見たい、２００㎞走った先にある世界を見たい、それらはすべて、できるかどうかわからないことをやってみたいという想いから生まれた。

登り切った峠の頂上では感動が待っていたが、その先には別の峠が見えた。２００㎞の先にあるのは３００㎞だ。道の先に終わりはなく、繰り返すうちにいつしか挑戦という感覚はなくなっていた。

走ったことのない距離を走る、加齢で鈍ってきた体を維持する、もちろんそれは挑戦だけれど、手に入るかどうかわからないものを欲するあの感覚はもうない。ブルベを通して、走り続ければ前に進むこと、そしていつか次の峠の頂上にも辿り着けることを知ってしまったから。

走ることは楽しい。何かに挑まなくたって走っているだけで楽しい。

でもブルベに参加したての頃の感じをまた味わいたくなったら、ちょっと趣《おもむき》を変えて新しいものに挑戦するのもいいかもしれない。

ブルベの運営側に回る

今まで自分が培《つちか》ってきたブルベの経験、これを活《い》かして、今度は楽しさを人に伝えてみるのはどうだろう。ただし、こんなことを偉そうに書いている筆者にスタッフ経験は1度もない。

今はまだ走り続けたくて、そんな自分を棚に上げて申し訳ないのだけれど、スタッフ業務は大変そうで、手伝ってあげられる人が増えたらいいなと思う。

走って楽しむのは参加者、でもそれはボランティアの主催者あってのこと。ブルベスタッフこそがブルベの伝道師だ。友人のスタッフたちが「私の作ったコースどうだった？　面白かった？」と、ゴールで参加者と話しているときの顔は輝いている。他人を楽しませることが楽しい、そんな現スタッフのような根っからの善人は運営のこともチラっと考えてみて欲しい。初心者でも未経験でもやりたい気があれば、どこのクラブからも引く手あまただ。

自分でコースを考えてのツーリング

豊富なツーリング経験を積んだ後にブルベを知ったのでなく、ブルベからロングライドに入った人の場合、決められたコースを時間内に走るのがロングライドの常となってしまっていることがある。これはちょっと勿体《もったい》ない。ブルベでいろいろなコースを走ったことで、いい道も知っているだろうし、たまには自分でコースを引いて自由気ままに走ってみよう。

ブルベと同じ13時間半で200km先のホテルに到着する予定だとしても、途中にPCという時間制限がないだけで印象は大きく変わる。興味深い場所を見つけたら長時間寄り道してもタイムアウトはない、そもそもホテル到着だって遅れても問題ない、どうせ認定なんてないんだし。自分でルートを選ぶ楽しさ、制限時間のない楽しさ、それを知っておくと、ブルベを走ったときに比較できて面白い。

ホビーレースに出る

ブルベ参加者の中には、速さに取り憑《と》かれてしまう者が出てくる。「速く走って遠くまで行きたい」ではなく、「速く走って人と競いたい」と感じてしまったらそれはもうブルベじゃない。競いたい人同士で走るほうが幸せだ。

初めてのブルベ申し込みのように緊張しながら、思い切ってレースに申し込んでみよう。ヒルクライムはブルベと相性がいい。有酸素運動域で走るブルベでは、スプリントのような瞬発力は身につかない。ヒルクライムなら1時間ちょっとの間マイペースで漕ぎ続けるだけだし、上位を争うのでなければ集団にもならずに、個人走ができる。ブルベに出ているランドヌールの中にも、ヒルクライムに参加している人はそこそこいる。

ランドヌール向きと思われそうなエンデューロ、こちらは大集団での走行が基本となるため、参加前にはショップが主催する走行会などで練習をしっかりしておきたい。２００㎞程度の距離では短いと感じるならば海外に存在する、ブルベのような超長距離のレースに目を向けるのもいい。

レースはブルベの話とは関係がない。競うのが嫌だからブルベに出てるのに、レースなんてすすめられても……という人もいる。それでも筆者は、速さに魅せられてしまった人はレースに出るべきだと考える。交通規制された大会で思う存分力を発揮し、タイムを争えばいい。速く走る場、本番があることでブルベでは安全マージンを大きくとって走ることができ、メリハリがつく。

……挑戦感がなくなったと書いた私がバカだった。

私はまだまだ峠を走り足りない。挑めることは沢山ある。もちろんブルベにおいても。

あとがきにかえて

本を書くのは大変でした。スモール出版の中村孝司さんからブルベの本を書かないかと打診されてからここまで、2年以上かかってしまいました。

こんなにかかったのは私の筆が特別遅いのが原因でしょう。ですがやっぱり、本を書くのは大変です。いきなり話はぶっ飛びますが、執筆以降、他の著者だけでなくお笑い芸人への畏敬《いけい》の念が深まりました。

プロローグに書いたように、私はこの本を単純なガイドブックにしたくありませんでした。しかし、一旦でき上がった原稿は、少し満足のいくものから離れてしまっていました。単なる攻略法ではなくブルベの雰囲気を伝えたい、そう考えて各項目の前に、架空のブルベ日記（事実に基づいています）を挿入することにしました。これは面白いんじゃないか？　これで狙いが達成できるのではないか？　ところが書いていくうちに、次の疑念が頭を過《よ》ぎり始めます。

「これ、スベってるんじゃない？」

他人のネタは批判できるのに、自分のネタがどうなのか、客観的にどうしても判断できません。お笑い芸人の方々は、きっとこんな苦しみの中、ネタを生み出しているに違いありません。すごい！

……ちょっと話が飛びすぎたので自転車の話に戻します。

本を書き直したいと告げたとき、中村さんは快く承諾され「でも大丈夫ですか？　600㎞走り終えたと思った後に、また走り直すようなものでは？」と返しました。たぶん大変なのは私ではありません。

すでにもう、完全にタイムアウトしている中を走り続けている私。ゴールで長い間それを待つスタッフは、さぞ大変だったでしょうに。

おかげでなんとかこうして、ゴールに辿り着くことができました。道中アドバイスという形で一緒に走ってくれたブルベ仲間、スタッフの友人、妻、それから食べ物（ネタ）を提供してくれたすべての自転車乗りにお礼を申し上げます。

私としては渾身の走りをしたつもりですが、すでにもう苦労した記憶は飛び始めており、中身をどのように受け取られるかは皆目見当がつきません。

ブルベを知らなかった方、初心者、ベテラン、何か1つでも面白いと思って貰えたり、役に立つと感じて頂けたとしたら幸いです。

とりあえずしばらくは、走る気にはなれないです、よね？

追記

ニュージーランドの１２００㎞ブルベに参加していた稲垣照聡《いながきみつあき》さんが、後方から来たトラックにはねられて亡くなったという悲しいニュースが飛び込んできました。ＡＪ会長であり、偉大な人生の先輩であり、ロングライドを愛する友人でした。

元気よく手を振る表紙のランドヌール、それから途中の架空日記に出てきた「日焼けサロンで日焼けしてきて、お焼きをくれた元気のいいオジサン」は彼がモデルです。

タフで、知識があって、危険な走行をしている所なんて見たことがない、そんなベテランが事故だなんて信じられません。ブルベのゴールは、無事に家に帰ることです。完走だとか、認定だとか、そんなのはどうだっていいんです。お願いします、事故にだけは遭わないでください。こんな思いはもう2度としたくありません。

「やっと本が出ました。ここに載ってるのイナさんですよ」

……世界を飛び回るお忙しい人だったから、あっちでも私の本を読む時間なんてないかな。私はまだまだ走ります、今までありがとうございました。

巻末 よく使われるブルベ用語集

■Brevet（ブルベ）

ＰＣ（≠Point de Controle）の小さいフォントだと濁音が半濁音に見えやすいのか、ブルペと書く人がいるがブル「べ」が正解。化粧品用語であるブルーベース（肌の色）の略語もブルべらしく、以前は検索するとこれが候補に挙がり紛らわしかったのだが、近年は優秀な変態が増えたおかげでBrevetが圧倒している。

■ＢＲＭ（ビーアールエム）

Brevets de Randonneurs Mondiaux、ＡＣＰが認定する走行会。日本で使われるブルベという言葉はこれを指すことが多い。ＢＲＭの後には開催日の月、日が続き、2／24開催であればＢＲＭ２２４（ビーアールエムにーにーよん）と表記される。

■ＡＪ（エージェー）

日本のブルベ初期は「ＡＪ神奈川」というように「ＡＪ＋地名」のクラブ名が多く、頭にＡＪとつけばブルベという意識が人々に刷り込まれていった。ブルベ参加者のタダの飲み会が「ＡＪ中目黒」と呼ばれているなど、なんとなくブルべっぽくしたいときにこれを使う。もちろんこれはAudax Japanとはなんの関係もない。

このＡＪとつけばなんとなくブルベという感覚のせいで、クラブの代表が「埼玉は日本じゃないからＡＪ埼玉（オダックスジャパン―サイタマ）はおかしい。オダックス埼玉にしよう」とせっかく名づけても、間違えて「ＡＪ埼玉」と呼ばれることが少なくない。

余談ではあるが「ＡＪ神奈川」というのは日本での名前であって、ＡＣＰでの登録クラブ名は「Audax Randonneurs Kanagawa」と、推奨されるRandonneursが含まれた名前となっている。他のＡＪ＋地名クラブも同様だ。

■ＶＣＲ横浜あおば

ＡＪはオダックスジャパンという1つのクラブなんだから、ＡＪ＋地名というクラブ名は変じゃない？　そう代表が考えたのかどうかは定かではないが、近年「オダックス＋地名」や「ＡＲ（AudaxRandonneurs）＋地名」といったクラブ名が多くなってきた。そんな中、颯爽と登場したのが「ＶＣＲ（Velo Club Randonneurs）横浜あおば」。筆者の最寄りクラブであるが、そんな私ですらＶＣＲだったかＶＲＣ

だったかわからなくなるときがある。横浜市青葉区なのに、あおばのみ平仮名なのも無駄に難しい。コースの難易度を暗に示しているのだろうか。

■PBP（ピービーピー）

Paris-Brest-Parisの１２００㎞を走るブルベ。4年に1度フランスで開催されるブルベの最高峰。参加人数は５０００人を超える。前回の２０１５年は日本からも２００人以上が参加した。

■PC（ピーシー）

Point de Controleの略。英語にするとControl Point。後ろに数字をつけてＰＣ２（ピーシーに）といった感じで使われる。

■シークレット

シークレットＰＣのこと。略すことで重要部分が完全に抜け落ちているのは携帯電話を携帯と呼ぶようなものなのだろう。ショートカット防止のために設けられる、あらかじめ存在を告げられていないＰＣなのだが、主催によっては事前ブリーフィングで「ＰＣ2と3の間の峠にシークレットあります」と、もはや何がなんだかわからないアナウンスをすることもある。

■レシートチェック

日本のブルベではＰＣのほとんどがコレ。店で商品を買って受け取ったレシートが通過時間の証明になる。稀に「どう考えてもネタ」な商品のレシートを提出する人がいるが、何を買ったかはチェックされないので悲しくもスルーされる。

■有人PC、有人チェック

スタッフによるチェックを受けるＰＣ。コンビニの駐車場等を借りている場合、有人チェックだけどレシートチェック、といったことも有り得《う》る。

■DNS（ディーエヌエス）

Did (Do) Not Start. 申し込んだはいいが、参加しない場合コレになる。ＤＮＳは事前に主催者に連絡すること。「体調悪いからＤＮＳかなー」

■DNF（ディーエヌエフ）

Did (Do) Not Finish. スタートして完走できなかった場合。「ＰＣ２でタイムアウトしてＤＮＦでした」

■認定外完走

ブルベ認定とはならなかったがコースすべてを走ったこ

と。認定されないけど完走したぜと自らを慰めるのに使う。スタッフが単なるＤＮＦじゃないねと「認定外完走です」と言ってくれることもある。もちろんなんの認定もないし、認定されなければ完走でない気もするが皆大人なので傷口を広げるようなことは言わない。

　認定外完走の多くは制限時間オーバー。中盤のＰＣでタイムアウトしたにもかかわらず最後まで走り続ける姿は、時として称賛を受ける。途中ＰＣのレシート紛失にゴール後気づいて、認定が出ないのも認定外完走。こちらは哀れみを受ける。

■ＳＲ（エスアール）
　同じ年に２００km、３００km、４００km、６００km（長い距離で代用可能）のＢＲＭを走った者がＳＲ。シューペル・ランドヌール（すごいランドヌール）、即ち人を表す言葉だが会話の中では「ＳＲになった」ではなく「ＳＲ獲得した」と称号として扱われることが多々ある。

■ＳＲ６００（エスアールろっぴゃく）
　６００kmで獲得標高が１万ｍを超える坂バカのためのコース。とはいえブルベは鍛え抜いた一部の人だけが完走できるものであってはならないので、制限時間は通常の６００kmより長い。ＳＲ６００はパーマネントとなり、出走者は好きな時間にスタートすることができる。

　２０１７年日本で行われているＳＲ６００は富士、日本アルプス、北関東、四国山脈の４本。富士と北関東のコースとなる渋峠が噴火したり、日本アルプスの乗鞍岳が濃霧通行止めとなったりと、走力があっても天に選ばれなかった者は完走できない。

■レーパン
　ピタピタしたパッド入りパンツ。本格的に自転車を始めるにあたっての最初の障害。パッドの縫い目で股ズレが発生した際にワザと裏表逆に穿《は》くという技も存在するらしいが、仲間である自転車乗りからも奇異な目で見られるため恥ずかしさは格別である。

■シャーミークリーム、シャモアクリーム
　男性ならば玉の裏にも塗っておいたほうが気持ちがいいと筆者は感じているが、周りはどうなのかは知らない。こういった股ズレ防止の製品は、クリームの他に泡スプレーやパウダーもある。最近はパウダー派も増えてきた（ベビーパウダーのようなもの、自転車専用品もある）。

■獲得標高［累積標高］
　上り坂のみの標高差を加算したもの。スタートゴールが同じ周回コースであっても、１０００ｍ登って１０００ｍ下れば獲得標高は１０００となる。ブルベでは獲得標高／距離が０・０１、１００㎞で１０００ｍ登る程度のコースが基本。

■**山岳ブルベ**

明確な基準はないが山岳ブルベと呼ばれるコースは獲得標高／距離が０・０１を大きく上回る。中には０・０１５を超える厳しいコースもある（９０００ｍ／６００㎞）。山岳と言うからには登り応えがある峠があってこそで、伊豆半島沿岸のような海岸線で標高差を稼ぐコースは山岳ブルベとは呼ばれない。

■**スーパーアタック**

かなりキツい山岳コースの場合、主催者は参加者に注意を促すために通常とは異なる名称をつけることがある。オダックス埼玉では「アタック〇〇」が「スーパーアタック〇〇」となり、ＶＣＲあおばでは「スーパーあおば」と呼ばれる。なんだかすごそうな名前がついているコースは最大限の注意を払おう。

■**下り基調**

目的地の海抜が現在地より低いことを表す言葉であり、途中の起伏は一切考慮されない。例えば有人ＰＣでスタッフが「大丈夫、次のＰＣまでは下り基調だから」と言った場合、途中に２０００ｍ級峠が含まれることすら有り得《う》る。

■**エントリー峠**

ブルベ参加までに待ち構える最初の峠。年明け２００㎞といった人気ブルベは、申し込み開始と共にエントリーが殺到しすぐに定員となってしまう。峠と呼ばれているが実体は壁であり、下りは存在しない。

■**布団峠**

ブルベ参加までに待ち構える最大の峠。エントリー峠を越え、準備は万全、さて明日に備えてしっかり寝るか。翌朝アナタの前に立ちはだかるのは布団、こんな寒い日に布団から出たくない！　もちろんこの峠にも下りはない。

■**信号峠**

大きな峠を乗り越えてブルベに参加できた。今日のブルベは平坦、楽なコースだ。余裕しゃくしゃくで時間ギリギリゴールを狙うアナタの前に現れたのは……信号峠。なんだよー、あと20㎞なのになんでこんなに進まないんだよう。

■仮眠

ブルベ中の睡眠。立ったまま数秒目を閉じるから、道端での5分仮眠、インターネットカフェでの30分の仮眠、健康ランドでの2時間仮眠、ホテルでの5時間仮眠と、仮眠の長さは人それぞれ。

ホテルで5時間はもう仮じゃなくて本眠な気もするが、ブルベ最中の睡眠は仮眠なのである。

■シャーマン

○○さんと走るときはいつも雨なんだよな、あの人が雨を呼んでいるのではないか。天に向かってツバは吐けないため、悪天候への非難は知り合いの誰かに引き受けて貰おう。

気がついたら実はシャーマンは自分だったり、名だたるシャーマンが参加していなくても、残りの参加者の中から新たなシャーマンが生まれるなんてこともある。

■○○シフト

600㎞以上といった長距離のブルベになると速い人と遅い人のゴール時間に大きな開きが出る。多くのゴールが30時間以降と予測される中に1人だけ24時間を切ってゴールしそうな参加者がいた場合、スタッフはその人の到着に備えて早くからゴール受け付けをする（別に何時以前はスタッフいませんとしてもいいし、そうする主催もある）。次の人のゴールまでは数時間の間が空き、まさにこの人のためだけのスタッフ勤務となるためこう呼ぶことがある。○○には人の名が入る。「落合シフトで、早くから待機してるんだよねー」

※注：初参加で速い人もいるしスタッフは余裕を持ってゴール受け付けを開始するため、実際に1人によってゴール設置が早くなってるわけではない。

■ミスコース

速い人はコースを間違えたことに気がつかずにどんどん先へ進んでしまうため、ミスコースで100㎞多く走ったなんて人も存在する。筆者は周回コースを30㎞くらい逆回りしてから間違いに気づいて引き返したことがあり、それを車で見たスタッフが「もうゴール間近の人がいる！」と焦ってゴール人員配置をしてしまうという事件が起きた。

■ドラフティング

前の人を風除けにして少ない空気抵抗で走ること。密集集団で走らず速度域の低いブルベであっても、前走者との距離が自転車1台分より縮まれば効果は得られる。

■クローズ、クローズタイム

PCカットオフ時刻。PCの制限時間にはクローズタイムと合わせてオープンタイムも設けられているが35㎞／hで計算されるオープンタイムより速く到着できる人は少なく、会話に登場することはまずない。「次のPCのクローズ何時？」

■タイムアウト

時間内であることが通常なため、オンタイムという表現は余り使われない。

■貯金、借金

途中地点で制限時間までの余裕。「100㎞地点で貯金30分か、仮眠時間あんまりとれそうにないな」「350㎞地点のホテルで借金1時間まで寝て、次のPCまでに取り返した」

時間なのに何故金と言うのだろうか。時は金なり、そう、ブルベにおいて時間というものは金と同等に重いのだ。

■ギリギリ隊

制限時間ギリギリでゴールする人たち。「いやーいつもギリギリ隊だからね」

本当は速いのにギリギリ隊に付き合ってギリギリゴールをする人は、隊員ではなく護衛である。ギリギリ隊を名乗るのは詐欺だ。

■グロス

風袋（停車やPC、睡眠など）を含む総量。グロスタイムやグロス速度として使われる。「PC2までグロス25㎞／hの列車に乗っちゃって大変だった」

反意語はネットであるが、信号待ちが含まれるブルベではネットタイムが意味するものがやや曖昧であり使われることはほぼない。⇒「サイコン読みだと30㎞／h超えてた」

■千切れる（ちぎれる）、バックアタック

まるでアタックをかけたかの勢いであっという間に後方に消えていくことから、「バックアタック決めた」と、さも誇らしげにアピールするのもいい。

■車検

スタート前に行われるスタッフによる装備チェック。ライト、ベル、尾灯、反射ベストの有無を確認する。

■沼

どんな趣味にもドロドロと引きずり込まれる沼がある。自転車でよく見かけるのはサドル沼。自分に合うサドルを探して次々と新しいサドルを買ったものの、今度出るサドルはもっと合うのではとサドル購入から抜け出せなくなる。他にもライト沼なんてのもあるが、こういった沼にハマったと嘆く人たちは自分から飛び込んでいるのであって、通常はあまり恐れることはない。そもそもすでに自転車沼の真ん中にいるのかもしれないし。

■中華ライト

一時期ライト沼の人たちの間で流行《はや》った、安いLEDライト。最近ではCAT EYEなどの専門ブランドに、使いやすく明るい自転車ライトが増えたため、謎ライトを自転車に括り付けるスタイルは廃《すた》れてきている。中国産の製品は安いが品質が怪しいものが多く、頭に中華をつけて中華カーボン、中華ホイールなどと呼ばれる。もちろん中国産が、すべて安かろう悪かろうというわけではない。

■ブルベ腹（ブルベばら）

ブルベが終わった後は本当に腹が減る。この空腹感はブルベ腹と呼ばれる。帰宅直後より翌日が酷く、数日間はブルベの余波で大量に食べ続けてしまう。ブルベ腹のせいでブルベを走る人はちっとも痩せない。ブルベ腹はあくまで空腹感に対して使う言葉であり、それによってでき上がったポッコリお腹がブルベ腹ではない。

■ハンガーノック

走行中にエネルギーが枯渇すると、力が全然出せなくなってしまう。食べられなくなるのはブルベでは致命的だ。

しかし長距離慣れしていない人が、ただ疲れてきただけのときもハンガーノックに転嫁されることがある。「あーなんか速度が出なくなってきた、ハンガーノックかも」オマエさっきコンビニでオニギリ5つ食べてたじゃん。

■ドロップバッグ

あらかじめ荷物をコース上に配置しておき、走行途中で受け取ること。またはその荷物。

長距離ブルベでは主催者がスタート地点で預かった荷物を中間地点まで運んでくれるといった、ドロップバッグが行われることがある。自分でホテルに荷物を送っておくこともドロップバッグと呼ぶ。

■スライド

すれ違い。折り返しコースで参加者とすれ違ったり、別開催のブルベ参加者や試走スタッフとすれ違ったときも「○○さんとスライドした」といった具合に使われる。

■試走認定（しそうにんてい）

スタートやゴール待機の業務がある主催者は、当日ブルべに参加できない。ブルベが好きでスタッフをやっているのにそのブルベの認定がとれないのはあんまりだ。そんな悲しみが起きないようブルベには試走認定という制度があり、スタッフによる事前の試走は正式にACPにより完走認定される。試走認定は本番あってのもので、なんらかの理由によりBRMの開催が中止になった場合は認定されない。

■グルメ

ブルベの楽しみは人それぞれ。通過する都市で名物を食べまくるグルメを堪能《たんのう》する人も存在する。ブルベと合わせて「グルベ」と呼ばれることもある。

■輪行（りんこう）

電車、バス、飛行機などの公共交通機関で自転車を運ぶこと。特殊な場合を除いては専用の輪行袋に入れなければならない。

語源は競輪選手が自走で（主に電車を使い）レースに参加することから来ているようだ。自転車で行くから輪行、これはよくわかる。しかし転じて電車に載せることとなった今、意味がまるでわからないことに……。

■落車

自転車から落ちること。転倒。自爆あるいは自転車同士の接触での転倒がこう呼ばれる。自動車事故や崖から転落といった深刻な事故は通常落車とは呼ばれない。エラソーに本を書いてる筆者は、実はヘッポコなので2年に1度くらい落車している。以前落車したのは何年前だっけな？そう言えるような走りを目指したい。

■制限時間に必要な速度（グロスタイム）

1 hour + 20 km/h (km 1 to 60)
15 km/h (km 61 to 600)
11,428 km/h (km 601 to 1000)
13,33 km/h (km 1001 to 1200)
11 km/h (km 1201 to 1400)
10 km/h (km 1401 to 1800)
9 km/h (km 1801 to 2500)

鈴木裕和（すずき・ひろかず）

１９７５年生まれ。身長１７８㎝、体重60～64㎏。

完全にインドア派の学生時代を送った後、社会人になって20㎏増量したのをきっかけにマラソンを開始。案の定、膝を壊して自転車へ。すぐにブルベと出会い２００５年に参加して以降、年間２万㎞弱走るアマチュアサイクリストになる。ブルベだけでなく長距離のファストサイクリングを楽しむ。

２００７年のＰＢＰ（Paris-Brest-Paris）は事故に遭いリタイア、２０１１年、２０１５年は完走。海外でのサイクリング経験は1万㎞。

２０１６年にアメリカで行われた１４００㎞のレース・Race Across the Westでは日本人初となる完走を果たしており、２０１８年のアメリカ横断４８００㎞レース・Race Across America参加に向けて準備中。

twitter: @zuccha34x27　blog: http://www.zuccha.com/

ブルべのすべて

発 行 日 2017年 5月17日 初版第1刷発行
2021年10月15日 初版第4刷発行

著 者 鈴木裕和

企画・編集 中村孝司(スモールライト)
ブックデザイン 松川祐子(La Cie)
校 正 芳賀恵子
営 業 藤井敏之(スモールライト)
編集協力 室井順子+三浦修一(スモールライト)

協 力
橘浩則、冨永栄治、川合つかさ、立川一昭、ひでぁ、三和真、
加藤毅、平林幸典、原田ゆりか、金井いずみ、鈴木ちさ

SPECIAL THANKS
稲垣照聡、菅田大助、柳沢宏和、坂東司、井手マヤ、本多海太郎、小畑昭子、
亀井元太、宍戸研哉、稲葉康夫、日比之博、蓑田一郎、志村光一

発 行 者 中村孝司
発 行 所 スモール出版
〒164-0003 東京都中野区東中野3-14-1 グリーンビル4階
株式会社スモールライト
電話 03-5338-2360
FAX 03-5338-2361
e-mail books@small-light.com
URL http://www.small-light.com/books/
振替 00120-3-392156

印刷・製本 中央精版印刷株式会社

Printed in Japan
ISBN978-4-905158-43-1